TRAITÉ-FORMULAIRE

DES

PARTAGES D'ASCENDANTS

PAR ACTE ENTRE VIFS

1962

DU MÊME AUTEUR
CHEZ LE MÊME ÉDITEUR

Traité Formulaire des Inventaires, 2e édition, 1 vol. in-8° jésus, 1924, relié toile, **25** francs.

Petit Formulaire portatif des Notaires, 3e édition, 1 vol. in-16, 1926, relié toile (sous presse).

TRAITÉ-FORMULAIRE

DES

PARTAGES D'ASCENDANTS

PAR ACTE ENTRE VIFS

PAR

Albert JAVON

LICENCIÉ EN DROIT, NOTAIRE A CHAROLLES (SAÔNE-ET-LOIRE)

PARIS

IMPRIMERIE ET LIBRAIRIE GÉNÉRALE DE JURISPRUDENCE

MARCHAL ET BILLARD

G. GODDE, Successeur

ÉDITEUR, LIBRAIRE DE LA COUR DE CASSATION

27, Place Dauphine, 27

1926

PRINCIPAUX OUVRAGES CITÉS

Amiaud. — Traité formulaire du notariat, 7e éd.

Amiaud et Voland. — Traité des honoraires, 1 vol.

André. — Traité pratique et formulaire des partages d'ascendants, 3e éd., 1 vol.

Aubry et Rau. — Cours de droit civil, 5e éd., 12 vol.

Baudry-Lacantinerie et Colin. - Traité des donations et des testaments, 2 vol.

Baudry-Lacantinerie et Houques Fourcade. — Traité des personnes, 5 vol.

Baudry Lacantinerie, Le Courtois et Surville. — Traité du contrat de mariage, 3 vol.

Baudry-Lacantinerie et P. de Loynes. — Du nantissement, des privilèges et hypothèques, 3 vol.

Baudry-Lacantinerie et Wahl. — Traité des successions, 3 vol.

Bertauld. — Questions pratiques, 2 vol.

Bonnet. — Théorie et pratique des partages d'ascendants, 2 vol.

Clerc (Ed.) et A. Besnard. -- Formulaire du notariat, 9e éd., 2 vol.

Colin et Capitant. — Cours élémentaire de droit civil, 3 vol.

Defrénois. — Traité formulaire du notariat, 8e éd.

Defrénois. — Traité du tarif légal des notaires, 2e éd., 1 vol.

Demolombe. — Cours de Code Napoléon, 31 vol.

Dictionnaire du Notariat. — 5e éd , 9 vol. de A à I. ensuite 4e éd.

Encyclopédie du Notariat de Lansel et Didio. — Avec supplément, 24 vol.

Genty. - Traité des partages d'ascendants, 1 vol.

Guillouard. — Traité du contrat de mariage, 4 vol., et Traité des privilèges et hypothèques, 4 vol.

Laurent. — Principes de droit civil français, 33 vol.

Maguéro. — Traité alphabétique des droits d'enregistrement, 2e éd., 5 vol.

Planiol. — Traité élémentaire de droit civil, 3 vol.

Planiol et Ripert. — Traité pratique de droit civil, vol. I et VIII seuls parus.

Réquier. — Partages d'ascendants, 1 vol.

Rolland de Villargues. — Répertoire de la jurisprudence du notariat, 9 vol.

Rutgeerts et Amiaud. — Commentaire de la loi de ventôse an XI, 3 vol.

Troplong. — Donations et Testaments, 4 vol.

PRÉFACE

Ce n'est faire le procès d'aucun des ouvrages publiés sur les partages d'ascendants que de constater qu'il n'en existe pas actuellement de vraiment pratique à la portée des notaires et des clercs.

Des jurisconsultes de valeur ont donné des études approfondies sur la question ; mais leurs études sont surtout spéculatives ou didactiques. Les manuels professionnels sont déjà anciens ou trop sommaires.

C'est pour combler cette lacune et répondre à un désir qui nous a été maintes fois manifesté que nous avons entrepris le présent Traité.

Nous avons laissé de côté les partages testamentaires, dont les règles particulières nous ont paru plutôt relever d'un formulaire des testaments. Nous ne nous sommes occupés que des partages anticipés par acte entre vifs pour lesquels, surtout, il semble nécessaire d'avoir un guide à la fois simple, complet et facile à emporter, où l'on puisse trouver rapidement la solution des difficultés dont ce genre d'acte est comme hérissé.

Notre but a été de faire une œuvre uniquement pratique. A cet effet, nous avons glissé sur les points qui ne présentent qu'un intérêt historique ou théorique ; au contraire, nous avons insisté sur les questions d'un intérêt plus positif. Nous nous sommes efforcés de donner, sous une forme concise, les principes et les règles actuellement admis, et, pour les cas encore sujets à controverse, les arguments militant en faveur de la solution qui nous a paru la plus juridique en même temps que d'une application facile et utile.

Malgré nos efforts, notre travail reste susceptible d'améliorations. Aussi faisons-nous appel aux notaires et aux clercs qui voudraient bien nous faire profiter des fruits de leur expérience personnelle. Nous recevrons avec déférence leurs remarques et leurs critiques.

A. J.

ABRÉVIATIONS

Art.	Article.
Cass. ch réun.	Arrêt de la Cour de Cassation, chambres réunies.
Cass. civ.	Arrêt de la Cour de Cassation, chambre civile.
Cass. req.	Arrêt de la Cour de Cassation, chambre des requêtes.
C. Dijon.	Cour d'appel de Dijon.
C. civ., 143	Article 143 du Code civil.
C. com.	Code de commerce.
C. proc.	Code de procédure.
Circ.	Circulaire de l'Administration de l'enregistrement.
Cf.	Conforme.
Cp.	Comparer.
D. 78.2.155.	Répertoire périodique de Dalloz, année 1878, 2e partie, page 155.
Déc. min. fin.	Décision du ministre des finances.
Décr.	Décret.
Dél.	Délibération de l'enregistrement.
Dict. not.	*Dictionnaire du notariat.*
Encyc. not.	*Encyclopédie du notariat* de Lansel et Didio.
Instr.	Instruction de la Régie.
J. E.	*Journal de l'enregistrement.*
J. N.	*Journal des notaires et des avocats.*
J. du not., 1895, p. 81 .	*Journal du notariat*, année 1895, page 81.
L.	Loi.
Ord.	Ordonnance.
Rép. not.	*Répertoire général pratique du notariat*, de Defrénois.
Rép. pér..	*Répertoire périodique de l'Enregistrement.*
Rev. not.	*Revue du notariat.*
S. 91. 1.143.	Recueil Sirey, année 1891, première partie, page 143.
Sol.	Solution de l'enregistrement.
T.	Tribunal.
V.	Voir, voyez.
V°, Vis.	Au mot, aux mots.

PLAN DE L'OUVRAGE

(Le premier chiffre, mis entre parenthèses, renvoie aux numéros du texte; *le second indique la page*).

		Pages
Chapitre premier.	— Notions générales et historiques (1)	1
Chapitre II.	— Formes et formalités (22)	4
Chapitre III.	— Cas où le partage d'ascendant est possible.	
§ 1er.	— En ce qui concerne les donateurs (83)	13
§ 2.	— En ce qui concerne les donataires (120)	19
Chapitre IV.	— De l'acceptation (130)	21
Chapitre V.	— Partage des biens donnés.	
§ 1er.	— Biens pouvant faire l'objet d'un partage d'ascendant (172)	29
§ 2.	— Répartition des biens (193)	32
Chapitre VI.	— Charges et Conditions (212)	38
§ 1er.	— Réserve d'usufruit (218)	38
§ 2.	— Rente viagère (239)	43
§ 3.	— Charge de donner des soins (253)	45
§ 4.	— Payement des dettes (256)	46
§ 5.	— Stipulation d'inaliénabilité et d'insaisissabilité (259)	46
§ 6.	— Clause pénale (282)	50
§ 7.	— Retour conventionnel (294)	51
§ 8.	— Donation d'excédent de lots (313)	54
§ 9.	— Dispositions préciputaires (316)	54
§ 10.	— Interdiction de demander compte (319)	55
§ 11.	— Charge de conserver et de rendre (323)	55
§ 12.	Exclusion de communauté ou de dotalité (334)	57
Chapitre VII.	— Effets du partage.	
§ 1er.	— Pendant l'existence du donateur (337)	58
	1° Rapports entre l'ascendant et les donataires (338)	58
	2° Rapports des donataires entre eux (350)	60
	3° Rapports des parties avec les tiers (359)	61
§ 2.	— Après le décès du donateur (378)	65
Chapitre VIII.	— Des actions possibles contre le partage (396)	69
§ 1er.	— Action révocatoire (402)	70
	1° Inexécution des charges (403)	70
	2° Ingratitude (428)	74
§ 2.	— Action en nullité pour omission d'enfant (440)	76
§ 3.	— Action en rescision pour lésion (451)	77
§ 4.	— Action en réduction pour atteinte à la réserve (477)	81
§ 5.	— Action en nullité pour défaut d'homogénéité dans la composition des lots (488)	84
Chapitre IX.	— Responsabilité notariale (496)	86
Chapitre X.	— Frais et honoraires.	
§ 1er.	— Timbre (514)	90
§ 2.	— Enregistrement.	
	1° Tarif (519)	91
	2° Soultes (556)	97
	3° Droits divers (575)	100
§ 3.	— Formalités hypothécaires (589)	101
§ 4.	— Honoraires des notaires (599)	103
Formules.		111

TRAITÉ-FORMULAIRE DES PARTAGES D'ASCENDANTS

CHAPITRE PREMIER. — Notions générales et historiques

1. *Définition.* — Le partage d'ascendant est l'acte par lequel les père, mère ou autres ascendants procèdent eux-mêmes à la distribution de leurs biens entre leurs enfants ou descendants.

2. *Historique.* — L'idée du partage d'ascendant est pour ainsi dire une conséquence de la constitution de la famille et du droit de propriété ; elle en est le corollaire naturel. Aussi en trouve-t-on des traces dans les plus anciens documents. Mais elle ne s'est pas formée d'un seul coup et tout d'une pièce. Ce n'est qu'avec le temps et par le progrès des mœurs et l'évolution de la civilisation, qu'elle prit corps et devint une institution

3. *Droit Romain.* — Le droit romain semble le premier à lui avoir assigné des règles précises.

A l'origine, le *pater familias* était libre de distribuer son patrimoine entre les enfants restés *sub potestate*. Peu à peu, ce pouvoir fut étendu à la mère et à tous les ascendants et on exigea la rédaction d'un écrit (Nov. 18).

D'un autre côté, on pratiqua aussi le *testamentum inter liberos*, sorte de testament privilégié qui n'avait pas besoin de contenir une institution d'héritier (Nov. 107).

4. *Ancien droit.* — Dans notre ancienne jurisprudence, les provinces de droit écrit suivirent le droit romain, en rapprochant et en confondant le partage d'ascendant et le *testamentum inter liberos*. Un certain nombre de coutumes autorisèrent également le partage d'ascendant. Mais selon les régions, il existait de grandes divergences sur l'étendue et la manière d'application de cette institution.

Pour mettre fin aux diversités et aux controverses qui existaient à ce sujet, l'ordonnance d'août 1735 réglementa sa forme ; elle en fit un acte de dernière volonté, affranchi des formalités ordinaires des testaments (art. 15 et 18).

5. — A côté de ce partage testamentaire, la pratique créa un autre mode de transmission d'une nature indécise, et dont il est aussi difficile de préciser la date de naissance que le véritable caractère juridique : la démission de biens.

C'était un acte par lequel une personne, en anticipant le temps de sa succession, se dépouillait immédiatement de ses biens au profit de ses héritiers présomptifs, mais en se réservant le droit de les recouvrer lorsqu'elle le jugerait à propos (Pothier, éd. Bugnet, I, p. 530 et s.).

6. *Droit intermédiaire.* — Notre droit intermédiaire ne s'occupa pas de la question. La loi du 17 nivôse an II interdit tout avantage direct ou indirect au profit des successibles. Celle du 5 germinal an VIII permit, au contraire, d'avantager l'un des héritiers par préciput. Mais ni l'une ni l'autre ne s'expliquèrent sur les dispositions contenant partage.

7. *Droit actuel.* — Le législateur de 1804 a jeté les bases d'une théorie juridique sur la matière (C. civ., 1075 et s.). Il a fondu ensemble la démission de biens et le partage d'ascendant, tout en organisant deux espèces de disposition : l'une qui opère immédiatement, et l'autre dont les effets sont ajournés à l'époque du décès de l'ascendant.

8. — Par suite, il existe actuellement :

des donations-partages qui sont celles dont nous nous occuperons exclusivement au cours de cette étude,

et des partages testamentaires qui sont assujettis d'une manière générale aux conditions et formalités prescrites pour les testaments.

9. *Avantages du partage d'ascendant par acte entre vifs.* — Le législateur du Code a consacré le partage d'ascendant par acte entre vifs parce qu'il répond à des besoins particuliers et présente de sérieux avantages.

10. — Il permet au chef de famille âgé, malade ou impotent, de se soustraire aux soucis et aux fatigues que nécessite une bonne administration, en confiant ses biens à des énergies nouvelles qui deviennent personnellement intéressées au développement des parts qui leur ont été attribuées. C'est le conseil donné jadis par Montaigne : « Un père accablé d'années et de maux, privé, par sa faiblesse et faute de santé, de la société des hommes, se fait tort et aux siens de couver inutilement ses trésors ; il est assez en état, s'il est sage, d'avoir envie de se dépouiller, non pas jusqu'à la chemise, mais jusqu'à une robe de nuit bien chaude ; le reste des pompes, de quoi il n'a plus que faire, il doit en étrenner volontiers ceux à qui, par l'ordre de la nature, cela doit appartenir. »

11. — Il facilite une répartition judicieuse et appropriée aux goûts, aux aptitudes et aux besoins de chacun. « A qui donc, disait Bigot-Préameneu, dans l'exposé des motifs du titre des Donations et des Testaments, à qui donc pourrait-on confier avec plus d'assurance la répartition des biens entre les enfants, qu'à des pères et mères qui mieux que tous autres en connaissent la valeur, les avantages et les inconvénients ; à des pères et mères qui remplirent cette magistrature, non seulement avec l'impartialité de juges, mais encore avec ce soin, cet intérêt, cette prévoyance que l'affection paternelle peut seule inspirer. »

12. — Il aide à prévenir, dans la mesure du possible, les conflits d'intérêts que l'esprit de jalousie et l'amour du lucre suscitent trop souvent dans les partages ordinaires, grâce à l'influence des parents sur leurs enfants et grâce au respect que ceux-ci portent généralement à la volonté clairement manifestée par leur père ou leur mère. Or, ainsi qu'on l'a dit, le bon accord des familles forme le meilleur ciment des Etats.

13. — Il épargne les frais si lourds d'un partage judiciaire, lorsqu'il y a des mineurs parmi les donataires.

14. — Enfin il exerce une heureuse influence sur la prospérité agricole et industrielle, en évitant, grâce à des judicieuses attributions, le morcellement de la petite propriété et l'agglomération excessive de la grande propriété. (Voir : Léon Picaud : *Des partages d'ascendant comme moyen d'éviter la dispersion de la petite propriété paysanne*, 1902).

15. *Inconvénients.* — Les hommes sont, hélas ! trop souvent portés à abuser des meilleures choses et à faire tourner à la satisfaction de leurs mauvais instincts les moyens qui leur sont offerts pour faire fructifier les bons. C'est ainsi qu'à côté des avantages certains qu'il présente, le partage d'ascendant comporte également des inconvénients.

16. — Il donne, en effet, la possibilité aux parents oublieux de leurs devoirs, d'abuser de leur autorité pour chercher à gratifier un de leurs enfants au détriment des autres. Au lieu des apaisements et des joies qui devraient être dans sa mission, il a alors pour résultat de consacrer une injustice et de susciter des haines irréductibles.

17. — Les descendants cupides peuvent presque impunément se montrer ingrats. L'ascendant qui donne tous ses biens sans compensation formelle et précise reste presque entièrement soumis à la discrétion des sentiments d'affection, de reconnaissance et de dévouement de ses enfants; il ne dispose que de moyens aussi pénibles que peu efficaces pour les contraindre à lui venir en aide. C'est ce qui faisait déjà dire à l'un de nos anciens jurisconsultes, Loysel :

Qui le sien donne avant de mourir
Bientôt s'appreste à moult souffrir.

18. — Enfin le droit pour les copartagés d'attaquer les attributions à eux faites s'ouvre seulement au décès du donateur, et c'est la valeur que les biens ont à cette époque qui sert de base pour vérifier s'il y a lieu à action en nullité ou en rescision. Or, pendant le temps qui s'écoule entre le partage et le décès, il peut survenir des variations fortuites dans la valeur des biens qui rendent illusoire la stabilité du pacte de famille le plus équitablement établi.

19. *Critique de la loi.* — Si les réalités de la pratique ne correspondent pas toujours aux promesses de la théorie, cela peut tenir, ainsi qu'on l'a vu, à ce que les parties n'observent pas alors l'impartialité et les sentiments de justice ou de reconnaissance nécessaires. Mais la faute en remonte souvent aussi jusqu'au législateur. Celui-ci n'a consacré que six articles (1075 à 1080) à une matière qui figure parmi l'une des plus ardues et des plus compliquées. Selon la remarque de Demolombe (1), la théorie qu'il n'a fait qu'ébaucher repose sur des bases « ni très reconnaissables, ni très fixes », et ce n'est pas une témérité de dire qu'il ne s'est pas rendu très exactement compte de toutes les conséquences qui devaient en résulter.

20. — De nombreuses demandes et démarches ont été faites depuis pour compléter des textes parfois trop énigmatiques et remédier à l'imprécision des principes. Aucune n'a réussi. Ce sont les tribunaux qui ont dû, par voie d'interprétation, apporter quelque amélioration à cette partie de notre code et fixer les règles actuelles de cette espèce de disposition.

21. — Là réside la principale cause des inconvénients signalés et du grand nombre de décisions judiciaires qui ont été rendues en la matière. Il n'en faut pas chercher la source ailleurs.

(1) Demolombe, XXIII, 244.

CHAPITRE II. — FORMES ET FORMALITÉS

22. *Solennité.* — Le législateur a fait du partage anticipé par acte entre vifs un contrat solennel, soumis aux formalités des donations (C. civ. 1076), c'est-à-dire qu'il doit, à peine de nullité, être reçu en minute par deux notaires ou par un notaire assisté de deux témoins (1).

Cette solennité a paru nécessaire pour attirer l'attention des ascendants sur la gravité de leur décision, en assurer la sincérité et en faciliter la connaissance aux tiers.

23. — Le partage qui aurait lieu par acte sous signatures privées serait dépourvu de toute valeur légale, et sa nullité ne pourrait être couverte, du vivant de l'ascendant, ni par son dépôt au rang des minutes d'un notaire avec reconnaissance d'écritures, ni par un acte de confirmation de toutes les parties (2). Il doit être recommencé en la forme prescrite par la loi. Mais après la mort du donateur, ses héritiers auraient la faculté de renoncer à invoquer la nullité d'un tel acte (3).

24. — Lorsque le donateur ou l'un des donataires est représenté par un mandataire, la procuration passée à cet effet doit être spéciale et établie en la forme authentique avec les mêmes solennités que le partage lui-même auquel une expédition doit être annexée (C. civ. 933). — Voir au surplus les nos 115 et 160 ci-après.

25. *Notaires compétents.* — En principe, les notaires dans le ressort desquels l'acte est rédigé sont seuls qualifiés pour le recevoir, à condition qu'ils n'y soient pas intéressés personnellement et qu'ils ne soient parents ou alliés au degré prohibé soit de l'une des parties, soit entre eux (4).

26. — Toutefois, dans tout canton où il n'y a qu'un seul notaire, les notaires des cantons limitrophes, appartenant au même ressort de cour d'appel, ont le droit d'instrumenter dans ce canton en ce qui concerne les donations à titre de partage anticipé. Et réciproquement, le notaire unique au canton a le droit de recevoir des actes de cette nature dans lesdits cantons limitrophes (5).

27. *Qualités requises des témoins.* — Les témoins doivent être français et majeurs, savoir signer et avoir la jouissance de leurs droits civils; ils peuvent être de l'un et l'autre sexe, sous cette réserve que le mari et la femme ne peuvent être témoins ensemble dans le même acte (6).

28. — Il n'est plus nécessaire qu'ils soient domiciliés dans l'arrondissement communal où l'acte est passé. Aucune condition de domicile n'est imposée.

29. — Sont incapables d'être témoins :

1° Les personnes parentes ou alliées en ligne directe à tous les degrés et, en

(1) C. civ. 931 ; — L. 25 ventôse an XI, art. 9 modifié par la loi du 12 août 1902.
(2) C. civ. 1339; — Aubry et Rau, § 337, texte et note 11 ; — Demolombe, XXIX, 743.
(3) C. civ. 1340 ; — Planiol, III, 2532 ; — Colin et Capitant, II, 68 et III, 766.
(4) L. 25 ventôse an XI, art. 8 et 10.
(5) L. 25 ventôse an XI, art. 5 nouveau.
(6) L. 25 ventôse an XI, art. 9 nouveau.

ligne collatérale, jusqu'au troisième degré (oncle ou neveu inclusivement), soit du notaire, soit des parties (1) ;

2° Les clercs ou serviteurs soit du notaire, soit des parties (1) ;

3° Et les personnes condamnées à une peine afflictive ou infamante, aux travaux forcés, à la détention, à la réclusion ou même à une peine correctionnelle en vertu d'un jugement contenant prohibition à ce sujet, et l'interdiction résultant de l'une de ces condamnations ne cesse qu'en cas de réhabilitation.

30. — La simple privation des droits politiques n'est pas un motif suffisant d'exclusion ; par suite, un failli non réhabilité peut être témoin instrumentaire; néanmoins, il est préférable de n'employer que des personnes dont l'honorabilité et la capacité sont notoirement indiscutables (2).

31.— La donation qui serait reçue avec l'assistance d'un témoin instrumentaire manquant de l'une des qualités requises serait atteinte d'une nullité absolue. Toutefois, le vice résultant de l'incapacité de ce témoin peut être couverte par l'erreur commune de sa qualité réelle, quand cette erreur est appuyée sur une possession d'état constante, paisible et publique (3).

32. *Présence des témoins.* — La présence effective du notaire en second ou des témoins instrumentaires n'est requise qu'au moment de la lecture de l'acte et de sa signature par les parties ; elle doit être mentionnée, à peine de nullité (4).

33. — Lorsque l'acte est fait à deux dates différentes, il faut énoncer la présence du notaire en second ou des témoins à chacune de ces dates, sous la même sanction ; mais il n'est pas nécessaire que les témoins ou le second notaire soient les mêmes à chaque séance (5).

34. — Aucune formule spéciale n'est exigée pour constater la présence du second notaire ou des témoins au moment prescrit. Cette constatation peut résulter simplement des énonciations générales de l'acte (6). Mais la prudence recommande de recourir à une mention formelle et distincte. En pratique, cette mention est généralement mise en fin du contrat.

35. *Libellé.* — Le partage anticipé par acte entre vifs doit, comme tous les actes notariés, être écrit en un seul et même contexte, sans abréviation, blanc, lacune ni intervalle, — énoncer les sommes et dates en toutes lettres, — contenir les nom, état et demeure des parties et les nom et lieu de résidence du notaire qui le reçoit, à peine de 100 francs d'amende (7). Il doit, en outre, indiquer le nom et la demeure des témoins instrumentaires ou du notaire en second, ainsi que le lieu, l'année, le mois et le jour où il est passé, à peine de nullité (8).

36. — La loi n'exige pas l'indication des prénoms des témoins ni de leur profession ; mais il est bon de n'omettre ni l'un ni l'autre, pour bien établir leur individualité et permettre de les retrouver aisément, s'il y a lieu.

37. — La mention de la demeure des parties et du lieu de la passation de l'acte résulte suffisamment, à la campagne, du nom de la commune, et à la ville, du nom de cette ville, sans qu'il soit nécessaire de rapporter le lieudit ou la rue

(1) Loi 25 ventôse an XI, art. 10.
(2) Dépinay, *Rev. not.*, 11030.
(3) Cass req., 12 décembre 1882, S. 83.1.459, D. 83.1.264, *Rev. not.*, 6692, *J. N.* 22829 ; — Aubry et Rau, § 755, texte et note 22.
(4) L. 25 ventôse an XI, art 9 nouveau.
(5) Riom, 3 janvier 1852, D. 53.2.97, S 54.2.570 ; — Baudry-Lacantinerie et Colin, I, 1093.
(6) Baudry-Lacantinerie et Colin, I, 1093.
(7) L. 25 ventôse an XI, art. 12.
(8) *Idem*, art. 12, 13 et 68.

et le numéro. Toutefois il est d'usage de le faire, et on ne saurait trop recommander de se conformer à cet usage.

38. — Il est actuellement nécessaire d'indiquer le lieu et la date de naissance de chacune des parties (1), et il est utile de faire connaître le régime matrimonial des donateurs pour savoir si la femme a capacité de donner, et le régime matrimonial des femmes donataires, afin de faire connaître si elles peuvent s'obliger et si elles sont soumises ou non à l'obligation d'emploi de leurs propres.

39. — L'indication du lieu et de la date où le partage est signé pourrait résulter à la rigueur des énonciations générales de l'acte. Mais il est préférable de les mentionner de façon spéciale et distincte, ainsi d'ailleurs qu'il est d'usage de le faire.

40. *Dénomination de l'acte.* — Suivant les rédactions, on trouve les expressions « partage d'ascendant », « partage anticipé », « démission de biens », ou « partage de présuccession », pour qualifier la donation consentie par les parents à leurs enfants par acte entre vifs à titre de partage anticipé. Toutes sont équivalentes. Mais il est préférable d'employer les mots mêmes dont le législateur s'est servi.

41. *Imputation.* — Il est bon aussi de préciser, surtout en cas de donation partielle, l'intention réelle des parties sur la question d'imputation et de la mentionner en termes exprès.

42. *Désignation des biens.* — Les biens donnés doivent être désignés de façon à bien les identifier, afin de rendre impossible toute substitution et contestation ultérieure à leur sujet. L'application de ce principe demande quelques précisions et explications que nous allons donner succinctement.

43. *Ibid. Objets mobiliers.* — Les effets mobiliers donnés doivent être décrits et estimés dans un état signé du donateur et des donataires ou des personnes qui acceptent pour ces derniers, et qui demeure annexé à l'acte (C. civ. 948). Toutefois, il est admis que cet état peut être suppléé par une description et une estimation faite dans l'acte de donation lui-même (2), ou encore par une simple référence à un acte antérieur dans lequel les objets sont énumérés et estimés, par exemple à un inventaire, surtout si cet acte est récent (3).

44. — La description et l'estimation doivent être faites article par article; une évaluation en bloc ne serait pas régulière (4). Mais les accessoires de chaque objet peuvent être englobés dans l'estimation de l'objet principal, par exemple une voiture et ses harnais.

45. — La loi n'exige pour l'état que la signature des parties ou de leurs représentants; il en résulte que la forme authentique n'est pas nécessaire. L'authenticité n'est obligatoire que si l'une des parties ne sait ou ne peut signer (5).

46. — Le défaut de description et d'estimation détaillée entraîne la nullité de la donation, en ce qui concerne les effets non décrits ni estimés. Si l'acte comprend d'autres biens, il reste valable pour les autres biens. Si même il comprend à la fois des meubles détaillés et d'autres qui ne le sont pas, la nullité n'est encourue qu'au regard de ces derniers. Mais cette nullité est absolue ; elle peut

(1) L. 24 juillet 1921.
(2) Demolombe. XX, 357; — Baudry-Lacantinerie et Colin, I, 1264.
(3) Aubry et Rau, § 660, note 3; — Demolombe, XX, 362; — Cass. req., 11 avril 1854, D. 54.1.246.
(4) Demolombe, XX, 361 ; — Baudry-Lacantinerie et Colin, I, 126; — Cass. civ., 17 mai 1848, S. 48.1.433, D. 48.1.105.
(5) Laurent, XII, 383 ; — Demolombe, XX, 361 ; — Baudry-Lacantinerie et Colin, I, 126.

être invoquée par le donateur et ses créanciers (1), et ne saurait être couverte par aucune confirmation (2).

47. *Ibid. Créances.* — Les créances sont désignées par l'indication de la date du titre, du nom du débiteur, du capital dû et des modalités de son paiement. Il est bon de rapporter, en outre, la désignation sommaire des immeubles ou fonds de commerce affectés à la garantie de leur remboursement, ainsi que la date, le volume et le numéro de l'inscription d'hypothèque ou de nantissement qui a été prise en vertu de cette affectation. Ce dernier renseignement a pour but de permettre les subrogations utiles au bureau des hypothèques ou au greffe du tribunal de commerce.

48. *Ibid. Valeurs de bourse.* — Les titres de rente sur l'État français s'énoncent par l'indication du montant, de la nature et des numéros de chaque titre, et de la date à laquelle a eu lieu le dernier paiement des arrérages dont ils sont productifs. S'ils sont nominatifs, il est d'usage de rapporter textuellement leur immatricule.

Pour les actions et les obligations, on indique en outre le capital nominal et, si ce capital n'est pas entièrement versé, la somme qui reste due.

49. — Les titres étrangers ne peuvent être énoncés que s'ils sont régulièrement timbrés, et l'acte doit rapporter soit les mentions contenues dans l'empreinte du timbre, lorsque la formalité a eu lieu au moyen du timbre à l'extraordinaire, soit, en cas contraire, le lieu, la date et le numéro du visa pour timbre et le montant du droit acquitté, le tout sous peine d'amende de 5 pour 100 en principal de la valeur nominale des titres, avec minimum de 100 francs, et en outre d'une amende personnelle pour le notaire de 100 francs en principal (3).

Toutefois, pour les titres étrangers qui acquittent l'impôt du timbre par abonnement (et tous les titres étrangers autres que les fonds d'États, cotés à la Bourse officielle, acquittent l'impôt du timbre par abonnement), il suffit d'indiquer qu'ils sont abonnés ou cotés officiellement à telle bourse.

50. — Les titres de rente, emprunts et autres effets publics des gouvernements étrangers sont actuellement soumis au droit de timbre de 2 pour 100, augmenté du double décime (4); cependant les titres déjà timbrés au tarif de 0,50 pour 100 antérieurement au 1er janvier 1899 ou au tarif de 1 pour 100 avant le 1er avril 1907 sont suffisamment timbrés. Par exception, les fonds étrangers cotés à la Bourse officielle de Paris, dont le cours au moment où le droit devient exigible, est tombé au-dessous de la moitié du pair ne sont assujettis qu'au droit de 1 pour 100 au lieu du droit de 2 pour 100 (5).

Tous les titres étrangers autres que les fonds d'États sont soumis soit au droit de timbre par abonnement de 0,10 pour 100, augmenté du double décime, soit au droit de timbre au comptant de 2 pour 100, augmenté du double décime (6).

Enfin les titres de rente, obligations et autres effets publics des gouvernements étrangers cotés à la Bourse officielle dont le cours moyen pendant l'année précédente est tombé au-dessous des trois quarts du pair, acquittent le droit de timbre sur la valeur négociable déterminée par le cours moyen (7).

(1) Cass. civ., 17 mai 1848 précité.
(2) Baudry-Lacantinerie et Colin, I, 1272; — Aubry et Rau, § 660, texte et note 13; — Demolombe, XX, 344 et s.
(3) L. du 25 décembre 1895, art. 5.
(4) L. du 31 janvier 1907, art. 8, et L. 22 mars 1924, art. 3.
(5) L. 31 janvier 1907, art. 8.
(6) L. 28 décembre 1895, art. 3; — L. 25 juin 1920, art. 48; — L. 22 mars 1924, art. 3.
(7) L. 29 mars 1914, art. 43.

51. *Ibid. Fonds de commerce.* — Un fonds de commerce comprend non seulement le matériel et les marchandises nécessaires pour le commerce et dont une désignation détaillée est obligatoire, mais encore l'achalandage, c'est-à-dire la clientèle, le droit au bail, le nom et l'enseigne sous lesquels il est connu.

Le tout doit être énoncé avec soin et il est prudent d'en établir, au moins succinctement, l'origine de propriété.

52. *Ibid. Immeubles.* — Chaque immeuble doit être désigné par sa situation, sa nature, sa contenance et les numéros et sections sous lesquels il figure au plan cadastral. S'il s'agit de parcelles isolées, il est de bonne pratique d'ajouter les confins.

Pour les fermes ou propriétés d'un seul tenant, il suffit d'indiquer la situation, la composition d'une manière générale, la contenance en bloc et les mentions cadastrales.

53. — Il y a lieu de rappeler les servitudes qui existent ou sont créées au profit ou à la charge des immeubles, et de régler avec soin toutes les questions nouvelles soulevées par la division des biens, telles que droits de passages, vues, droits d'eau, bornages, etc.

Ces questions varient selon les circonstances particulières à chaque partage; mais elles n'offrent pas de difficulté de rédaction. Il faut et il suffit qu'elles soient claires et parfaitement adaptées aux faits et aux besoins des parties.

54. *Ibid. Immeubles par destination.* — Une distinction s'impose en ce qui concerne les immeubles par destination. S'ils sont donnés en même temps que le fonds auquel ils sont attachés, il n'est pas obligatoire d'en dresser un état, puisqu'ils sont et restent immeubles, et leur indication n'est utile qu'à titre de renseignement. Si, au contraire, ils font l'objet d'une donation distincte, par exemple s'ils sont seuls compris dans l'acte, ou s'ils sont donnés séparément du fonds à un autre attributaire, ils ont un caractère nettement et uniquement mobilier et doivent être décrits et estimés article par article.

55. *Ibid. Propres et biens communs.* — En cas de donation par deux époux, certains praticiens énoncent par distinction les biens propres à chacun d'eux et ceux dépendant de la communauté. Cette manière de faire permet de composer plus aisément les lots de biens de même origine en quantité et valeur sensiblement égales; mais elle n'a rien d'obligatoire.

56. *Lecture de l'acte.* — La lecture de l'acte doit être faite avant la signature; aucune disposition législative n'impose qu'elle ait lieu par le notaire lui-même. Il semble donc qu'elle pourrait être faite par un clerc en présence du notaire (1). Néanmoins, il est préférable qu'il y soit procédé par le notaire instrumentaire ou par le notaire en second, lorsque l'acte est passé en présence de deux notaires.

57. — Lorsqu'une des parties est atteinte de surdité, elle prend connaissance alors par elle-même de l'acte, si elle sait lire, et il en est fait mention (V. ci-après, n° 118).

58. *Affirmations.* — Lorsque la donation à titre de partage anticipé comprend des immeubles ou un fonds de commerce, le notaire doit donner lecture aux parties de l'article 13 de la loi du 23 août 1871, de l'article 7 de la loi du 27 février 1912 et des articles 7 et 8 de la loi du 18 avril 1918, relatifs aux dissimulations, ainsi que de l'article 366 du Code pénal, et il doit en outre affirmer qu'il ne con-

(1) *Dict. du Not.*, v° Acte not., 93.

naît personnellement aucune contre-lettre contenant stipulation ou augmentation de soulte.

De leur côté, les parties sont tenues d'affirmer, sous les peines édictées par l'article 8 de la loi du 18 avril 1918, qu'il n'existe pas de soulte, ou, selon le cas, que l'acte exprime l'intégralité des soultes convenues.

Ces lectures et affirmations doivent être mentionnées expressément dans l'acte, à peine de 10 francs d'amende (1).

59. *Signature.* — Le partage d'ascendant doit, à peine de nullité, être signé par les parties, par les témoins et par le notaire ou les notaires, ou contenir la déclaration que les parties ou l'une d'elles ne savent ou ne peuvent signer. Les renvois doivent également être signés ou paraphés de tous (2).

60. — La circonstance que l'une des parties ne sait ou ne peut signer est à mentionner d'après les déclarations faites à cet égard par l'intéressé lui-même; elle ne pourrait être relatée efficacement d'après la constatation personnelle du notaire rédacteur, ni sur l'affirmation d'un tiers (3).

61. — Nous rappelons que la signature consiste, de la part du signataire, à écrire lui-même le nom de famille sous lequel il est porté sur les registres de l'état civil, ou celui sous lequel il est universellement connu et qu'il a l'habitude d'apposer, encore que ce ne serait pas là son véritable nom, sans qu'il soit nécessaire d'y ajouter le prénom usuel ni un paraphe quelconque. Ce qu'il faut, c'est que la signature apposée soit conforme à celle dont on a coutume de faire usage (4).

Par exemple, la femme mariée peut signer indifféremment soit de son nom de famille au besoin précédé ou suivi de son prénom, soit de son prénom suivi du nom de son mari, soit de ce dernier nom précédé du mot « femme », écrit en entier ou en abréviation, comme elle a l'habitude de faire.

62. — Dans tous les cas, il faut que la signature soit l'œuvre personnelle du signataire. Ainsi doit être considérée comme sans valeur la signature pour l'apposition de laquelle le signataire a dû laisser conduire sa main par une autre personne (5). Mais il en est autrement si cette autre personne a simplement tracé un modèle, car la signature faite d'après ce modèle est bien l'œuvre de celui qui l'a tracée (6).

63. *Acte passé à l'étranger.* — La donation à titre de partage anticipé faite par un Français à l'étranger peut avoir lieu :

Soit en la forme des actes notariés devant un agent consulaire ayant compétence notariale,

Soit en la forme admise par la loi du lieu où est passé le contrat, lors même qu'il comprend des immeubles situés en France (7).

64. *Publicité.* — Dans les rapports des parties entre elles, le partage d'ascendant est parfait dès qu'il est dûment accepté. A l'égard des tiers, il ne produit son effet translatif que par l'accomplissement de formalités de publicité qui diffèrent selon qu'il s'agit de meubles incorporels (signification et transfert) ou d'immeubles (transcription).

(1) L. 27 février 1912, art. 7, et L. 18 avril 1918, art. 7.

(2) L. 25 ventôse an XI, art. 14 et 15.

(3) Cass. req., 29 juillet 1875, S. 75.1.465, D. 76.1.79, *J. N.* 21304, *Rev. not.*, 5065.

(4) Demolombe, XX, 103; — Rutgeerts et Amiaud, II, 513.

(5) Rutgeerts et Amiaud, II, 517.

(6) Rolland de Villargues, V° Signat., 117.

(7) Demolombe, XX, 113; — Aubry et Rau, § 659, texte et note 29; — Baudry-Lacantinerie et Colin, I, 1713 et s.; — Cass., 29 juin 1922, D. 22.1.27.

Cette publicité n'a d'efficacité que sur l'exercice des droits des donataires et non sur leur existence.

65. *Signification ou acceptation*, — La donation qui porte sur des créances et des rentes sur particuliers doit être signifiée au débiteur par huissier, à personne ou à domicile réel (1), ou acceptée par lui par acte notarié (2).

66. — Il n'est pas nécessaire que la signification contienne une copie littérale de l'acte; il suffit qu'elle comprenne les parties indispensables pour permettre au débiteur de connaître exactement la transmission (3).

67. *Mention*. — Il y a lieu aussi de faire mentionner la donation en marge des inscriptions hypothécaires ou de nantissement.

68. *Transfert*. — Le transfert, au nom des donataires, des valeurs de bourse nominatives est opéré sur la production d'un extrait de l'acte pour les actions et obligations, et sur le vu d'un certificat de propriété délivré par le notaire qui a reçu le partage anticipé, pour les rentes sur l'Etat.

A cet égard, il est nécessaire que le notaire examine avec soin le contrat de mariage des femmes donataires et, le cas échéant, fasse mentionner sur les titres et valeurs à elle attribués l'obligation d'emploi qui résulterait de ce contrat.

69. *Transcription*. — La transcription consiste dans le dépôt, à la conservation des hypothèques de la situation des biens, d'une copie ou extrait sur papier spécial, qui doit y rester, et d'une expédition ou extrait ordinaire, destiné à recevoir la mention de l'accomplissement de la formalité (4). Il ne s'agit plus, à proprement parler, d'une véritable transcription ; mais le mot continue à être employé, le législateur l'ayant lui-même conservé.

70. — En général, la donation qui comprend des biens ou droits réels susceptibles d'hypothèque doit être transcrite en entier. Toutefois, lorsque l'acte contient le partage tant des biens donnés que d'autres biens qui appartenaient déjà aux donataires à un titre quelconque, il n'y a lieu de faire transcrire que les parties relatives aux biens donnés. L'extrait à déposer à cet effet à la conservation des hypothèques doit être un extrait littéral; serait insuffisant un extrait analytique ou qui ne contiendrait pas les éléments nécessaires soit à la perception de l'impôt, soit à l'accomplissement de la mission du conservateur (5).

71. — Lorsque l'acceptation du partage a lieu par acte séparé, elle doit également être transcrite, ainsi que le procès-verbal de notification de cette acceptation (C. civ. 939).

72. *Réquisition de la transcription*. — La transcription est une simple mesure conservatoire. Elle peut être requise non seulement par le donateur et par les donataires ou leurs successeurs universels, mais encore par toute personne intéressée, et notamment par les créanciers des donataires (6).

73. — En principe, la formalité doit être faite à la diligence du mari pour les biens donnés à la femme, et à la diligence des tuteurs pour ceux donnés à des mineurs ou interdits (C. civ. 940) ; mais la femme et les mineurs peuvent la requérir eux-mêmes sans aucune autorisation (7).

(1) C. civ., 1690; — Cass., 4 mai 1874, D. 74.1.489, S. 75.1.69.
(2) C. civ., 1690; — Cass., 6 février 1878, S. 87.1.168, D. 78.1.275.
(3) Aubry et Rau, § 359 *bis*, note 8; — Cass. req., 19 juin 1889, S. 89.1.468, *Rev. not.*, 8105.
(4) L. 24 juillet 1921.
(5) Rép. minist., *J. O.* 21 mars 1922.
(6) Demolombe, XX, 261 et s.; — Aubry et Rau, § 704, texte et note 11.
(7) Aubry et Rau, § 704, texte et note 13.

74. — L'obligation de faire transcrire n'est imposée ni au curateur du mineur émancipé, ni même à l'ascendant qui a accepté en vertu de l'art. 935 du Code civil, au nom du mineur dont il n'est pas tuteur (1).

Elle incombe, au contraire, au curateur nommé à un sourd-muet en conformité de l'art. 936 du Code civil (2).

75. *Délai.* — La loi n'a fixé aucun délai pour l'accomplissement de la transcription. Celle-ci peut avoir lieu à toute époque, même après le décès du donateur, sauf aux donataires à subir les conséquences du retard, le cas échéant (3).

76. — La donation faite par une personne tombée depuis en faillite est encore utilement transcrite après l'époque de la cessation des paiements, pourvu que ce soit avant le jugement déclaratif et dans la quinzaine de l'acte (4).

77. *Défaut de transcription.* — Le défaut de transcription ne change en rien les rapports existant entre le donateur et les donataires. Il empêche seulement que la donation soit opposable aux tiers qui ont acquis du donateur, postérieurement à l'acte, des droits régulièrement inscrits sur les immeubles donnés.

78. — Il engage la responsabilité du tuteur et du mari qui sont passibles de dommages-intérêts envers la femme et le mineur ou interdit, quand il en résulte quelque préjudice pour ces derniers, à moins qu'il n'existe en leur faveur une excuse plausible (5). Mais la femme mariée, le mineur ni l'interdit ne sont restituables contre le défaut de transcription, lors même que le mari ou le tuteur se trouverait insolvable (C. civ. 942).

79. *Qui peut l'invoquer.* — Ne peuvent opposer le défaut de transcription les personnes qui étaient chargées de l'accomplissement de la formalité ou leurs ayants cause, et le donateur (C. civ 941).

Les personnes comprises dans cette énumération sont : 1° les donataires naturellement et leurs ayants cause, ainsi que leurs créanciers, car la formalité a été édictée non pour les protéger, mais pour protéger les tiers qui ont pu être trompés en traitant avec le donateur (6) ; 2° le mari de la femme donataire, le tuteur du mineur ou interdit, et le curateur du sourd-muet ; 3° le donateur et ses héritiers et successeurs universels ou à titre universel (7).

80. — Au contraire, peuvent s'en prévaloir ; 1° toute personne ayant acquis du donateur à titre onéreux ou à titre gratuit, sur l'immeuble donné, un droit réel (propriété, usufruit, nue propriété, servitude, usage, habitation) qu'elle a fait transcrire ; 2° et les créanciers du donateur, qu'ils soient hypothécaires ou chirographaires, car tous ont également intérêt à écarter les prétentions des donataires (8).

81. — Les tiers autorisés à invoquer le défaut de transcription peuvent le faire malgré la connaissance de fait qu'ils auraient obtenue, par des voies quelconques, de l'existence de la donation. Il n'en serait autrement que s'ils avaient

(1) Aubry et Rau, *op. cit.*, texte et notes 14 et 15 ; — Baudry-Lacantinerie et Colin, I, 1391. — V. cependant, en ce qui concerne l'ascendant, Demolombe, XX, 282.

(2) Aubry et Rau, *op. cit.*, texte et note 17 ; — Demolombe, XX, 277.

(3) Demolombe, XX, 286 ; — Aubry et Rau, *op. cit.*, texte et notes 22-23.

(4) Aubry et Rau, *op. cit.*, texte et notes 33-34 ; — Cass. req., 23 novembre 1859, S. 61.1.85.

(5) Demolombe, XX, 279, 280 et 284 ; — Aubry et Rau, § 704, texte et notes 18-19 ; — Baudry-Lacantinerie et Colin, I, 1383, 1398.

(6) Demolombe, XX, 312 ; — Colin et Capitant, I, 961 ; — Cass. civ., 1er juin 1897, S. 97.1.399, *Rev. not.*, 9879 ; — Cass. req., 2 mai 1908, *Rev. not.*, 13932.

(7) Demolombe, XX, 306 ; — Planiol, I, 2632 ; — Colin et Capitant, I, 960.

(8) Demolombe, XX, 300 et s. ; — Aubry et Rau, § 704, texte et notes 30 et 32 ; — Colin et Capitant, I, 960 ; — Cass. 23 novembre 1859, S. 61.1.85 ; Limoges, 28 février 1879, D. 80.2.126, S. 80.2.52.

renoncé d'une manière certaine à l'exercice de ce droit, ou s'ils s'étaient concertés frauduleusement avec le donateur dans le but d'anéantir la donation au préjudice du donataire ou de ses créanciers (1).

82. *Inscription du privilège de copartageant.* — Le privilège auquel les donataires ont droit pour le paiement des soultes ou des prix de licitation doit être inscrit dans les 60 jours de la date du partage, et non du décès du donateur, pour la conservation du droit de préférence, et dans les 45 jours de la même date pour la conservation du droit de suite (2).

(1) Demolombe, XX, 314; — Aubry et Rau, *op. cit.*, texte et notes 38 et 39; — Cass. req., 22 octobre 1889, S. 91.1.446, *Rev. not.*, 8201.

(2) L. 23 mars 1855, art. 6; — Cass., 30 juillet 1873, D. 74.1.106; — Demolombe, XXIII, 134; — Aubry et Rau, § 733, texte et note 13.

CHAPITRE III. — CAS OÙ LE PARTAGE D'ASCENDANT EST POSSIBLE

§ 1. — En ce qui concerne les donateurs.

83. *Capacité.* — La capacité de disposer par donation entre vifs est la règle ; l'incapacité est l'exception (C. civ. 902). Mais il faut que cette capacité existe au moment où l'acte devient complet et définitif. Si le partage et son acceptation ont lieu, par exemple, par actes distincts, le donateur doit être capable non seulement au jour de la donation, mais encore jusqu'à celui de la notification de l'acceptation de tous les donataires (1).

84. *Ascendants.* — Les père, mère et autres ascendants à tous les degrés peuvent seuls faire le partage de leurs biens entre leurs enfants et descendants (C. civ. 1075). C'est un privilège accordé à la qualité d'ascendant, auquel aucune extension n'est possible en dehors des limites prévues par la loi (2).

Ainsi, la distribution qu'un oncle ferait entre ses neveux sous forme de donation entre vifs ne constituerait qu'une libéralité ordinaire ; elle ne serait rescindable ni pour cause de lésion quelconque, ni pour cause de prétérition d'un neveu (3). Le disposant pourrait attacher à sa donation certains effets du partage d'ascendant, en les précisant en termes exprès, par exemple l'obligation de garantie entre les bénéficiaires ou l'obligation pour quelques-uns de ceux-ci de payer une soulte à l'attributaire du lot le plus faible (4) ; mais il semble impossible qu'il puisse lui donner complètement tous les mêmes effets (5).

85. *Fils unique.* — Le partage anticipé n'est possible qu'autant qu'il y a motif à partage. Le but poursuivi par le législateur a été, en effet, de permettre à l'ascendant d'établir, de son vivant, la division de ses biens à laquelle les donataires auraient eux-mêmes à procéder lors de son décès. Il ne saurait donc y avoir partage d'ascendant à l'égard du fils unique, tant au point de vue du droit civil qu'au point de vue du droit fiscal, alors même que le donataire serait grevé de restitution au profit de ses enfants nés et à naître (6).

86. — De même constitueraient seulement des donations ordinaires : 1° le partage opéré par un père entre son fils et les enfants de celui-ci ; 2° le partage consenti directement par un aïeul à ses petits-enfants, durant l'existence du père de ces derniers ; 3° et le partage fait par un aïeul et son fils entre les enfants de celui-ci (7).

87. *Sanité d'esprit.* — Le donateur doit être sain d'esprit au moment de l'acte (C. civ., 901). Le défaut d'intelligence à cet instant même serait un cas de nullité,

(1) Demolombe, XVIII, 700, et XX, 150 ; — Aubry et Rau, § 650, note 2.
(2) Demolombe, XXII, 698 ; — Baudry-Lacantinerie et Colin, II, 3480 ; — Planiol, III, 3353.
(3) Demolombe, XXII, 700 ; — Aubry et Rau, § 728, texte et note 4 ; — Laurent, XV, 4 et 5.
(4) Bonnet, I, 128 ; — Baudry-Lacantinerie et Colin, II, 3482.
(5) Aubry et Rau, § 728, note 3 *bis* ; — Planiol, III, 3353.
(6) Cass. civ., 20 janvier 1840, S. 40.1.185 ; — Cass. civ., 14 mai 1879, S. 79.1.383, D. 79.1.244 ; — Aubry et Rau, § 728, texte et note 9 ; — Demolombe, XXIII, 55.
(7) Genty, 129 ; — Réquier, 120 ; — Baudry-Lacantinerie et Colin, II, 3496 ; — Demolombe, XXII, 707 ; — Cass., 21 juillet 1851, S. 51.1.617, D. 51.1.201.

sans qu'il y ait à distinguer si l'insanité d'esprit est due à une cause permanente ou accidentelle.

88. — Ne constituent pas une preuve de démence :

1° l'abus des boissons alcooliques;

2° les défaillances de mémoire ;

3° les bizarreries de caractère ni la monomanie qui n'affecte l'intelligence que sur un point, sans l'anéantir en elle-même et sans détruire la volonté (1) ;

4° la pratique des sciences occultes et du spiritisme, alors surtout que par ailleurs et notamment par une administration bien entendue de sa fortune, le disposant donne des signes non équivoques de bon sens (2) ;

5° la tentative de suicide ni même le suicide qui suivrait immédiatement la confection de l'acte (3).

89. *Aliéné interdit.* — L'aliéné interdit est considéré comme absolument incapable de distribuer ses biens. L'acte de disposition consenti par lui serait nul de droit, c'est-à-dire sans que le demandeur en nullité ait uatre chose à prouver que le fait de l'interdiction et sans que le défendeur soit admis à combattre la demande en prouvant que l'acte a été passé pendant un intervalle lucide (4).

90. *Aliéné non interdit.* — Le partage qui serait fait par une personne placée dans un établissement d'aliénés sans que son interdiction ait été prononcée ni même provoquée peut être attaqué pour cause de démence présumable (5). Il est même enseigné que l'internement établit une présomption d'insanité rendant l'incapacité continue, en sorte que la preuve du défaut de raison est alors inutile (6).

91. — Quand l'aliéné n'est ni interdit ni interné, la donation par lui consentie ne peut être annulée que si l'on démontre qu'elle a été faite dans un moment où il n'avait pas sa raison, ou tout au moins qu'il se trouvait, avant et après ce moment, dans un état habituel d'insanité d'esprit, et le défendeur est admis à écarter les conséquences de cette preuve en prouvant de son côté que la disposition a eu lieu dans un intervalle lucide (7).

92. *Aveugle.* — L'aveugle peut valablement disposer à titre gratuit (8).

93. *Condamné.* — L'ascendant condamné à une peine afflictive perpétuelle est incapable de faire un partage anticipé, et cette incapacité n'est pas effacée par la cessation de la peine principale, mais seulement par la réhabilitation. Toutefois, il peut être relevé par le gouvernement de tout ou partie de l'incapacité dont il se trouve frappé (9).

94. — L'incapacité de disposer n'atteint le contumace que cinq ans après l'exécution par effigie (10).

95. — La personne condamnée aux travaux forcés à temps, à la détention ou à la réclusion est incapable de procéder au partage de ses biens par acte entre vifs pendant toute la durée de sa peine, parce qu'elle se trouve en état d'interdiction légale pendant ce temps (C. pén., 29).

(1) Demolombe, XVIII, 339-340 ; — Aubry et Rau, § 648, texte et note 2.
(2) Limoges, 6 février 1889, S. 89.2.173 ; — Paris, 4 décembre 1912, S. 13.2.247.
(3) Cass. req., 11 novembre 1829, S. 30.1.36 ; — Demolombe, XXIII, 319.
(4) Aubry et Rau, § 648, texte et note 6 ; — Planiol, III, 2898-2899.
(5) L. 30 juin 1838, art. 39.
(6) Planiol, III, 2898. — V. cep. Dijon, 20 décembre 1881, D. 83.2.8.
(7) Aubry et Rau, § 648, texte et note 7 ; — Besançon, 20 janvier 1903, Pand. 02.2.260.
(8) Cass req., 23 mai 1887, S. 87.1.221.
(9) L. 31 mai 1854, art. 3 et 4.
(10) Béziers, 26 juin 1886, S. 88.2.46.

96. *Conseil judiciaire (pourvu de).* — L'individu pourvu d'un conseil judiciaire doit être assisté de son conseil pour disposer de ses biens à titre de partage anticipé.

97. *Epoux mariés en secondes noces. Enfants de plusieurs lits.* — En cas d'existence d'enfants de deux ou plusieurs lits, chaque époux peut donner séparément à ses enfants les biens qui lui appartiennent en propre. Il ne saurait, au contraire, être procédé à la confusion des propres à l'un et l'autre des conjoints, en une masse unique, pour être répartis ensuite entre tous les enfants par un seul et même acte, car ce serait créer une indivision qui n'existait pas et qui impliquerait des cessions ou transmissions réciproques de droits de propriété préalables au partage (1).

98. — En ce qui concerne les biens communs, une opinion enseigne que leur partage conjonctif est possible à la condition de les répartir suivant les droits héréditaires du chacun, c'est-à-dire en apportionnant les enfants communs du chef du père et de la mère, et les autres du chef seulement de leur auteur (2).

Suivant un autre système, il est impossible de procéder ainsi parce que les droits des enfants qui ne sont pas également des successibles des deux donateurs différeront selon que la communauté sera acceptée ou répudiée lors de sa dissolution; pour faire un partage anticipé des biens communs, il faut tabler sur l'acceptation ultérieure de la communauté; or, les articles 900 et 1453 du Code civil interdisent toute stipulation portant directement ou indirectement atteinte à la faculté réservée à la femme et à ses héritiers de se prononcer seulement à ce moment-là (3).

99. — On a conseillé, pour tourner la difficulté, de faire donner les biens communs par le mari seul (4), car l'interdiction faite à ce dernier par l'article 1422 du Code civil de disposer à titre gratuit des immeubles de communauté et de l'universalité ou d'une quotité du mobilier n'est pas d'ordre public; la femme est libre d'y renoncer en consentant aux libéralités (5). Mais pour que cette renonciation produise plein effet, il faut que la femme n'agisse pas elle-même dans l'acte comme codonatrice. S'il est stipulé une rente viagère, celle-ci peut alors être réversible au profit de la femme, sans tomber sous le coup de l'article 1097 du Code civil, puisque la réversion n'est pas réciproque. Seulement, s'il y a des mineurs parmi les donataires, l'acceptation doit avoir lieu pour eux par un autre ascendant, ou, à défaut, par un tuteur *ad hoc*, car la stipulation de rente réversible crée une opposition d'intérêts entre la mère et ses enfants (6).

Cette combinaison ne permet pas de répartir les propres en même temps que les biens communs. Il faut faire des actes distincts, d'où des complications pour les allotissements et une augmentation des frais. Enfin elle est impossible lorsque c'est la femme qui a des enfants d'un précédent mariage.

100. — Il est plus simple et plus régulier, à notre avis, de faire donner par les deux époux, sauf à prendre quelques précautions et à agir avec circonspection. Il faut d'abord que l'acte soit loyal et assure à chaque enfant la part à

(1) Aubry et Rau, § 731, texte et note 1.
(2) Genty, 153; — Demolombe, XXIII, 85.
(3) Réquier, 136; Aubry et Rau, § 731, texte et note 10; — Baudry-Lacantinerie et Colin, II, 3598; — Planiol, III, 3361; — *Encyc. du not.*, V° *Part. d'asc.*, 139 et s.; — Amiaud, *Tr. form.*, V° *Part. d'asc.*, 16.
(4) Voir *J. N.* 29068.
(5) Paris, 23 novembre 1861, D. 62.2.206.
(6) Lyon, 24 juin 1868, D. 68.2.177.

laquelle il a droit. Il est indispensable, ensuite, de ne pas confondre en une seule masse les propres des époux et les biens communs, puisque les donataires ont des vocations héréditaires différentes ; il importe, au contraire, de distinguer les biens suivant leur origine et de les répartir de la même façon entre ceux-là seuls qui ont des droits éventuels sur eux.

Ainsi fait, le partage sera valable et devra être maintenu si la communauté est acceptée par la femme ou ses représentants lors de sa dissolution, ce qu'il est généralement facile de prévoir, car il y aura acceptation ou répudiation, selon que son état sera bon ou mauvais. Enfin, il est très rare que les enfants ne respectent pas la volonté de leurs parents, lorsque cette volonté a été clairement manifestée et ne cache rien d'injuste ni de répréhensible.

Au surplus, alors même qu'il surgirait des contestations ultérieures, le notaire ne saurait être recherché. Tant que la Cour suprême n'aura pas condamné le système admis par Demolombe et en faveur duquel militent des raisons d'ordre pratique, sa responsabilité ne saurait être sérieusement mise en jeu.

101. *Etranger*. — L'étranger non naturalisé peut disposer à titre gratuit par acte entre vifs, comme les Français, qu'il ait été ou non autorisé à établir son domicile en France (1).

102. *Failli*. — L'ascendant en faillite ou en liquidation judiciaire est privé du droit de disposer de ses biens par voie de partage anticipé (C. com., 446; — L. 4 mars 1889, art. 19). Il a même été jugé que le partage fait par une personne tombée depuis en faillite ne saurait être utilement transcrit après l'époque fixée comme étant celle de la cessation des paiements (2). Mais ni l'ascendant ni les donataires ne peuvent se prévaloir de cette cause de nullité spéciale ; seuls, les créanciers du donateur ont qualité pour attaquer la libéralité ainsi faite (3).

103. *Femme divorcée ou séparée de corps*. — La femme séparée de corps non dotale et la femme divorcée ont le plein exercice de leur capacité civile. Aucune autorisation ne leur est nécessaire pour faire un partage d'ascendant (C. civ., 311).

104. *Femme mariée. 1° Sous un régime autre que le régime dotal*. — La femme mariée, même si elle est séparée contractuellement ou judiciairement de biens, a besoin de l'autorisation de son mari ou, à défaut, de justice pour consentir un partage entre vifs (C. civ., 217, 219 et 905).

105. — Il y a lieu à autorisation judiciaire lorsque le mari refuse son consentement (C. civ., 219), ou lorsqu'il se trouve dans l'impossibilité de le donner, par exemple : en cas d'absence présumée ou déclarée (4), — en cas d'interdiction (C. civ., 222), — en cas de condamnation à une peine afflictive ou infamante, pendant la durée de cette peine (5), — et dans le cas où il est pourvu d'un conseil judiciaire (6).

106. — Avec l'autorisation du mari, la femme non dotale a capacité pour donner la pleine propriété de ses biens. Autorisée par le juge, elle ne peut disposer que de la nue-propriété des biens dont la jouissance appartient au mari

(1) L. 14 juillet 1819.
(2) Cass., 23 mars 1859, D. 59.1.481, S. 61.1.85.
(3) Baudry-Lacantinerie et Colin, I, 308.
(4) C. civ., 222 : — Cass. 15 mars 1837, S. 37.1.547.
(5) C. civ., 221 ; — Cass., 20 novembre 1854, II, 54. 1. 438.
(6) Cass., 6 décembre 1876, S. 77. 1307.

d'après le régime matrimonial, sauf au cas où celui-ci est interdit et où son conseil de famille renonce pour lui à cette jouissance (1).

107. — Le concours du mari au partage anticipé consenti par la femme emporte tacitement son autorisation ; il est néanmoins prudent de mentionner cette autorisation en termes exprès (2).

108. — Lorsque le mari donne son autorisation par acte séparé, il faut qu'elle soit spéciale (C. civ., 223), revêtue des mêmes formes solennelles que celles prescrites pour le partage (3), et enfin antérieure à cet acte (4).

109. 2° *Sous le régime dotal*. — La femme mariée sous le régime dotal a la faculté de disposer de ses biens paraphernaux avec l'autorisation du mari ou, à défaut, de justice, comme sous les autres régimes (5). Au contraire, elle ne peut donner ses biens dotaux à titre de partage anticipé par acte entre vifs, à défaut de stipulation expresse à ce sujet dans son contrat de mariage, que si la donation est motivée par l'établissement de tous ses enfants (6).

110. — D'après la jurisprudence et les auteurs, le terme « établissement » a une portée assez large et s'entend non seulement d'un mariage, mais de tout état, emploi ou condition de nature à procurer aux enfants une existence indépendante (7).

Au contraire, ne saurait être assimilée à un établissement la libéralité faite en vue d'accroître leur aisance ou de relever l'état de leurs affaires (8), d'étendre un commerce ou une industrie déjà existante (9). — Il en est de même si la disposition ne porte que sur la nue propriété des biens, parce qu'elle ne procure pas alors aux donataires des avantages immédiats propres à leur assurer un état ou des moyens d'existence (10), ou encore si elle n'a d'autre but que d'affranchir les parents des soins d'une administration que leur âge rend pénible (11).

111. — Dans tous les cas, la femme dotale doit être autorisée par le mari ou, à défaut, par justice.

Lorsqu'il s'agit de l'établissement d'enfants communs, l'autorisation de justice n'est possible que si le mari est absent ou incapable. Au contraire, s'il s'agit d'enfants nés d'un précédent mariage, la justice peut autoriser la femme à disposer, malgré l'opposition du mari (12).

En cas d'autorisation judiciaire, la jouissance des immeubles dotaux donnés doit être réservée au mari (13) ; il n'y a exception que si le mari est interdit et si

(1) Demolombe, IV, 318, 319 ; — Aubry et Rau, 648, texte et note 24.
(2) Cass., 20 juin 1881, D. 81. 1.384, S. 82.1.301.
(3) Cass. req., 1er décembre 1846, S. 47.1.289, D. 47.1.15.
(4) Douai, 10 décembre 1872, S. 72.2.139, D. 73.2. 92.
(5) Réquier. 132 ; — Bonnet I, 245, 246 ; — Demolombe, XXIII, 73.
(6) C. civ., 1555 à 1557 ; — Demolombe, XXII, 73 : — Aubry et Rau, § 537 texte et notes 59 et s., et § 731, texte et note 3 : — Baudry-Lacantinerie et Colin, II, 3583 ; Bonnet, I, 238 et s. ; — Cass. req., 18 avril 1864, S. 64.1.174, D 64.1.209 : — Grenoble, 1er avril 1908, D. 09. 2.220.
(7) Aubry et Rau, § 537, texte et note 105 ; — Guillouard, IV, 1995 ; — Planiol, III, 1563 ; — Cass., 24 octobre 1892, S. 92.1.574. D. 92. 1.620 ; — Cass., 10 février 1896, S. 1900.1.511.
(8) Rouen, 23 janvier 1897, S. 99. 2.157, D. 99.2.139 ; — Cass. req., 15 janvier 1906, S. 06. 1.435. *Rev not* 12859.
(9) Bordeaux, 29 août 1849, S. 50.2.467, D. 52.2.15.
(10) Caen, 11 juin 1869. S. 70.2.36, D. 74.5.175.
(11) Agen, 10 juillet 1850. S. 50.2.338.
(12) Aubry et Rau, *op. cit.*, texte et note 100.
(13) Aubry et Rau, *op. cit.*, notes 101 et 102 ; — Planiol, III, 1561 et 1562 ; — Guillouard, IV, 1989 et s.

son conseil de famille renonce de son chef à son droit d'usufruit sur lesdits biens (1).

112. — Si les parties procèdent au partage des biens dotaux en dehors des cas permis, il est nécessaire de faire confirmer de suite les attributions par testament et de faire ratifier l'acte par la femme ou ses héritiers dès que l'incapacité a cessé par le décès de l'un des époux (V. nº 395 ci-après).

113. *Interdit.* — L'individu frappé d'interdiction pour cause d'insanité d'esprit ne peut faire de partage anticipé (V. supra, nº 89). En ce qui concerne celui qui se trouve en état d'interdiction légale par suite d'une condamnation à une peine afflictive perpétuelle ou temporaire, voir ci-dessus, nºs 93 et s.

114. *Ivresse.* — L'ivresse est un état passager de démence ; la disposition faite en cet état est annulable (2).

115. *Mandataire.* — La présence du donateur en personne n'est pas indispensable ; il est libre de se faire représenter par un mandataire. Le mandat donné à cet effet doit être exprès, authentique et reçu en la présence réelle de deux notaires ou d'un notaire assisté de deux témoins (3). En entourant le partage d'ascendant de certaines formalités solennelles, la loi a voulu assurer notamment l'entière liberté du disposant ; ce but serait manqué si un mandat ordinaire pouvait suffire (4).

Mais ce mandat peut-il être délivré en brevet ? La doctrine l'admet, car l'article 931 du Code civil ne prescrit la nécessité d'une minute que pour l'acte de donation lui-même, et l'article 933 ne prévoit cette même formalité que pour la procuration passée par le donataire, et il n'y a pas de raison plausible pour déroger au droit commun (5).

Par prudence, en pratique, la procuration consentie par le donateur est reçue en minute (6).

116. *Mari.* — Le mari ne peut, en principe, procéder seul à un partage anticipé des biens de la communauté que s'il s'agit de l'établissement des enfants communs, ou si la libéralité porte seulement sur des effets mobiliers dont il ne se réserve pas l'usufruit (Voir ci-après, nº 181).

Dans tous les cas, lorsque le mari donne des immeubles propres ou des immeubles communs, il y a lieu de rapporter la renonciation de la femme à son hypothèque sur ces immeubles ou, à défaut, de remplir les formalités de purge. (Voir ci-après, nºs 342 et 343).

117. *Mineur.* — Le mineur est incapable de disposer de ses biens par acte entre vifs. Au surplus, c'est bien rare qu'il ait l'occasion de faire un partage d'ascendant.

118. *Sourd. Sourd-muet.* — Les sourds, les muets et même les sourds-muets de naissance jouissent, malgré leur infirmité, de la faculté de disposer à titre gratuit. S'ils savent lire, la lecture de l'acte est valablement suppléée par la communication directe qui doit leur en être donnée (7). En cas contraire, il suffit

(1) Aubry et Rau, *op. cit*, note 103 ; — Guillouard, IV, 1992.

(2) Toulouse, 25 juillet 1863, S. 64 2.137, D. 63.2.139.

(3) L. 21 juin 1843, art. 2.

(4) Demolombe, XX, 30 ; — Aubry et Rau, § 659, texte et note 5 ; — Baudry-Lacantinerie et Colin, I, 1116.

(5) Aubry et Rau, § 659, texte et note 6 ; — Demolombe, XX, 161 ; — Baudry-Lacantinerie et Colin, *loc. cit.*

(6) *Dict. not.*, Vº Brevet, 7 ; — *Encyc. not.*, Vº Donation, 515 ; — Amiaud, *Tr. form.*, Vº Proc., 31.

(7) Cass. req., 16 décembre 1878, D. 79.1.209. S. 79.1.409, *Rev. not.* 5768 ; — Bastia, 18 février 1891.

qu'ils sachent et puissent manifester leur volonté d'une manière non équivoque (1). Mais il est prudent que le notaire se fasse alors assister, en outre des témoins instrumentaires, de personnes habituées à comprendre leur langage et leur mimique.

119. *Vieillard.* — La vieillesse même la plus avancée n'est pas une cause d'incapacité de disposer à titre gratuit, si la lucidité d'esprit a suffisamment persisté (2).

§ 2. — En ce qui concerne les donataires.

120. *Descendants.* — Le partage d'ascendant ne peut avoir lieu qu'entre les descendants du donateur qui se trouvent immédiatement au degré successible et il doit comprendre tous ces derniers, à peine de nullité (3). « Si le partage n'est pas fait entre tous les enfants, a dit le tribun Favard, il sera nul pour le tout ; le père prouve par cet article qu'il a oublié un de ses enfants, qu'il s'est trop occupé des autres et que par conséquent, il n'a pas rempli avec impartialité la magistrature que la loi lui avait confiée. »

121. — Mais cela ne veut pas dire qu'il ne doit pas être inséré des stipulations étrangères au partage d'ascendant. Le donateur a, au contraire le droit de faire, par le même acte, une libéralité par préciput de tout ou partie de la quotité disponible soit au profit d'un des donataires, soit à une personne non successible. Dans ce cas, il y a partage anticipé pour partie et donation simple pour les biens donnés hors part (4).

122. *Absent.* — L'article 136 du Code civil permet d'omettre le descendant présumé absent, c'est-à-dire sur l'existence duquel on a des doutes raisonnables. Si l'ascendant tient néanmoins à le comprendre, les autres donataires pourront méconnaître son existence, lors du décès du donateur, et demander que la part à lui faite soit partagée entre eux. Pour l'acceptation de la libéralité à son nom, voir ci-après n° 141.

123. *Condamné.* — Le descendant condamné à une peine afflictive perpétuelle est incapable de recevoir par acte entre vifs, si ce n'est pour cause d'aliments; mais le gouvernement peut le relever de tout ou partie de son incapacité (L. 31 mai 1854, art. 3 et 4). Par suite, il ne peut être partie à une donation à titre de partage anticipé, et, comme il ne perd pas pour cela ses droits à la succession de son auteur et que la disposition, pour être valable, doit s'étendre à tous les successibles sans exception, l'ascendant se trouve dans l'impossibilité de faire la distribution de ses biens de son vivant, si le chef de l'Etat n'autorise pas l'incapable à cet effet (5).

124. — En cas de condamnation par contumace, cette déchéance n'est applicable que cinq ans après l'exécution par effigie (6).

125. *Enfants adultérins ou incestueux.* — Les enfants adultérins ou inces-

(1) Aubry et Rau, § 648, texte et note 14, et § 658, texte et note 1 ; — Demolombe, XVIII, 351 et s., et XX, 24-25 ; — Planiol, III, 2528 ; — Cass., 30 janvier 1844, S. 44.1.102, D. 44.1.49.

(2) Cass., 7 mars 1864, D. 64.1.168.

(3) C. civ., 1078 ; — Genty, 129 ; — Réquier, 120 ; — Demolombe, XXII, 707 ; Douai, 10 novembre 1853, S. 54.2.417, D. 55.2.170.

(4) Demolombe, XXII, 706 ; — Baudry Lacantinerie et Colin, II, 3499 et s.

(5) Bonnet, I, 190 ; — Réquier, 49 ; — Demolombe, XXIII, 30 ; — Aubry et Rau, § 729, texte et note 2 ; — Baudry-Lacantinerie et Colin, II, 3513 ; — Baudry-Lacantinerie et Houques Fourcade, I, 757.

(6) L. 31 mai 1854, art. 3.

tueux ne peuvent recevoir par donation au delà de ce que la loi leur accorde, et la loi ne leur accorde que des aliments (C. civ., 762 et 908). S'ils étaient néanmoins admis à un partage d'ascendant, les enfants légitimes auraient le droit de faire tomber la libéralité (1).

126. *Enfant adoptif.* — L'enfant adoptif a les mêmes droits que les enfants légitimes. Son omission entraînerait la nullité de l'acte, alors même que l'adoption aurait eu lieu postérieurement au partage (2).

127. *Enfant conçu.* — L'omission d'un enfant conçu, quoique non encore né, serait également une cause de nullité, s'il nait viable et est vivant lors du décès du donateur.

128. *Enfant naturel reconnu.* — L'enfant naturel doit être appelé au partage anticipé fait par le père ou la mère qui l'a reconnu, à peine de nullité de cet acte (3). Mais il ne peut rien recevoir, au delà de ce qui lui est accordé à titre de succession (C. civ., 908).

129. *Failli.* — Le dessaisissement résultant de la faillite n'empêche pas le failli de recevoir de ses parents par acte entre vifs (voir ci-après, n° 146).

(1) Amiens, 26 février 1857, S. 57.2.366; — Cp. Cass. req., 29 juin 1887, D. 88.1.295.

(2) Aubry et Rau, § 730, texte et note 5; — Baudry-Lacantinerie et Colin, II, 3493; — Planiol, III, 3359.

(3) Aubry et Rau, § 649, texte et note 53; — Baudry-Lacantinerie et Colin, I, 721; — Planiol, *loc. cit.*

CHAPITRE IV. — De l'Acceptation

130. *Principe.* — Le partage d'ascendant par acte entre vifs n'engage les parties et ne produit effet que du jour où il est accepté (C. civ., 932). Le défaut d'acceptation par un seul des donataires empêche l'acte d'être parfait même à l'égard de ceux qui l'ont accepté, car il ne constitue pas un faisceau de donations distinctes, susceptibles, comme telles, de devenir complètes et définitives par des acceptations individuelles et isolées; il forme, au contraire, un abandon collectif de biens à partager, c'est-à-dire une donation unique, et ce n'est qu'avec ce caractère particulier qui lui imprime une sorte d'indivisibilité, que les descendants ayant donné leur consentement ont pu accepter l'abandon consenti à leur profit (1).

131. *Forme.* — L'acceptation peut avoir lieu dans l'acte même de donation ou par acte séparé.

132. — Lorsqu'elle est donnée dans l'acte de donation, aucune forme spéciale n'est imposée. Il faut et il suffit qu'elle soit nettement exprimée (C. civ., 932).

Par suite, le seul fait que l'acte serait passé en présence de toutes les parties et signé par elles, sans approbation quelconque, n'équivaudrait pas à une acceptation suffisante (2).

133. — On ne saurait non plus voir une acceptation efficace dans l'acte par lequel le donataire a disposé des biens qui lui ont été attribués comme de choses lui appartenant, en indiquant la donation comme son titre de propriété (3).

134. *Ibid. Acceptation séparée.* — Lorsque l'acception a lieu en dehors du partage, l'acte qui la constate doit être passé en minute, devant notaire, en la forme solennelle (4) et être soumis à la transcription si la donation était de nature à l'être (C. civ., 939).

135. — Il faut en outre : 1° qu'elle soit faite pendant que le donateur est vivant et capable; 2° qu'elle ait lieu du vivant du donataire ; 3° et qu'elle soit notifiée au donateur ou acceptée par lui. Nous allons examiner successivement la portée de ces conditions.

136. *Donateur vivant.* — Tant qu'il n'est pas accepté par tous les donataires, le partage d'ascendant ne constitue qu'un simple projet. Le donateur peut révoquer son offre et aliéner librement les biens offerts (5). Son décès l'anéantit de plein droit, sans retour possible, même en ce qui concerne les descendants qui ont accepté (6).

137. — Il en serait ainsi, d'après une opinion, encore que l'enfant n'ayant

(1) Demolombe, XXIII, 10; — Bonnet, I, 313; — Genty, 118; — Réquier, 46; — Aubry et Rau, § 729, texte et note 11 ; — Nancy, 17 juin 1905, *Rev. not.* 12710; — Jonzac, 13 décembre 1922, *J. N.* 33486, *Rev. not.*, 19553.

(2) Bruxelles, 14 avril 1886.

(3) Bordeaux, 22 mai 1861, D. 61.2.196.

(4) C. civ., 932; — Demolombe, XX, 126; — Aubry et Rau, § 659, texte et note 2; — Rennes, 15 juin 1892, D. 92.2.591.

(5) Planiol, III, 2569.

(6) Cass. req., 27 mars 1839, S. 39.1.367; — Demolombe, XXIII, 10; — Aubry et Rau, § 729, texte et note 12; — Planiol, III, 2567.

pas accepté ne viendrait pas à la succession de l'ascendant par suite de prédécès, de renonciation ou d'indignité, parce que les combinaisons du partage ont été faites en vue de leur acceptation par tous les intéressés et qu'il est probable ou tout au moins possible qu'elles auraient été modifiées si le donateur avait prévu que l'un ou plusieurs des enfants ne les accepteraient pas (1).

D'après un autre système, cette solution n'est à appliquer qu'au cas où l'enfant qui n'a pas accepté est bien héritier; au contraire, la donation est parfaite et il n'y a lieu qu'à un partage complémentaire des biens formant le lot du descendant qui ne recueille pas, en définitive, la succession (2).

138. *Donateur capable.* — L'acceptation ne saurait plus être valablement faite si, depuis la donation, l'ascendant a perdu l'usage de ses facultés morales ou se trouve privé du droit de disposer de ses biens à titre gratuit (3). Mais elle se produirait utilement si le donateur recouvrait la capacité (4).

139. *Donataire vivant.* — L'acceptation doit émaner du donataire ou de ses représentants, mais non de ses héritiers qui ne pourraient valablement la donner après son décès (5). Mais la nullité résultant du défaut d'acceptation de la donation du vivant du donateur serait couverte par la confirmation, ratification ou exécution volontaire de l'acte par les héritiers ou ayants cause du donateur, après son décès (6).

140. — En ce qui concerne la capacité d'accepter, il existe des modalités particulières que nous allons examiner.

141. *Absent.* — Lorsque l'ascendant comprend dans sa disposition un descendant sur l'existence duquel on a des doutes sérieux, l'acceptation est faite :

En cas d'absence présumée, par un mandataire spécial ou un curateur nommé à cet effet,

En cas d'absence déclarée, par les envoyés en possession provisoire ou par le conjoint chargé de l'administration légale (7).

142. *Aliéné.* — La personne frappée d'insanité d'esprit ne saurait donner un consentement valable (8), et ce consentement ne peut provenir non plus des ascendants (9).

Si elle est internée mais non interdite, cette personne est représentée par un administrateur provisoire (10), ou par un curateur *ad hoc* lorsque son administrateur provisoire est précisément l'ascendant donateur (11);

Si elle n'est pas internée, il doit être nommé un tuteur spécialement autorisé à cet effet (V. ci-après, n° 150).

143. *Conseil judiciaire.* — L'enfant pourvu d'un conseil judiciaire n'a pas besoin de l'assistance de son conseil pour accepter un partage anticipé fait sans condition onéreuse pour lui. Cette assistance est, au contraire, nécessaire si la disposition l'oblige à des charges (12).

(1) Demolombe, XXIII, 11 ; — Aubry et Rau, *loc. cit.*
(2) Genty, 118 ; — Réquier, 47 ; — Bonnet, I, 316.
(3) Demolombe, XVIII, 700, et XX, 150 ; — Aubry et Rau, § 650, texte et note 2 ; — Planiol, III, 2568.
(4) Demante et Colmet de Santerre, IV, 71 ; — Contra : Demolombe, XX, 129.
(5) Demolombe, XX, 155.
(6) C. civ., 1340 ; — Caen, 13 janvier 1909. *J. N.* 29737.
(7) Genty, 124 ; — Bonnet, I, 219 ; — Demolombe, XXIII, 35.
(8) Charolles, 26 janvier 1905.
(9) Rennes, 19 mai 1884, S. 85.2.169.
(10) L. 30 juin 1838, art. 32 et 36.
(11) Genty, 123 ; — Bonnet, I, 217 ; — Demolombe, XXIII, 34.
(12) Demolombe, XX, 175 *bis* ; — Baudry-Lacantinerie et Colin, I, 1299.

144. *Enfant conçu.* — Le partage fait au profit de descendants au nombre desquels se trouve un enfant ou un petit enfant conçu, mais non encore né, doit être accepté par la mère, s'il n'y a pas d'opposition d'intérêts, ou par tout autre ascendant. Une opinion enseigne que le curateur au ventre peut, le cas échéant, accepter aussi (1) ; mais cette solution est contestée : le curateur au ventre a, en effet, une mission spéciale ; il ne peut être assimilé à un tuteur et il n'est même pas un subrogé-tuteur avant la naissance de l'enfant (2).

145. *Enfant naturel.* — Le père et la mère des enfants naturels reconnus encore mineurs jouissent de la faculté d'accepter pour eux, de la même manière que pour les enfants légitimes; mais comme aucun lien de parenté n'existe entre eux et les ascendants de leurs père et mère, à défaut de ceux-ci, l'acceptation est donnée par un tuteur *ad hoc* (C. civ., 159, 463 et 935).

146. *Failli.* — L'acceptation d'une donation à titre de partage anticipé ne semble pas rentrer dans la catégorie des actes défendus au failli (3). Il a été jugé qu'un partage ainsi réalisé ne peut, en principe, être attaqué par les créanciers comme fait en fraude de leurs droits par cela seul qu'il aurait eu pour but et pour effet de soustraire les autres copartagés aux conséquences de la faillite de leur débiteur; que les créanciers sont seulement en droit d'intenter, le cas échéant, l'action en rescision pour cause de lésion ou d'atteinte à la réserve après le décès du donateur (4).

Mais il a été décidé aussi qu'en raison de ce que le failli est dessaisi de l'administration de ses biens, y compris ceux à venir, il est nécessaire de faire intervenir le syndic à l'acceptation (5).

La prudence recommande la plus grande circonspection en la circonstance. La présence du syndic paraît s'imposer pour la sauvegarde des droits des créanciers, et aussi pour la garantie du notaire. Le partage peut avoir pour but, en effet, non seulement de soustraire les autres enfants aux conséquences de la faillite, mais aussi de favoriser le copartagé failli au détriment de ses créanciers. Les tribunaux n'hésiteraient pas à frapper de nullité l'acte réalisé dans ces conditions, et la responsabilité du notaire qui aurait prêté son ministère, même avec la plus parfaite bonne foi, pourrait se trouver engagée (6).

147. *Femme mariée.* 1° *Femme majeure.* — La femme mariée non séparée de corps ne peut, quel que soit son régime matrimonial, accepter un partage anticipé qu'avec l'autorisation de son mari, ou, en cas de refus, de minorité ou d'impossibilité de celui-ci, avec l'autorisation de justice (7).

148. — Lorsque le mari donne son autorisation par acte séparé, cet acte doit être reçu en minute, devant notaire, avec les mêmes solennités que la donation elle-même.

149. 2° *Femme mineure.* — La femme mariée encore mineure a capacité pour accepter, à condition d'être autorisée par son mari et assistée de lui comme curateur à son émancipation; une délibération du conseil de famille homologuée par le tribunal est, en outre, nécessaire, si le partage comporte des charges onéreuses pour elle.

(1) Demolombe, XX, 200.
(2) Laurent, XII, 249.
(3) St-Omer, 9 janvier 1906, *Gaz. Pal.*, 06, p. 645, *Rep. not.*, 14649.
(4) Rennes, 25 août 1862, D. 64 2.209.
(5) Amiens. 30 octobre 1924, *Rep. not.*, 20800.
(6) Cf. *Rev. not.*, 12925.
(7) C. civ., 934; — Bonnet, I, 196; — Aubry et Rau, § 652, p. 536, 537; — Demolombe, XXIII, 33; — Baudry-Lacantinerie et Colin, II, 3527.

Si le mari est lui-même mineur, il ne peut habiliter sa femme. Il y a lieu alors de faire nommer, par le conseil de famille, un curateur *ad hoc*, qui assistera la donataire.

Dans l'un et l'autre cas, les ascendants de celle-ci ne peuvent pas accepter pour elle, car le mariage a eu pour effet de la soustraire entièrement à leur puissance à cet égard.

150. *Interdit*. — L'interdit judiciaire doit être représenté par son tuteur autorisé par le conseil de famille, et la délibération du conseil de famille doit elle-même être homologuée par le tribunal, s'il s'agit d'une libéralité avec charge (1).

Lorsque c'est l'ascendant donateur qui est le tuteur, il est nommé un tuteur *ad hoc* (2).

En ce qui concerne l'interdit légal, voir n° 124 ci-dessus.

151. *Mineur*. — Le partage d'ascendant auquel est intéressé un mineur émancipé peut être accepté par ce mineur avec la seule assistance de son curateur (C. civ., 936); toutefois, si l'acte contient des conditions onéreuses pour lui, une délibération du conseil de famille homologuée par le tribunal est nécessaire (3).

Lorsque la donation est faite par le curateur, il faut, à défaut d'acceptation par un ascendant ainsi qu'il sera dit ci-après, faire nommer par le conseil de famille un curateur *ad hoc* qui habilitera alors le mineur émancipé à accepter lui-même (4).

152. — La donation faite à un mineur orphelin et non émancipé est acceptée par son tuteur autorisé à cet effet par le conseil de famille (5), et, lorsqu'il existe plusieurs mineurs ayant le même tuteur, celui-ci agit valablement au nom de tous, car il n'est pas nécessaire que chaque mineur soit représenté séparément comme en matière de partage ordinaire (6).

153. — Dans tous les cas, qu'il s'agisse d'un mineur émancipé ou non, l'acceptation peut également être donnée par l'un quelconque de ses ascendants, sans aucune autorisation, si la donation est faite sans charges onéreuses pour le mineur (7), et il en est ainsi, bien que ce mineur ait ses père et mère et que ceux-ci s'y refusent (8).

A cet égard, la femme mariée qui accepte pour un de ses descendants mineurs, fût-ce un enfant commun, n'a pas besoin d'être autorisée, car elle exerce ainsi un pouvoir ou mandat qu'elle tient de la loi (9).

154. — Cette faculté ne s'étend qu'au père et à la mère de l'enfant naturel reconnu, puisque celui-ci n'a légalement aucun lien de parenté avec les autres ascendants (10).

155. — Lorsque la donation est faite conjointement par le père et la mère, l'acceptation peut être donnée pour les enfants encore mineurs, par le père en ce qui concerne les biens donnés par la mère, et par la mère en ce qui concerne les

(1) Bonnet, I, 200; — Baudry-Lacantinerie et Colin, I, 1302; — Planiol, III, 2930.
(2) Riom, 28 mai 1854, *J. N.*, 15331.
(3) Demolombe, XX, 173 et s.
(4) Demolombe, XX, 198; — Aubry et Rau, § 652, texte et note 8; — Laurent, XII, 250.
(5) C. civ., 463, 935 et 1076; — Demolombe, XX, 177.
(6) Bonnet, I, 352; — Demolombe, XXIII, 36; — Aubry et Rau, § 729, texte 9. — Besançon, 16 janvier 1846, S. 47.2.267, D. 47.2.127.
(7) C. civ., 935; — Aubry et Rau, § 652, texte et notes 2 *bis* et s.; — Planiol, 2934.
(8) Demolombe, XX, 188; — Aubry et Rau, *op. cit.*, note 3.
(9) Cass., 22 janvier 1896, S. 96.1.344.
(10) Demolombe, XX, 194-195; — Aubry et Rau, *op. cit.*, note 4.

biens donnés par le père (1). La stipulation de charges n'apporte aucun obstacle à cette pratique, à condition que ces charges frappent seulement les biens donnés et rentrent dans les conditions ordinaires des partages de ce genre comme une soulte, une réserve d'usufruit ou le service d'une rente viagère (2).

156. — En présence de charges onéreuses pour le mineur, ses ascendants n'ont plus qualité pour accepter pour lui. S'il a encore ses père et mère et que la donation-partage soit consentie par eux, il y a lieu de faire nommer un administrateur *ad hoc* qui doit, en outre, être autorisé par le tribunal pour agir, en conformité de la loi du 6 avril 1910. S'il est orphelin, l'acceptation doit être donnée par son tuteur spécialement autorisé par une délibération du conseil de famille homologuée par le tribunal.

Il en est ainsi notamment :

1° Lorsque les conditions et réserves stipulées ne s'appliquent pas seulement aux biens donnés, mais encore à des biens appartenant personnellement aux mineurs, par exemple lorsque les enfants concèdent au donateur l'usufruit des biens leur provenant de la succession de son conjoint prédécédé (3).

2° Lorsqu'il est fait une constitution de rente viagère avec hypothèque sur les biens des mineurs (4).

3° Lorsque la part des incapables est uniquement représentée par une soulte à recevoir de l'un des codonataires, ou quand certains des biens à eux attribués sont affectés au paiement de dettes du donateur (5).

Mais le fait seul qu'une soulte serait mise à la charge des mineurs n'obligerait pas à homologation.

157. — Quand la donation émane du tuteur lui-même, l'acceptation doit, à défaut d'autre ascendant, être faite par un tuteur *ad hoc* autorisé par le conseil de famille (6), mais non par le subrogé-tuteur qui ne semble avoir aucune qualité pour agir en la circonstance (7).

158. — Il ne faut pas que l'ascendant qui accepte au nom des mineurs ait des intérêts opposés à ceux-ci. Ainsi, la mère qui aurait droit, à l'encontre de ses enfants mineurs, à des avantages stipulés par son contrat de mariage, ne pourrait accepter valablement pour eux la donation à titre de partage anticipé faite par le père (8).

Mais la réserve d'usufruit ou la stipulation de rente viagère au profit des père et mère donateurs conjoints, avec réversibilité au profit du survivant d'eux emporte-t-elle opposition d'intérêts, en supposant que l'on se trouve dans une hypothèse où la réversion échappe à l'application de l'article 1097 du Code civil ? Il faut distinguer. Si la stipulation présente un caractère alimentaire, on peut admettre qu'il n'y a pas d'intérêts opposés entre les donateurs et les mineurs. Mais si l'usufruit porte sur des biens importants ou si la rente réversible est d'un chiffre élevé, il est plus prudent de faire accepter alors par un autre ascendant ou par un tuteur *ad hoc* pourvu de l'autorisation du conseil de famille.

(1) Réquier, 50 ; — Genty, 122 et 124 ; — Aubry et Rau, § 729, texte et note 8 ; — Demolombe, XXIII, 37 ; — Grenoble, 11 janvier 1864, S. 64.2.249, *Rev. not.*, 1065 ; — Lyon, 23 mars 1877, D. 78.2.33, S. 78.2.138.

(2) Cass., 5 janvier 1863, *Rev. not.*, 503 ; — Cass. req., 25 février 1878, D. 78.1.449, S. 81.1.73.

(3) Cass., 25 mars 1861, S. 61.1.676, D. 61.1.202. *J. N.* 17107.

(4) Lyon, 24 juin 1868, D. 68.2.177, S. 69.2.41.

(5) Lyon, 24 juin 1868, précité.

(6) Demolombe, XX, 197, 198 ; — Cass. civ., 27 juillet 1892, S. 93.1.121, *Rev. not.*, 8726.

(7) Rouen, 27 février 1852, *J. N.*, 14714.

(8) Aubry et Rau, § 652 texte et note 6 ; Lyon, 24 juin 1868, précité.

159. *Sourd-muet.* — Le sourd-muet majeur qui sait écrire, peut accepter par lui-même ou par un fondé de pouvoir (C. civ., 936). Mais il ne suffit pas, pour cela, qu'il puisse signer son nom : il faut qu'il sache réellement écrire. Aussi peut-il être prudent, selon les circonstances, de lui faire établir une réquisition de constater son acceptation et d'annexer cette pièce à l'acte, comme preuve (1).

S'il ne sait pas écrire, l'acceptation est donnée par un curateur nommé spécialement à cet effet suivant les règles établies au titre de la minorité, de la tutelle et de l'émancipation du Code civil (C. civ., 936).

160. *Mandataire.* — Les donataires capables et les représentants des donataires incapables ne sont pas tenus d'accepter en personne ; ils ont la faculté de se faire représenter par des fondés de pouvoirs. Dans ce cas, le mandataire doit être muni d'une procuration authentique, reçue en la forme solennelle (V. *supra*, n° 24). Cet acte est passé en minute, parce que l'article 933 du Code civil dit qu'une expédition doit être annexée à la minute du partage ou à la minute de l'acceptation, selon que celle-ci a lieu ou non par acte séparé. Mais la doctrine admet presque unanimement qu'une procuration en brevet, annexée à la donation ou à l'acceptation, est suffisante, parce qu'elle offre les mêmes garanties d'authenticité (2).

161. — Si le mandant se trouve dans un pays étranger dont la législation ne reconnaît pas, pour les actes, la forme authentique, et qu'il ne puisse pas s'adresser à un consul français pour faire établir sa procuration, le pouvoir donné dans les formes usitées dans ce pays serait considéré comme valable (3).

162. *Porte-fort.* — En principe, l'acceptation faite par un tiers qui déclare se porter fort pour un donataire est nulle, quelle que soit la qualité de ce tiers (4). Et la nullité ainsi encourue peut être opposée non seulement par celui pour lequel on a accepté sans mandat, mais encore par le donateur, par ses héritiers ou ayants cause et même par ses créanciers (5).

163. — Cependant, il a été jugé que la clause de porte-fort rend le promettant passible de dommages-intérêts en cas d'inexécution et l'empêche, lorsqu'il est lui-même partie à l'acte, d'attaquer cet acte pour défaut d'acceptation régulière (6). Mais on a fait remarquer que si on admet que le promettant n'est pas recevable à invoquer la nullité pour cause de non-acceptation, c'est arriver, par un moyen détourné, à rendre impossible l'exercice de l'action. Il suffirait, en effet, que les parties d'accord se portent toutes réciproquement fort pour le non-acceptant, pour que l'acte ne puisse plus être attaqué que par ce dernier (7). La plus grande prudence doit donc être de règle à ce sujet (V. ci-après, n° 171).

164. *Notification.* — L'acceptation donnée par acte séparé n'a d'effet qu'à compter du jour de sa notification par huissier au donateur ou du jour où celui-ci a reconnu, par acte authentique, en avoir connaissance ; la connaissance que

(1) Demolombe, XX, 166 ; — Laurent, XII, 253 ; — V. cep. Aubry et Rau, § 652, texte et note 13.

(2) Demolombe, XX, 161 ; — Aubry et Rau, § 659, note 6 ; — Planiol, III, 2571 ; — Amiaud, § 730, *Tr. form.*, V° Part. d'asc., p. 115, fin de la note 7, lettre b.

(3) Amiaud, *op. cit.*, V[is], Acte passé en pays étranger, 8, et Part. d'asc. 37.

(4) Demolombe, XX, 158 ; — Laurent, XII, 240-241 ; — Aubry et Rau, § 652, texte et notes 7 et s., et texte et note 12 *bis*.

(5) Cass. req., 15 juillet 1889, S. 89.1.412, *J. N.* 24298, *Rev. not.*, 8242.

(6) Cass., 21 juin 1893, S. 94.1.17, D. 94.1.201, *J. N.* 25464 ; — Cass. civ., 20 mars 1605, S. 05.1.163, *J. N.* 28455, *Rev. not.*, 12343 ; — Angers, 29 janvier 1906, *Rev. not.*, 12855.

(7) V. Cass., req., 5 novembre 1877, D. 78.1.372 et rapport de M. le conseiller Dareste, *Rev. not.*, 5541 ; — Aubry et Rau, § 652, note 18 *bis* ; — Tissier, note sous S. 94.1.17.

l'ascendant en aurait acquise d'une autre façon, ni même l'exécution du partage ne suffiraient (1).

Par suite, le donateur conserve le droit de révoquer la donation tant que la notification de l'acceptation ne lui a pas été faite ou qu'il n'a pas dispensé de la lui faire par acte authentique (2).

165. *Délai.* — La notification doit intervenir avant le décès du donateur (3); elle ne pourrait avoir lieu utilement si le donateur avait perdu la capacité de disposer à titre gratuit. Au contraire, elle peut valablement être faite après que le donataire est mort ou est devenu incapable de recevoir à titre gratuit (4).

166. *Effets du défaut d'acceptation.* — Si tous les donataires n'ont pas accepté en temps voulu, le partage n'est pas réalisé, aussi bien à l'égard de ceux qui ont accepté que des autres donataires (V. *supra*, n° 131). Ce résultat est acquis même à l'égard des incapables (C. civ., 942), qui sont réduits à exercer un recours contre les personnes qui auraient dû accepter en leur nom (5).

167. *Nullité pour vice de forme.* — Lorsque l'acceptation n'a pas été donnée régulièrement en la forme prescrite, la donation est frappée d'une nullité absolue qui rend l'acte inexistant et ouvre l'action en nullité à tous (6).

168. *Nullité pour incapacité.* — D'après le système dominant en jurisprudence, il y a également nullité absolue lorsque l'acceptation, régulière en la forme, émane d'un incapable non assisté ou autorisé, en sorte que l'ascendant lui-même peut refuser d'exécuter sa promesse et se prévaloir de la nullité comme tout autre intéressé (7).

Mais cette solution soulève de vives critiques. On fait remarquer qu'elle confond la nullité qui tient au défaut de solennité avec celle qui provient du défaut de capacité du donataire. Or, il est de principe général que si la règle de la solennité a été observée, l'incapacité n'engendre qu'une simple annulabilité de l'acte. Il n'y a aucune raison pour déroger à ce principe et admettre que la nullité encourue dans la circonstance est absolue (8).

169. *Dispositions étrangères.* — En cas de nullité pour défaut d'acceptation ou pour acceptation irrégulière, la donation à titre de partage anticipé ne produit pas d'effet en tant qu'acte de distribution ; mais les avantages particuliers qu'elle peut contenir, soit au profit des enfants, soit au profit d'un tiers ne se trouvent pas tous atteints par la nullité. Les stipulations qui ne se confondent pas avec le partage et qui sont susceptibles d'en être séparées continuent à subsister; au contraire, les avantages qui ne sont que le résultat de la manière dont le partage a été opéré et font pour ainsi dire corps avec lui suivent son sort (9).

Ainsi, le défaut d'acceptation par un des donataires rend la distribution inexistante, mais laisse subsister les dons préciputaires, indépendants de la

(1) Bonnet, I, 321 ; — Demolombe, XX, 152-153 ; — Aubry et Rau, § 659, texte et notes 2 *bis* et 4 ; — Planiol, III, 2565.

(2) Cass., 1er mars 1902.

(3) Cass., 18 novembre 1861, S. 62.1.89, D. 62.1.28 ; — Aubry et Rau, § 650, texte et note 2 ; — Planiol, III, 2570.

(4) Demolombe, XX, 142 ; — Aubry et Rau, *op. cit*, note 4 ; — Planiol, *loc. cit.*

(5) Planiol, III, 2573.

(6) Planiol, III. 2574 2575.

(7) Cass., 11 juin 1816, S. chr. ; — Cass., 14 juillet 1856, S. 56.1.641, D. 51.1.282 ; Cass. req., 15 juillet 1889, S. 89.1.412. D. 90.1.100. *Rev. not.*, 8242, *J. N.*, 24298.

(8) Alger, 31 juillet 1854, S. 54.2.748, D. 56.2.168 ; Lyon, 23 mars 1877, D. 78.2.33 ; — Planiol, III, 2576.

(9) Aubry et Rau, § 728, texte et notes 12-13 ; — Demolombe, XXIII, 241 ; — Réquier, 204 ; — Genty, 183 ; — Baudry-Lacantinerie et Colin, II, 3549.

donation principale, qu'ils soient faits en faveur d'un ou plusieurs enfants ou d'un étranger (1).

Par contre, le don par préciput de la différence de valeur qui existerait entre les lots au profit de celui ou de ceux qui se trouveraient en bénéficier tombe avec l'acte, car il n'a pour but, en fait, que d'assurer son exécution et en forme une des clauses constitutives (2).

170. — La question de savoir si telles ou telles dispositions font partie intégrante du partage ou non est laissée à l'appréciation des magistrats qui se prononcent à cet égard d'après les circonstances particulières à chaque cas et l'intention présumée des parties.

171. *Moyen pratique.* — Lorsqu'on se trouve en présence d'un enfant qui refuse de concourir à un partage et que les autres enfants et l'ascendant veulent passer outre ce refus, il faut faire donner par préciput à chacun des descendants présents et qui acceptent, les biens compris dans son lot sous la condition suspensive de l'acceptation de l'enfant défaillant. Si celui-ci se ravise et accepte, la donation individuelle et préciputaire disparait, tandis que le partage acquiert toute sa valeur. Dans le cas contraire, la donation doit recevoir son exécution dans la mesure que permet la quotité disponible, car elle a alors une existence distincte de celle du partage ; originée par le refus de l'enfant d'accepter les volontés de l'ascendant, elle devient définitive par le fait même de ce refus et doit produire tous ses effets, sous la seule restriction de ne pas porter atteinte à la réserve à laquelle a droit le descendant exhérédé (3).

(1) Cass., 21 novembre 1833, S. 34.1.160 ; — Cass. req., 3 juin 1863, D. 63.1.429, S. 64.1.266 ; — Bordeaux, 4 décembre 1871, S. 72.2.163 ; — Perpignan, 14 février 1887.

(2) Caen, 17 décembre 1858 ; — Chambéry, 23 juillet 1873 ; — Genty, 82, 182 et 183 ; — Demolombe, XXIII, 242.

(3) Cf. Jonzac, 13 décembre 1922, *J. N.*, 33.486, *Rev. not.*, 19.535.

CHAPITRE V. — Partage des biens donnés

§ 1er. — Biens qui peuvent être l'objet du partage anticipé.

172. *Principe.* — Le partage d'ascendant par acte entre vifs ne doit avoir pour objet que des biens présents, appartenant au donateur lui-même et dont il a la libre disposition, à peine de nullité (1).

173. *Biens présents.* — On ne peut donner autre chose que ce que l'on a. Il faut donc que l'ascendant soit déjà propriétaire des biens dont il se dépouille. Par biens présents, on entend cependant non seulement ceux qu'il possède effectivement, mais aussi ceux sur lesquels il a un droit en vertu d'un titre existant, peu importe que ce droit soit à terme ou conditionnel (2).

174. — D'après l'opinion consacrée par la Cour suprême, la donation de sommes payables au décès du donateur, possible comme libéralité ordinaire, ne saurait constituer un partage anticipé. Mais, une créance dont l'exigibilité est fixée au décès du donateur est susceptible de faire l'objet d'un partage d'ascendant, pourvu que le titre la constatant existe au moment de la disposition (3).

175. *Biens à venir.* — Il y a controverse sur les conséquences entraînées par le fait que le partage comprendrait des biens à venir, par exemple des biens que le donateur se proposerait d'acquérir ou des biens qui pourraient lui échoir dans une succession non encore ouverte.

D'après un premier système, l'acte serait nul pour le tout (4).

Selon une autre opinion, la nullité ne serait encourue que si les objets à venir étaient d'une valeur assez considérable pour détruire l'économie de l'acte et n'entraient pas ensuite dans le patrimoine de l'ascendant (5).

La prudence recommande de ne pas comprendre de biens autres que les biens présents. Il sera toujours possible de faire un partage supplémentaire, lorsque les biens à venir se trouveront réellement en la possession de l'ascendant.

176. *Biens indivis.* — Un ascendant peut faire entrer dans son partage ses droits indivis sur un bien quelconque ou sur une universalité de biens (6). Spécialement, il est libre de donner à ses descendants ses biens propres et la portion indivise lui revenant dans les biens qui dépendent de la communauté qui a existé entre lui et son conjoint prédécédé (7).

177. *Biens de l'époux prédécédé.* — L'époux survivant n'est pas autorisé à

(1) C. civ., 1076; — Bonnet, I, 225,288; — Genty, 72,133; — Demolombe, XXII, 67 et s.; — Aubry et Rau, § 731, texte et notes 1 à 3.

(2) Demolombe, XX, 377 et s.

(3) Cass., 10 novembre 1855, S. 56.1.351, D. 56.1.163; — Cass., 21 août 1876, S. 77.1.37, D. 77.1.38; — Réquier, 108; — Laurent, XV, 41; — Contra : Bonnet, I, 375-376; — Demolombe, XXIII, 60 *bis*.

(4) Genty, 132; — Bonnet, I, 225-226; — Demolombe, XXIII, 67.

(5) Réquier, 125; — Berthauld, II, 162-163; — Aubry et Rau, § 731, texte et note 14; — Laurent, XV, 37; — Baudry-Lacantinerie et Colin, II, 3577 et s.

(6) Bonnet, I, 247; — Demolombe, XXIII, 79.

(7) Riom, 20 décembre 1873, D. 77.5.318.

faire entrer dans le partage de son patrimoine les biens personnels de son conjoint prédécédé ou la part de celui-ci dans la communauté non encore liquidée. L'acte ainsi fait serait nul en ce qui concerne ces biens et devrait, en principe, être déclaré nul pour le tout, si les biens des deux époux avaient été confondus en une seule masse et distribués sans distinction d'origine (1).

L'ascendant pourrait néanmoins stipuler une clause pénale à l'encontre de l'enfant qui attaquerait le partage; cette clause produirait effet quand même la distribution serait annulée (2).

178. — La nullité serait écartée si tous les descendants étaient majeurs et capables de disposer de leurs droits et s'ils étaient consentants (3).

179. — Il n'y a pas nullité, non plus, si l'ascendant a simplement imposé comme condition de sa libéralité que les biens par lui donnés seront joints à ceux de l'époux prédécédé pour être répartis en même temps par les donataires. Mais dans ce cas, le partage doit avoir lieu avec les formalités de justice, s'il existe des incapables parmi ces derniers (V. n° 210, ci-après).

180. — Il a été jugé aussi que l'urgence, la nature des biens et le désir d'éviter une clause pénale d'exhérédation pouvaient justifier un partage conjonctif des biens donnés et des biens de l'ascendant prédécédé, même en présence d'incapables, sauf à procéder alors sous forme de transaction et à requérir l'homologation de l'acte (4).

181. *Biens de communauté.* — La femme ne saurait comprendre des biens communs dans une donation qu'elle ferait seule, car elle n'a, tant que dure la communauté, aucun droit de disposition sur les biens qui la composent.

En principe, le mari peut donner des objets mobiliers à condition de ne pas s'en réserver l'usufruit, ou encore des immeubles, s'il s'agit de l'établissement des enfants nés du mariage. Dans les autres cas, le partage qu'il consentirait serait subordonné à la renonciation, par la femme, à la communauté; il resterait sans effet à l'égard des biens attribués à la femme, si celle-ci acceptait ladite communauté.

182. — On a conseillé, un moment, de faire procéder à un partage anticipé de la communauté entre les époux, afin de déterminer la part de chacun d'eux et de leur assurer le pouvoir de disposer séparément des biens composant leurs lots, avec la même liberté et la même efficacité que de leurs biens propres. Mais cette opération n'aurait aucune valeur; aucun partage de la communauté n'est possible entre les époux avant sa dissolution. La ratification qui serait donnée ensuite par l'époux survivant n'empêcherait pas les enfants de demander, du chef de l'époux prédécédé, la liquidation et le partage de la communauté (6).

183. — Mais les deux époux ont la faculté de faire, ensemble et par le même acte, le partage conjonctif de leurs biens propres et des biens communs, entre

(1) Genty, 157; — Réquier, 138; — Bonnet, I, 248-249; — Demolombe, XXIII, 89-90; — Aubry et Rau, § 731, texte et note 1; — Baudry-Lacantinerie et Colin, II, 3604; — Cass., 23 novembre 1898, S. 99 1.94.

(2) Paris, 24 juin 1886; — Demolombe, *loc. cit.*; — Baudry-Lacantinerie et Colin, II, 3612; — Contra : Caen, 9 juin 1874, D. 76.2.33.

(3) Montpellier, 6 mars 1871, D. 71.2.252; — Riom, 29 octobre 1888, D. 90.2.330; — Aubry et Rau, § 731, texte et note 2; — Baudry-Lacantinerie et Colin, II, 3605.

(4) Béziers, 24 janvier 1907 (motifs), *J. N.*, 29137; — Louhans, 20 juillet 1905, *J. N.*, 29301.

(5) C. civ., 1422; — Bonnet, I, 253.254; — Demolombe. XXIII, 86; — Aubry et Rau, *op. cit.*, texte et note 4; — Baudry-Lacantinerie et Colin, *op. cit.*, 3585 et s.; — Rouen, 16 novembre 1907, *Rev. not.*, 13931.

(6) Bonnet, I, 267-268; — Demolombe, XXIII, 87-88; — Aubry et Rau, § 731, texte et notes 5, 6; — Baudry-Lacantinerie et Colin, II, 3587-3589; — Cass. civ., 23 décembre 1861, S. 62.1.29, *Rev. not.*, 180.

leurs enfants. Le concours de la femme à la donation cumulative ne suppose pas le partage préalable de la communauté elle-même, et laisse intact son droit d'y renoncer. Soit que la femme ou ses héritiers acceptent, soit qu'ils renoncent lors de la dissolution de ladite communauté, la distribution devra toujours être maintenue (1).

184. *Biens dotaux.* — Voir ci-dessus les n°s 109 et suivants, et ci-après, n° 198.

185. *Reprises.* — Lorsque deux époux font le partage de tous leurs biens entre leurs enfants, sans qu'il soit fait mention des reprises qu'ils peuvent avoir à exercer sur la communauté, il est à présumer qu'ils ont entendu les confondre dans les biens abandonnés. Au contraire, en cas de donation partielle, la question doit être résolue suivant l'importance des reprises des donateurs et l'importance des biens conservés par eux (2).

Il est préférable, pour prévenir toute difficulté, de provoquer une stipulation expresse des parties à ce sujet.

186. *Rapports.* — Les ascendants ont le droit de comprendre dans le partage anticipé les biens qu'ils ont donnés antérieurement en avancement d'hoirie à l'un de leurs descendants, puisque ces biens seraient rapportables à leur succession. On procède alors de la manière suivante : les ascendants font, dans les termes ordinaires, la donation des biens dont ils se dépouillent et imposent au donataire déjà gratifié le rapport à la masse partageable des biens reçus par ce dernier en avancement d'hoirie (3). Les biens ainsi rapportés sont mis dans le lot de l'enfant qui les possédait, par confusion et en moins prenant. — Pour les faire entrer dans un autre lot, il faudrait que cet enfant fût majeur, capable et consentant (4), et même, dans ce cas, il ne pourrait être occasionné aucun préjudice aux droits légitimement acquis par les tiers sur ces biens (C. civ., 865).

187. — Quant aux biens donnés avec dispense de rapport ou par préciput, ils ne sauraient être compris dans un partage d'ascendant sans le consentement du donataire, car le donateur, en les comprenant d'autorité dans l'acte, méconnaîtrait l'irrévocabilité de la donation (5).

188. *Don manuel.* — L'ascendant qui, après avoir fait un don manuel à l'un de ses enfants, veut procéder à un partage anticipé et y comprendre la somme donnée pour rétablir l'égalité entre les copartagés, est recevable à former contre le donataire une action en reconnaissance (6).

189. *Institution contractuelle.* — Le père qui a fait au profit d'un de ses descendants une institution contractuelle conserve la possibilité de procéder à un partage entre vifs, à condition de ne pas porter atteinte à la clause contractuelle. Ainsi, lorsque l'institution a eu pour objet certains biens, il faut que ces biens entrent dans le lot de l'institué (7).

De même, une institution contractuelle grevant d'usufruit des biens déter-

(1) Bonnet, I, 270 et s. ; — Demolombe, XXIII, 83 ; — Aubry et Rau, *op. cit.*, texte et note 7 ;— Planiol, III, 1040 et 3370 ; — Baudry-Lacantinerie et Colin, II, 3592.

(2) Douai, 9 novembre 1893 ; — St-Quentin, 29 juillet 1903, *Rép. not.*, 13276.

(3) Nancy, 27 juillet 1865, *Rev. not.*, 1480 ; — Toulouse, 26 juillet 1878. S. 79.2.49, D. 79.2.177.

(4) Réquier, 131 ; — Bonnet, I, 277 ; — Demolombe, XXIII, 77 ; — Baudry-Lacantinerie et Colin, II, 3565

(5) Réquier, 130 ; — Bonnet, I, 277 : — Demolombe, XXIII, 75-77 ; — Baudry-Lacantinerie et Colin, II, 3571 ; — Toulouse, 26 juillet 1878, précité.

(6) Colmar, 3 avril 1865, S. 66.2.183.

(7) Demolombe, XXIII, 78 ; — Cass. req., 25 février 1878, S. 81.1.73., *J. N.*, 21.844. — V. cep. Aubry et Rau, § 731, note 13.

minés ne met pas obstacle à ce que ces mêmes biens soient ensuite compris dans un partage anticipé, pourvu que l'usufruit soit réservé (1).

190. — Mais le partage auquel procéderait l'ascendant qui, dans son contrat de mariage, a fait en faveur de sa femme une institution contractuelle portant sur une quote-part de ses biens ne serait pas opposable à la femme, car cet ascendant ne peut plus, par application de l'article 1083 du Code civil, anéantir ni réduire les droits de celle-ci par une disposition à titre gratuit (2).

191. *Promesse d'égalité.* — La promesse d'égalité faite par un père dans le contrat de mariage de l'un de ses enfants ne l'empêche pas de faire la distribution de ses biens entre ses descendants : elle l'oblige seulement à n'avantager aucun de ceux-ci au détriment de l'enfant doté (3).

192. *Partages partiels.* — L'ascendant peut comprendre dans sa libéralité la totalité ou seulement une partie de ses biens (4). Il lui est même loisible de faire plusieurs partages successifs par des actes différents et à des époques diverses (5).

§ 2. — Répartition des biens.

193. *Principe.* — Le partage entre vifs a été permis en vue de prévenir, par une distribution anticipée, les discussions et les procès qui surgissent souvent entre les enfants, lors du décès de leur auteur, à propos de la répartition des biens laissés par ce dernier. Pour répondre au but pour lequel il a été autorisé et produire l'effet qu'on en attend, il faut donc que l'élément partage existe avec celui de la donation, car il en est inséparable et il forme avec elle, de sa nature et d'après l'intention commune des parties, un tout indivisible. En conséquence, l'abandon de biens sans attribution constitue non un véritable partage anticipé, mais une donation collective entre vifs : il met, en effet, les choses dans l'état d'indivision où elles seraient, si l'ascendant était mort sans rien faire (6).

Cependant un système important admet que le caractère prédominant de l'acte est celui de la donation, que la division matérielle des biens n'est pas indispensable. Cette théorie a été consacrée notamment en matière fiscale où le tarif de faveur est surtout attaché à la démission de biens consentie par l'ascendant au profit de ses descendants et constituant, quant aux biens donnés, une sorte d'ouverture anticipée de sa succession (7).

194. *Rôle de l'ascendant.* — D'après l'esprit comme d'après le texte de la loi, il semble que l'ascendant devrait procéder lui-même à la division des biens (8). Mais la jurisprudence n'a pas cessé d'apporter des tempéraments à ce principe. Il est actuellement admis qu'il n'est pas nécessaire que le donateur fasse

(1) Cass. civ., 4 décembre 1900, D. 01.1.27.
(2) Bonnet I, 178; — Aubry et Rau, § 731, texte et note 13.
(3) Réquier, 123; — Bonnet, I, 158; — Demolombe, XXIII, 73 *bis*; — Aubry et Rau, *op. cit.*, texte et note 12; — Cass., 30 novembre 1896, S. 00 1.523.
(4) C. civ., 1077; — Réquier, 128; — Bonnet, I, 229; — Demolombe, XXIII, 69 et s.; — Baudry-Lacantinerie et Colin, II, 3557.
(5) Bonnet, I, 355-356; — Genty, 165-166; — Demolombe, XXIII, 40; — Aubry et Rau, § 729, texte et note 13, et § 731, texte et note 15; — Baudry-Lacantinerie et Colin, II, 3559.
(6) Genty, 107; — Bonnet, I, 349 et s.; — Aubry et Rau, § 728, texte et note 2; — Laurent, XV, 12 et s.; — Baudry-Lacantinerie et Colin, II, 3486 et s.
(7) Réquier, 111; — Demolombe, XXIII, 53-54; — Cass., 28 avril 1829, *J. E.*, 9313; — Cass., 26 mars 1833, *J. E.*, 10595; — Cass., 26 avril 1836, S. 36.1.499; — Cass., 11 avril 1838, S. 38.1.432.
(8) Planiol, III, 3371.

la répartition en personne et par voie d'autorité; il suffit que le partage émane au moins moralement de lui.

Ainsi, il a été jugé qu'il y a partage d'ascendant :

1° Lorsque la répartition a lieu en sa présence et avec son consentement, même si elle est constatée par acte séparé (1);

2° Lorsque le donateur a indiqué soit expressément soit implicitement la part de chacun, par exemple quand il stipule que les biens donnés seront partagés par les donataires « dans la proportion de leurs droits héréditaires éventuels », ou encore « par égales portions », parce que dans ces cas, les droits de chaque enfant sont réglés et que la dévolution de la succession se trouve suffisamment déterminée (2);

3° Et lorsque le donateur a imposé aux descendants de se partager les biens, encore que le partage ait lieu postérieurement et hors sa présence (3).

195. — Au contraire, il n'y a pas partage anticipé, mais seulement donation entre vifs :

1° Lorsque la division des biens est l'œuvre exclusive des donataires, bien qu'elle soit constatée dans l'acte de donation même (4);

2° Lorsque cette division est opérée par un acte distinct auquel l'ascendant reste étranger de fait et d'intention (5);

3° Lorsque l'ascendant n'a pas imposé le partage des biens, mais en a simplement exprimé le désir ou donné le conseil (6);

4° Et lorsque l'ascendant a prescrit de procéder ultérieurement avec lui à la répartition des biens donnés, et qu'en fait, cette répartition n'a pas eu lieu avant son décès (7).

196. *Conseil pratique.* — Comme le remarque M. Planiol (8), la jurisprudence a fini par ruiner la règle à l'aide de l'exception, et par suite par détruire toute certitude dans la pratique. Pourtant la question a de nombreux intérêts, notamment en ce qui concerne la date d'ouverture des actions en garantie, en nullité ou en rescision au moyen desquelles on peut attaquer le partage. Il est donc prudent de toujours recourir à une rédaction qui ne laisse aucun doute sur le rôle joué par l'ascendant et précise bien l'influence de sa volonté sur la division matérielle des biens.

197. *Stipulation d'indivision.* — Parfois l'attribution ou le tirage au sort des lots est différé jusqu'à l'expiration d'un délai fixé ou même jusqu'au décès du donateur. Il a été jugé que cette stipulation ne fait pas obligatoirement perdre à l'acte son caractère de partage d'ascendant (9). Mais d'après une théorie nouvelle et qui paraît très juridique, la stipulation en question constitue une convention d'indivision, valable pendant cinq ans au maximum; par suite, elle doit être renouvelée avant l'expiration de ce délai, sinon les donataires sont alors en droit de demander l'attribution de leurs lots (10).

(1) Cass., 4 juin 1849, S. 49.1.487, D. 49.1.307.
(2) Cass., 29 mars 1831, S. 39.1.310.
(3) Louvain, 18 novembre 1892, D. 93.2.476.
(4) Limoges. 2 juillet 1877, S. 78.2.203; — Poitiers, 4 février 1878, S. 78.2.144.
(5) Bordeaux, 8 mars 1870, S. 70.2.173, *Rev. not.*, 2838; — Cass. req., 24 juin 1872, S. 73.1.77; — Besançon, 11 février 1882, S 83.2.107. *Rev., not.*, 6528.
(6) Cass. req , 2 juillet 1878, S. 79.1.117.
(7) Besançon 10 mars 1897, S. 99.2.169.
(8) Planiol, III 3371.
(9) Cass., 26 avril 1836, précité; — Cass., 15 avril 1850, S. 50.1.357; — Demolombe, XXIII, 56. — V. cependant Bonnet, I, 363; — Laurent, XV, 10.
(10) Sedan, 27 avril 1909, *Rep. not.*, 16662.

La présence d'un mineur ne met pas obstacle à une telle clause ; seulement le tuteur ne peut l'accepter qu'avec l'autorisation du conseil de famille.

198. *Partage cumulatif.* — Il est prudent et de bonne pratique d'attribuer autant que possible, à chaque donataire, une valeur à peu près égale de biens de même origine, en cas de partage par les père et mère, comme aussi en cas de partage en présence et avec le concours de l'ascendant survivant, tant des biens donnés par lui que de ceux provenant de la succession de son conjoint, car leur inégale répartition peut être une source de difficultés par la suite.

Ainsi, le partage anticipé fait conjointement par une femme dotale et son mari en une seule masse peut se trouver annulé pour le tout lorsque certains enfants sont allotis uniquement ou pour la majeure partie en biens maternels et les autres en biens paternels. Au contraire, il semble que la donation consentie par le mari doit toujours demeurer valable et être maintenue, si la répartition a été faite également entre tous les enfants (1).

De même, l'exercice du droit de retour donne lieu à une controverse, lorsque les enfants n'ont pas été également apportionnés en biens de même origine (V. ci-après, n°s 348 et 349).

199. *Homogénéité des lots.* — D'après une opinion qui s'appuie sur des motifs d'ordre historique et pratique, le législateur a investi l'ascendant d'une magistrature domestique qui lui permet de tenir compte des aptitudes et des besoins des donataires, et lui donne en conséquence le pouvoir de composer les lots en telle nature de biens qu'il juge à propos, dans l'intérêt même des enfants (2).

Mais il est plus généralement admis, en jurisprudence surtout, que le partage anticipé reste, en principe, soumis aux dispositions des articles 826 et 832 du Code civil, en vertu desquels chacun des partageants « peut demander sa part en nature des meubles et immeubles », et « il convient de faire entrer dans chaque lot, s'il se peut, la même quantité de meubles, d'immeubles, de droits ou de créances de même nature » (3).

200. *Effet de l'acceptation des donataires.* — Si les donataires sont tous majeurs et maîtres de leurs droits, ils sont libres de faire tous arrangements entre eux, et par suite telle répartition qu'il leur plaît. Ils ne peuvent ensuite intenter une action pour défaut d'homogénéité des lots que si le partage n'est pas réellement leur œuvre (4).

Au contraire, leur acceptation n'emporte pas renonciation valable de leur part au droit d'attaquer le partage à raison du mode de répartition des biens, lorsque cette répartition émane de l'ascendant. Dans ce cas, en effet, il s'agit d'une action qui ne s'ouvre qu'au décès de ce dernier et que l'enfant exerce alors en qualité d'héritier ; il ne saurait donc y renoncer valablement du vivant du donateur (5).

(1) V. Genty, 230 ; — Demolombe, XXIII, 126.

(2) Genty, 147 et s. ; — Réquier, 144 et s. ; — Laurent, XV, 60 ; — Baudry-Lacantinerie et Colin, II, 3378 ; — Agen, 18 avril 1849 et 18 décembre 1866, S. 53.2.129 et S. 68.2.37 ; — Cf. Planiol, III, 3372.

(3) Bonnet, I, 283 et s. ; — Demolombe, XXIII, 199-201 ; — Aubry et Rau, § 732, texte et note 1 ; — Cass. civ., 11 mai 1847, S. 47.1.513, D. 47.1.167 ; — Cass. civ., 24 juin 1868, S. 68.1.330, D. 68.1.289 ; — Cass. req., 16 novembre 1885, S. 86.1.454, D. 86.1.895, *Rev. not.*, 7249.

(4) Baudry-Lacantinerie et Colin, II, 3789.

(5) Aubry et Rau, § 732, texte et note 3 ; — Demolombe, XXIII, 200-201 ; — Baudry-Lacantinerie et Colin, II, 3783 ; — Cass. civ., 28 février 1855, S. 55.1.785 ; — Cass., 29 janvier 1877, S. 77.1.199 ; — Cass., 16 juillet 1883, S. 85.1.419 ; — Cass. req., 16 novembre 1885 précité ; — V. cep. Genty, 147 ; — Bonnet, I, 291 ; — Laurent, XV, 135.

201. — Après le décès de celui-ci, la ratification expresse ou tacite du partage par les donataires rend l'action en nullité irrecevable (V. ci-après, n° 492).

202. *Biens impartageables.* — Parfois les biens ne sont pas commodément partageables ou ne le sont pas sans dépréciation, à raison de leur nature et de leur consistance. Il est admis que dans ce cas, les articles 826 et 832 du Code civil ne sont plus applicables. L'ascendant peut alors attribuer les biens à quelques-uns des descendants et lotir les autres au moyen de soultes ou de retours en argent (1).

203. — Par application de ce principe, il a été jugé que le donateur n'est pas tenu d'obéir aux régles établies pour les partages ordinaires, en ce qui concerne la composition des lots :

1° Lorsque les immeubles donnés, partageables en plusieurs lots, ne le sont pas en portions égales aux droits de chaque donataire (2) ;

2° Lorsque leur morcellement est difficile à raison de leur nature et des dettes qui les grèvent, ou nuirait à leur exploitation (3) ;

3° Lorsque la masse immobilière à partager se compose seulement d'une maison avec enclos formant le centre de l'exploitation et de parcelles détachées, et que cet enclos et ces parcelles ne pourraient être séparés sans qu'il en résultât une perte considérable pour celui qui n'aurait pas la maison dans son lot, ou réciproquement (4) ;

204. *Autres exceptions au principe de l'égale répartition.* — Le père de famille peut encore déroger à la règle de l'égale répartition des diverses natures des biens lorsque les circonstances ou l'intérêt bien entendu des parties demandent un autre mode de composition des lots, par exemple :

1° Lorsque les créances mises dans un seul lot sont peu importantes relativement à la valeur totale des biens (5) ;

2° Lorsque quelques-uns des enfants ayant été gratifiés de dons en argent en avancement d'hoirie, reçoivent uniquement des immeubles pour le complément de leurs droits (6) ;

3° Et lorsque l'inégale répartition des biens présente des avantages pour l'ascendant, vu la situation personnelle des bénéficiaires (7).

205. *Appréciation des juges.* — C'est aux juges du fait qu'il appartient d'apprécier souverainement si les immeubles étaient ou non commodément partageables, d'après leur situation et leur consistance, et en tenant compte des conditions dans lesquelles le partage a eu lieu (8). Ils ne sont liés à cet égard ni par la déclaration du donateur (9), ni par la reconnaissance faite par les donataires du vivant de l'ascendant (V. ci-dessus n° 200).

(1) Réquier, 142 ; — Demolombe, XXIII, 203-204 ; — Aubry et Rau, § 732, texte et note 2 ; — Baudry-Lacantinerie et Colin, II, 3780 ; — Cass. req., 7 août 1860, S. 61.1.977, D. 60.1.499 ; — Cass. civ., 26 décembre 1876, D. 77.1.171 ; — Cass., 15 novembre 1893, D. 94.1.437, S. 96.1.20 ; — Cass. req., 23 novembre 1898, D. 99.1.38.

(2) Lyon, 27 mars 1893, D. 94.2.60.

(3) Agen, 1 décembre 1866, S. 68.2.37, D. 67.2.17 ; — Limoges, 3 décembre 1867, S. 68.2.347, D. 69.2.176 ; — Bordeaux, 3 mai 1876, S. 77.2.6 ; — Rennes, 20 mai 1920, *Rep. not.*, 19.822.

(4) Cass. civ., 8 avril 1873, S. 73.1.316, D. 73.1.195, *J. N.* 20660, *Rev. not.*, 4396.

(5) Cass., 12 août 1840, S. 40.1.678.

(6) Agen, 10 mai 1838, S. 38.2.375, D. 38.2.188.

(7) Cass. req., 8 mars 1875, S. 75.1.301, D. 75.1.278 ; — Cp. Cass. req., 31 mars 1914, S. 14.1.447, *J. N.* 30989.

(8) Demolombe, XXIII, 305 ; — Baudry-Lacantinerie et Colin, II, 3781 ; — Cass. req., 8 mars 1875, S. 75.1.301, D. 75.1.278 ; — Cass. req., 2 juillet, 1878, D. 78.1.463.

(9) Aubry et Rau, § 732, texte et note 4 ; — Bonnet, I, 305 ; — Baudry-Lacantinerie et Colin, *loc. cit.* ; — Cass., 2 décembre 1862, S. 63.1.124, D. 63.1.228.

206. *Systèmes proposés pour tourner la difficulté.* — Le principe de l'homogénéité des lots est souvent une gêne pour les parties et enlève au partage d'ascendant une bonne part de son utilité (1). Aussi a-t-on cherché à s'en affranchir.

On a proposé de faire deux actes distincts, l'un contenant l'abandon des biens à charge par les donataires de se les partager, et l'autre contenant la division de ces biens par les enfants.

On a conseillé aussi de procéder au partage d'ascendant avec un lotissement établi entre tous les enfants conformément aux prescriptions légales, puis de faire céder, par un autre acte établi en dehors du donateur, par un ou plusieurs des donataires, la totalité des immeubles à celui ou à ceux qui doivent en conserver la propriété. Cette pratique a même été reconnue valable, à condition qu'elle ne cache aucune fraude et que l'ascendant soit réellement resté étranger à l'acte de cession de part (2).

Mais ces combinaisons sont impossibles en présence d'incapables et entraînent des frais élevés. En outre, elles sont dangereuses à raison des mécomptes auxquels elles peuvent exposer les parties, car la jurisprudence a souvent tendance à annuler le tout, sous prétexte que le but cherché a été de tourner la loi (3).

207. — Il est préférable, à notre avis, de se conformer franchement aux désirs des parties et d'imposer le respect des conventions au moyen d'une clause pénale privant celui d'entre les copartagés qui les contesterait par la suite de sa part dans la quotité disponible, cette clause subsistant alors même que le partage viendrait à être annulé pour cause d'irrégularité des lotissements (V. ci-après n°s 282 et s.).

208. *Forme du partage.* — Il n'est pas nécessaire de recourir aux formes judiciaires, malgré la présence d'incapables parmi les donataires, lorsque la répartition des biens est l'œuvre du donateur. Il en est ainsi, encore que cette répartition aurait lieu par acte distinct de la donation, car, dans la pensée des parties et dans la nature des choses, le second acte se rattache au premier, et les deux actes constituent par leur réunion la donation-partage (4).

209. — Au contraire, le partage qui suit une donation indivise, faite par l'ascendant à ses enfants dans la proportion des droits héréditaires de ceux-ci, est soumis aux formes de droit commun ; il doit notamment avoir lieu en justice, s'il y a des incapables (5).

210. — Lorsque l'époux survivant donne ses biens à condition qu'ils soient partagés avec ceux de son conjoint prédécédé, le partage ne peut être fait en la forme amiable que si tous les donataires sont capables et consentants. S'il existe parmi eux des incapables, il faut recourir aux formalités prescrites par la loi pour le règlement des successions où des mineurs sont parties.

211. *Tirage au sort.* — En cas de partage judiciaire, il est de principe que les lots doivent être tirés au sort (6). Cependant, il a été jugé qu'il est encore pos-

(1) Planiol, III, 3372.

(2) Cass., 29 janvier 1877, S. 77.1.199 ; — Cass. req., 16 novembre 1885, S. 86.1.454, *Rev. not.* 7249.

(3) Cass., 7 janvier 1863, S. 63.1.121, D. 63.1.226 ;—Bordeaux, 18 novembre 1873, J. Bordeaux, t. 49, p. 35 ; — V. égal. Genty, 150 ; — Demolombe, XXIII, 202 ;—Amiaud, *Tr. form*, V° Part. d'asc., 59-60.

(4) Réquier, 112 ; — Bonnet, I, 357 ; — Demolombe, XXIII, 53.

(5) Réquier, 111 : — Demolombe, XXIII, 54 ; — Bonnet, I, 357 *bis* ; — Paultre, *Rev. not.*, 585.

(6) Demolombe, XV, 680 ; — Aubry et Rau, § 624, texte et note 36 ; — Baudry-Lacantinerie et Wahl, II, 3299.

sible de recourir alors au partage par voie d'attribution, si ce mode de faire ne comporte aucun aléa et donne de façon plus pratique et moins onéreuse le même résultat qu'un lotissement avec tirage au sort (1). Mais on ne saurait trop recommander de ne s'inspirer qu'avec prudence de ces précédents.

(1) Nancy, 2 mars 1886, D. 87.2.34; — Nancy, 26 octobre 1899, *J. N.*, 27033, *Rev. not.*, 10476; — V. aussi Louhans, 20 juillet 1906, *J. N.*, 29301.

212. *Terminologie.* — On entend par condition, dans le langage juridique, un événement futur et incertain dont on fait dépendre l'accomplissement, la modification ou la résolution d'un contrat. Dans le langage usuel, on désigne par ce mot toutes les clauses qui concourent à déterminer le détail du contrat. C'est ainsi, en particulier, qu'on donne couramment le nom de conditions aux charges et stipulations spéciales insérées dans une donation à titre de partage anticipé.

213. *Modalités.* — Le partage d'ascendant par acte entre vifs est susceptible d'être affecté des mêmes modalités que les donations. Il peut, par exemple, être fait purement et simplement ou sous condition suspensive ou résolutoire. Le donateur est libre de subordonner son abandon de biens à l'arrivée d'un terme, comme son décès ou le mariage ou la majorité d'un des donataires, et si la cause prévue ne se réalise pas, l'acte est frappé de caducité (1).

214. *Condition illicite. Condition potestative.* — Toute condition au sens juridique du mot, qui serait contraire aux lois, à l'ordre public ou aux bonnes mœurs serait réputée non écrite, comme en cas de donation ordinaire (C. civ., 900 et 1076). La condition qui dépendrait en totalité de la volonté de l'ascendant entraînerait, au contraire, la nullité de l'acte (C. civ., 944 et 1076).

215. *Caractère des charges.* — Les charges stipulées doivent être réduites au rôle d'accessoires, sinon elles feraient perdre à l'acte son caractère de libéralité. Si, par exemple, elles devenaient la partie principale ou même l'équivalent des biens donnés, on ne serait plus en présence d'une donation, mais d'une vente, d'une dation en paiement, ou d'un contrat innommé (2).

216. — L'appréciation du juge du fait à cet égard est souveraine (3).

217. *Division.* — Nous allons examiner successivement les diverses charges et conditions, dans le sens ordinaire de ce dernier mot, qu'on rencontre dans les partages anticipés.

§ 1. — Réserve d'usufruit (4).

218. *Bénéficiaire de la réserve.* — L'ascendant qui fait l'abandon de ses biens à ses enfants est obligé de penser à ses vieux jours et aux infirmités possibles qui sont le cortège ordinaire de la vieillesse. C'est pourquoi il stipule souvent une réserve d'usufruit qui lui permettra de faire face à ses besoins qui seront d'autant plus impérieux que son existence se prolongera davantage.

La réserve pourrait également être faite au profit d'un tiers (C. civ., 949 et 1076).

219. *Droits de l'usufruitier.* — La réserve d'usufruit est régie, dans son appli-

(1) Genty, 168 ; — Réquier, 109 ; — Bonnet, I, 373 ; — Demolombe, XXIII, 59 ; — Rennes, 15 juin 1892, D. 92.2.591.

(2) Cass., 21 avril 1841, D. 41.1 229 ; — Cass., 31 décembre 1887, D. 88.1.256 ; — Demolombe, *loc. cit.*

(3) Genty, 102 ; — Demolombe, XXIII, 49 et s.

(4) V. notre dissertation dans *J. N.*, 33610.

cation, par le droit commun. Toutefois, l'ascendant est dispensé de fournir caution (C. civ., 601).

220. — A défaut de stipulations particulières, le bénéficiaire de cette réserve peut jouir par lui-même des biens grevés d'usufruit ou les louer à son choix (V. ci-après, nos 344 et 383 et s.).

221. — Il est d'une bonne pratique de prévoir ses droits et ses obligations, d'en augmenter ou d'en limiter l'étendue, selon les circonstances et l'intention des parties. Spécialement, il y a souvent intérêt à convenir que les baux qui seraient consentis par l'usufruitier ne devront pas excéder deux ou trois années après son décès; — qu'il aura droit, sous certaines réserves à préciser, de couper des futaies non aménagées (1); — et qu'il pourra faire dans les immeubles soumis à sa jouissance tels changements ou telles démolitions, selon le cas (2).

222. *Biens du conjoint prédécédé.* — Les parties sont libres de convenir que l'usufruit de l'ascendant portera même sur des biens étrangers à la donation, par exemple sur les biens composant la succession de son conjoint prédécédé. Cette condition ne donnera ouverture à aucun droit spécial si les biens donnés par l'ascendant sont au moins d'une valeur égale aux autres (3).

223. *Donation conjointe. Clause de réversibilité.* — Les époux qui font conjointement le partage de leurs biens personnels et communs stipulent souvent que la réserve d'usufruit profitera au survivant d'eux pour la totalité ou la majeure partie, car l'existence de celui qui restera seul sera aussi onéreuse que la vie à deux, les services et les soins qui étaient réciproques devenant dès lors mercenaires. La réversibilité répond donc à un but moral évident et à une utilité certaine. Cependant sa stipulation a donné naissance, en doctrine et en jurisprudence, à de vives controverses sur lesquelles l'accord est encore plus apparent que réel.

224. *Ibid. Variations de la doctrine et de la jurisprudence.* — Pendant de longues années, la clause de réversion de l'usufruit réservé fut considéré comme une simple condition de la donation, comme une charge participant de son irrévocabilité (4). Puis quelques décisions judiciaires virent dans cette stipulation une donation réciproque entre époux, tombant sous le coup de la prohibition édictée par l'article 1097 du Code civil (5).

Cette doctrine nouvelle eut une répercussion inespérée grâce au fisc qui, voyant là une source de droits considérables à réclamer, soutint et réussit à faire admettre qu'il y avait bien réellement libéralité mutuelle (6). De l'effet fiscal à l'effet légal, il n'y avait plus qu'un pas qui fut vite franchi. Et dès lors, il fut à peu près unanimement décidé que la clause en question constitue une donation entre époux, nulle comme renfermée dans le même acte (7).

225. *Ibid. Avis du Conseil d'État.* — La réversion d'usufruit répond à une telle

(1) Cass., 1er avril 1895, D. 95.1.335.

(2) Cass., 19 février 1878, S. 78.1.213.

(3) Cass., 19 avril 1847, S. 47.1.454, D. 47.1.182, *J. N.*, 13009; — Cf. Sol. 3 novembre 1875.

(4) Troplong, *Don. et test.*, IV, 2695; — P. Pont, *Petits contrats*, I, 356; — Coin Delisle, *Rev. crit.*, 1853, p. 117; — Bauby, *Rev. prat.*, X, p. 543 et XI, p. 69; — Poitiers, 10 juin 1851, *J. N.*, 15147, S. 51.2.609.

(5) Amiens, 10 novembre 1853, *J. N.*, 15147; — Cass. req., 26 mars 1855, *J. N.*, 15500, S. 55.1.355, D. 55.1.64.

(6) Cass., 24 janvier 1860, 14 novembre 1865 et 26 juillet 1869, *J. N.*, 16388, 18331, 19478 et 19683, *Rev. not.*, 1348 et 2515.

(7) Aubry et Rau, § 731 texte et note 8, et § 743, texte et note 14; — Demolombe, XXIII, 449; — Laurent, XV, 324; — Bonnet, I, 276; — Cass., 19 janvier 1881, S. 81.1.108, D. 81.1.181, *J. N.*, 22490; — Paris, 23 juillet 1900, D. 00.2.492, S. 03.2.265, *J. N.*, 27315.

nécessité et était tellement entrée dans les mœurs, qu'il se produisit de nombreuses réclamations. Plusieurs projets de loi furent présentés. A la suite d'un vote du Parlement, la question fut soumise à la section de législation du Conseil d'État. Mais sur un rapport présenté par M. le Conseiller Dupré les 15-17 avril 1886 (1), cette haute assemblée émit un avis de rejet pur et simple de toute modification à l'article 1097 du Code civil.

226. *Illogisme de la prohibition.* — Cette décision qui ne tenait pas compte des faits et des besoins de la pratique est profondément regrettable pour de nombreuses raisons.

1° Les partages d'ascendants sont des pactes de famille qui, contrairement aux donations entre époux, produisent immédiatement leurs effets et ne sont pas révocables au gré de l'une des parties.

2° La réversion est presque toujours la compensation naturelle et nécessaire des abandonnements consentis. Elle est un correctif et non le mobile même de l'acte; elle constitue une créance alimentaire convenue d'un commun accord entre les ascendants et les enfants. Elle ne devrait donc être brisée qu'en cas de fraude commise à dessein à l'égard des tiers ou en cas d'avantages excessifs au profit des donateurs,

3° L'objet principal et direct de l'acte, sa fin dominante est la donation par les parents de leurs biens à leurs descendants; la clause de réversion n'est qu'une charge, un accessoire. Ce n'est que par l'effet de la stipulation imposée aux donataires et non par l'effet d'une donation directe entre époux que le survivant des ascendants a droit à la jouissance des biens de son conjoint prédécédé, en sorte que cette jouissance se trouve finalement concédée par les donataires et non donnée par les parents entre eux. Or, il est un principe de droit qui veut qu'une clause susceptible d'être entendue de deux façons différentes le soit dans le sens avec lequel elle peut avoir effet plutôt que dans le sens avec lequel elle n'en produirait aucun (C. civ., 1157).

4° Enfin la prohibition de la réversion est une source de complications et un obstacle à l'emploi d'un mode de transmission de propriété qui répond à un réel besoin social, tandis que l'utilité de la prescription de l'article 1097 du Code civil est loin d'être démontrée en matière de donation entre vifs (2).

227. *Possibilité d'un revirement d'opinion.* — De nombreux motifs militent donc pour qu'une loi restitue au partage d'ascendant son véritable caractère de pacte de famille et modifie certains principes du Code civil dont la trop rigoureuse application en la matière fait « le plus grand tort aux familles et à la foi jurée » (3).

Le Congrès national de la propriété bâtie qui se tint à Paris les 5-8 mai 1913 fit ressortir tout l'intérêt qu'il y aurait à voter une loi en ce sens.

Un des juristes les plus éminents de l'époque, M. Planiol, a également reconnu qu'une réforme est, à cet égard, « éminemment désirable » (4).

L'idée est en marche. Il faut espérer que, surmontant peu à peu les obstacles qui lui sont opposés, elle fera son chemin et finira par s'imposer à tous.

228. *Principes actuellement admis.* — En l'état actuel de notre droit, la clause de réversibilité n'est pas nulle de plein droit et dans tous les cas. Il faut distin-

(1) *Rev. not.*, 7429; — *Circ. Comité des Not.*, n° 258; — *J. N.*, 23789.
(2) Planiol, III, 3215 et 3370.
(3) *Circ. du Comité des Not.*, n° 293, p. 550.
(4) Planiol, III, 3370.

guer entre les réversions qui embrassent la jouissance de tout ou de la majeure partie des biens compris dans l'acte et les réversions partielles qui n'affectent que d'une manière restreinte la jouissance de ces mêmes biens. Les premières tombent sous le coup de la loi. Les autres y échappent à condition que l'usufruit réservé soit inférieur à la valeur des biens donnés par l'époux survivant (1).

229. *Nécessité d'une demande en nullité.* — La nullité doit être demandée en justice; c'est aux tribunaux qu'il appartient de « reconnaître sur chaque espèce, d'après l'ensemble des dispositions du partage et en tenant compte de l'importance des avantages que les époux y concèdent et de ceux qu'ils s'attribuent, les cas où les deux articles 1096 et 1097 du Code civil s'appliquent ou ne s'appliquent pas » (2).

230. *Moment de la demande.* — La demande en nullité ne peut être faite qu'après le décès du prémourant des donateurs et avant la mort du survivant. Elle doit être introduite par les donataires ou même leurs créanciers.

231. *Etendue et effets de la nullité.* — Quelques décisions de justice ont admis que la nullité de la clause de réversibilité entraîne celle de l'acte tout entier (5). Mais il est plus généralement reconnu et la Cour suprême a formellement décidé que cette clause doit seulement être considérée comme non écrite, en vertu de l'article 900 du Code civil (3).

232. — Mais sont nulles et tombent avec la clause en question, les stipulations accessoires dont le but est de garantir l'effet de la réversion, comme la défense d'aliéner les biens soumis à l'usufruit (4).

233. *Combinaisons proposées pour tourner la difficulté.* — En attendant la réforme législative nécessaire, on a cherché à tourner la difficulté et à établir une formule répondant à la fois aux exigences de la jurisprudence et aux besoins de la pratique.

On a pensé d'abord qu'il suffisait de faire réserver par chaque donateur l'usufruit pendant sa vie des biens qu'il donnait personnellement et de stipuler, comme condition de la donation, qu'il aurait droit, en cas de survie, à la jouissance des biens provenant de son conjoint à partir du décès de ce dernier. Mais ce procédé fut condamné comme ayant pour but de dissimuler la vérité et d'arriver ainsi à tourner la loi (5).

Diverses autres combinaisons furent également proposées sans plus de succès. Elles n'offrent plus guère qu'un intérêt historique. Par suite, il ne sera fait état ici que des systèmes encore en usage.

234. *Système Defrénois* (6). — Ce système distingue selon que les donataires sont majeurs et maîtres de leurs droits ou qu'il existe parmi eux des incapables.

Dans le premier cas, la stipulation de réversibilité est consentie par les donataires; ce sont ceux-ci qui font d'avance l'abandon, au profit du survivant des donateurs, de l'usufruit des biens donnés par le prémourant.

Dans le second cas, chaque donateur impose séparément comme condition expresse de la donation, la charge de le laisser jouir à titre d'usufruitier, sa vie

(1) Avis du Conseil d'État des 15-17 avril 1886, précité.

(2) Amiens, 10 novembre 1853, D 54.2.92, S. 53.2.690, *J. N.*, 15147; — Angoulême, 9 mai 1864, *J. N.*, 22.789; — V. égal. Bonnet, I, 401.

(3) Cass. req., 26 mars 1855, précité; — Cass., 25 février 1878, D. 78.1.449, S. 81.1.73; — V. égal. Réquier, 137; — Aubry et Rau, § 731, texte et note 9.

(4) Paris, 23 juillet 1900, D. 00.2.492, S. 03.2.265, *J. N.*, 27315.

(5) Cass., 14 novembre 1865, D. 66.1.110, *J. N.* 18431; — Cass. civ., 26 juillet 1869 (3 arrêts du même jour), D 69.1.476, S. 69.1.475, *J. N.* 19683, *Rev. not.*, 2515.

(6) *Tr. form.*, 8e éd., Vo Part. antic., 4944.

durant, au cas où il survivrait à son conjoint, des biens compris dans les lots des donataires, sans qu'il y ait à distinguer qui les a donnés.

Ainsi l'idée de condition s'impose de façon à faire exclure celle de donation mutuelle entre époux; mais c'est à peu de choses près le mode de procéder que les tribunaux ont formellement condamné comme « peu sérieux et détourné ». Si cette solution n'a, depuis qu'elle a été proposée, donné lieu à aucune difficulté réelle, cela tient peut-être plus au peu d'esprit processif des personnes qui ont recours aux partages d'ascendants qu'à sa valeur réelle.

235. *Système Amiaud et Ed. Clerc.* — D'après ce système qui a trouvé et compte encore de nombreux partisans (1), il faut d'abord établir deux actes séparés, par lesquels les parents se font une donation mutuelle entre époux en usufruit, puis un troisième acte contenant le partage entre vifs de la nue propriété de leurs biens, en réservant l'usufruit pendant leur vie et celle du survivant d'eux et en mentionnant les actes de donation préalablement consentis.

A cette combinaison, on fait de sérieux reproches. Les deux premiers actes, les donations entre époux, sont essentiellement révocables (C. civ., 1096); or, leur révocation, à laquelle il est impossible d'échapper en l'état actuel de la législation, détruirait toute l'harmonie du système. Puis le survivant des donateurs reste soumis au paiement des droits de mutation par décès sur l'usufruit, même s'il y renonce, car la donation se trouve exécutée par le partage (2). Enfin, si les donations que se sont consenties les parents dépassent la quotité disponible entre époux, les enfants ont toujours le droit d'en demander la réduction; on ne peut leur objecter qu'ils sont tenus de respecter cette libéralité comme condition du partage, car une telle obligation constituerait un pacte sur succession future, formellement interdit (3).

236. *Système du Comité des notaires.* — Selon un autre procédé qui semble être actuellement le plus répandu, chacun des donateurs fait, dans l'acte de partage, réserve à son profit, pendant sa vie et avec faculté d'en disposer comme il avisera pendant la vie de son conjoint pour le cas où celui-ci lui survivrait, de l'usufruit des biens par lui donnés. Et le même jour ou plus tard, il est établi des actes de donation entre époux en usufruit (4).

Sans doute, l'usufruit que l'époux survivant pourra ainsi recueillir sur les biens du prédécédé ne s'exercera au-delà de la quotité disponible que si les héritiers de ce dernier y consentent; mais on ne peut rien là-contre. Par ailleurs, ce mode de faire est simple et pratique; il tient compte des trois conditions essentielles des donations entre époux : actes séparés, révocabilité et réductibilité. En outre, il ne donne lieu à aucun droit de succession sur l'usufruit, si le survivant y renonce.

237. *Système Lucand.* — Pour M. Lucand, ancien notaire à Besançon et auteur de plusieurs ouvrages de notariat, tous les moyens ci-dessus sont à proscrire. D'après lui, il faut d'abord faire des donations entre époux, par lesquelles les parents se donnent, autant que possible, le même usufruit que celui qu'ils se réserveront respectivement dans le partage. Ensuite, dans ce dernier acte, cha-

(1) R. de Villargues, *Jurisp. du not.*, 10538; — *J. N.*, 22827; — Ed. Clerc., 9e éd., II, p. 619; — Amiaud, *Tr form.*, Vo Part. d'asc., 64.

(2) Cass., 26 juin 1837.

(3) C. civ., 791, 900, 1130 et 1600; — Cp. Avis du Cons. d'Etat des 15-17 avril 1886, précité.

(4) *Circ. du Comité des Not.*, no 175, p. 317; no 199, p. 255 et no 261, p. 803; — A. André, Part. d'asc., 3e éd., 211; *J. N.*, 22789; — *Encycl. du Not.*, Vo Réversibilité, 3; — Javon, *Petit form. portatif*, 2e et 3e éd.; — Cp. note dans S. 53.2.690 et Coin Delisle, *Rev. crit.*, V. p. 125 et s.

cun d'eux fait la seule réserve d'usufruit permise par la loi, en désignant les biens sur lesquels cette réserve portera et en stipulant que ladite réserve n'empêchera pas l'effet que sont susceptibles de produire en droit et en fait toutes donations en usufruit que les donateurs ont pu se consentir antérieurement, ni même l'effet de l'usufruit légal, dans la mesure où ces libéralités pourront se concilier avec l'acte de partage.

De cette façon, dit-il, « il est certain et évident que la donation virtuelle entre époux qui milite en faveur du survivant, ne peut s'appliquer, en fait, que dans la mesure de ses droits vis-à-vis des donataires; elle sera forcément restreinte aux biens grevés d'usufruit du chef de chacun des donateurs dans le partage anticipé, ce qui est le seul moyen de ne pas rompre l'harmonie de ce partage dont les donateurs sont garants, en ce qui concerne toute action susceptible d'émaner de leurs donations entre époux séparées ». Et il n'y a « dans tout cela aucun pacte sur succession future, chaque acte ayant conservé sa portée et son action propre » (1).

Ce système échappe sans doute aux rigueurs de la jurisprudence, mais il n'est guère possible que lorsque les donateurs jouissent d'une situation aisée. Or, le partage d'ascendants est surtout en honneur parmi les petits propriétaires, parmi ceux dont la fortune est modeste et qui ont besoin de tout l'usufruit réservé pour vivre tranquillement leurs vieux jours. La plupart du temps, les donataires sont d'ailleurs les premiers à le reconnaître et à exécuter avec respect les conventions arrêtées avec leurs parents. Stipuler, dans ce cas, un usufruit distinct et nettement déterminé pour chaque ascendant, ce serait souvent exposer le survivant à ne pouvoir conserver le toit sous lequel il a vécu et pensait mourir. A vouloir trop bien faire, on court le risque de méconnaître le véritable but des réserves usufructuaires et d'aller à l'encontre du désir et même des besoins des parties.

238. *Conseil pratique.* — Il est difficile, sinon impossible, d'éviter en fait les stipulations de réversion d'usufruit ; par suite de leur utilité pratique et morale, les contractants les imposent souvent. Il faut choisir, selon les circonstances, celle des combinaisons en usage qui paraît susceptible de donner autant que faire se peut sécurité et satisfaction. C'est le système proposé par le Comité des Notaires (n° 236 ci-dessus), qui nous semble, d'une façon générale, le mieux approprié à cet effet. Sans doute, on ne peut en garantir l'entière efficacité ; mais il est plutôt rare que la réversion soit une source de difficultés lorsqu'elle constitue une sorte de pension alimentaire, n'ayant rien d'excessif eu égard à la position des parties et aux besoins des donateurs.

Lorsque la réserve d'usufruit porte sur tous les biens donnés, il est préférable, si les parties y consentent, de laisser éteindre cet usufruit au décès du premier mourant et de stipuler une rente viagère au profit de l'autre : de cette façon, il n'existe pas, à proprement parler, de réversion.

Dans tous les cas, la prudence fait un devoir au notaire de se faire donner par les parties une décharge particulière et circonstanciée, pour bien mettre sa responsabilité à couvert.

§ 2. — Rente viagère.

239. *Nature.* — Au lieu de faire une réserve d'usufruit, l'ascendant peut stipuler à son profit une rente viagère en argent ou en denrées. C'est une charge

(1) Lucand, *Résumé du Cours des liq. et part.*, p. 154 et s.

communément imposée, qui ne donne pas à l'acte un caractère aléatoire empêchant l'action pour lésion (1), ni l'action révocatoire (2).

240. *Stipulation.* — Il faut préciser avec soin : 1° le mode, les époques et le lieu de paiement ou de livraison de la rente; 2° les conséquences du défaut d'exécution de cette stipulation; 3° si le service sera effectué entre les mains du crédirentier, sans que celui-ci ait à fournir de certificat de vie (C. civ., 1983); 4° et si les débi-rentiers seront solidaires ou non.

241. — Lorsque l'ascendant doit habiter avec un de ses enfants, il est bon de faire autoriser ce dernier à toucher la rente tant que durera la cohabitation (3).

242. *Terme.* — Lorsque la rente est payable d'avance, le terme est acquis en entier par cela seul que l'ascendant vivait le jour où il a commencé. Si elle est payable à terme échu, il y a lieu d'indiquer si le prorata couru au jour du décès du crédi-rentier sera acquis ou non aux débiteurs.

243. *Insaisissabilité.* — La rente viagère stipulée dans un partage d'ascendant ne peut être déclarée insaisissable que si elle est de minime importance et constituée à titre alimentaire (4).

244. *Clause de réversibilité.* — La stipulation de réversion de rente viagère en cas de donation par les père et mère parut, pendant quelque temps, ne pas devoir tomber sous le coup de la prohibition de l'article 1097 du Code civil, par analogie avec la rente viagère stipulée réversible dans un contrat onéreux par application de l'article 1973 du même Code. Mais il a été décidé ensuite que ce dernier article ne saurait, à raison de la nature exceptionnelle de sa disposition, être étendu au cas en question. En conséquence, il est actuellement admis que la clause dont il s'agit, insérée dans un partage d'ascendant, est nulle si elle constitue pour l'époux survivant un avantage, par exemple si celui-ci se trouve recueillir ainsi une rente viagère supérieure à celle qu'il aurait obtenue d'un étranger pour ses propres biens (5). Pour les conséquences, voir n°s 229 et s. ci-dessus.

245. *Combinaisons proposées.* — De même que pour la réserve d'usufruit, plusieurs combinaisons ont été proposées pour soustraire la stipulation de réversion de rente viagère au caractère de donation mutuelle entre époux. La plupart ont été calquées sur celles ayant trait à la réserve d'usufruit et donnent prise aux mêmes critiques. Les plus sérieuses paraissent être les suivantes.

246. *Système Defrénois.* — Dans l'acte de partage, les donateurs imposent, comme condition expresse de la donation, une rente viagère sur leur tête et celle du survivant, sans réduction au décès du premier mourant d'eux, avec stipulation que le service total de cette rente au profit du survivant résultant d'une convention formellement arrêtée entre lui et les donataires ne pourra, à aucun titre, être considéré comme produisant les effets d'une libéralité entre époux (6).

247. *Système André.* — On impose de même, dans l'acte de partage, comme condition de la donation, une rente viagère non réductible au décès du premier

(1) Cass., 24 octobre 1888, S. 89.1.172.
(2) Cass. civ., 14 janvier 1913, *J. N.*, 30632, *Rev. not.*, 15289; — Baudry-Lacantinerie et Colin, I. 1561.
(3) Amiaud, v° Part. d'asc., 66; — A. André, Part. d'asc., 218.
(4) C. civ., 1981; — C. proc., 581. 584; — Amiens, 29 novembre 1876, S. 77.1 199; — Cass., civ., 8 décembre 1908, *J. du Not.*, 1909, p. 470; — Aubry et Rau, § 388, texte et note 21.
(5) Paris, 23 juillet 1900, précité; — Trévoux, 28 janvier 1920, *J. N.*, 27641; — Aubry et Rau, § 743, texte et note 14; — Avis du Conseil d'Etat des 15-17 avril 1886, précité.
(6) Defrénois, *Tr. form.*, V° Part. anticipé, 4944.

mourant des donateurs, avec réserve au profit de ceux-ci d'en disposer selon qu'ils aviseront, jusqu'au décès du survivant d'eux. Et par deux actes séparés et indépendants, les parents se font donation de la rente viagère résultant du partage d'ascendant (1).

248. *Système du Comité des Notaires.* — Chacun des donateurs stipule comme condition de sa donation personnelle, le service, jusqu'au jour de son décès, d'une rente annuelle et viagère du chiffre total voulu, lequel chiffre doit être, d'ailleurs, approximativement en proportion avec la valeur des biens donnés pour qu'on ne puisse voir là une donation déguisée. Il est convenu, en outre, que jusqu'au décès du premier mourant des donateurs, chacune des deux rentes ne sera que de la moitié de la rente totale (2).

249. *Système Lucand.* — Les ascendants se font d'abord une donation entre époux d'un chiffre de rente viagère égal à celui qu'ils veulent stipuler réversible. Puis, dans le partage, chacun impose à son profit, à raison de sa donation personnelle, une rente viagère qui courra pendant sa vie et celle de son conjoint et qui est proportionnée à l'importance des biens par lui donnés. Ainsi les donataires sont dans l'obligation d'exécuter la rente viagère que le survivant se trouve tenir de son conjoint prédécédé, à condition seulement qu'elle ne dépasse pas en valeur la quotité disponible (3).

250. *Conseil pratique.* — Lorsque les biens sont peu importants et que la rente fixée au profit du survivant, quoique excédant la valeur des biens donnés par chaque parent, est nécessaire pour lui permettre de vivre, il est bon de stipuler que cette constitution de rente a lieu tant comme condition de la donation qu'à titre alimentaire en exécution de l'article 205 du Code civil.

251. *Affectation à la garantie de la rente.* — Les donateurs n'ont pas de privilège spécial pour assurer l'exécution des charges et conditions (V. n° 341 ci-après). Par suite, il y a lieu d'affecter hypothécairement les biens attribués à chaque enfant à la garantie du service de la rente stipulée, afin que les crédirentiers puissent poursuivre utilement par voie de saisie, le cas échéant.

Si les immeubles donnés et ainsi affectés comprennent des constructions, il est prudent d'imposer aux débi-rentiers l'obligation de s'assurer contre l'incendie et de prévoir l'emploi à faire de l'indemnité allouée en cas de sinistre, par exemple de stipuler que cette indemnité devra servir à la reconstruction des bâtiments incendiés ou à l'achat d'un titre de rente.

252. *Changement de débiteur.* — De même, il peut être bon, selon les circonstances, de permettre aux débi-rentiers de se libérer du service de la rente mise à leur charge en substituant à leurs lieu et place une compagnie d'assurances sur la vie ou en remettant au crédirentier des valeurs de bourse dont les arrérages ou intérêts représenteraient la redevance à leur charge. Dans ce dernier cas, il faut prévoir les titres qui pourront être ainsi choisis et les conséquences qui résulteraient d'une augmentation du taux des taxes dont sont passibles les valeurs mobilières.

§ 3. — Charge de donner des soins.

253. *Stipulation.* — Les parties conviennent parfois, surtout à la campagne, que les enfants à tour de rôle ou l'un d'eux seulement auront la charge de nour-

(1) André, *op. cit.*, 215.
(2) *Circ. du Comité des Not.*, n° 261, p. 804-805.
(3) Lucand, *Résumé du cours d es liq. et part.*, p. 158-160.

rir, loger et entretenir le donateur et de lui donner les soins dont il aura besoin tant en santé qu'en maladie. Il est nécessaire de préciser avec soin l'étendue et les modalités de cette charge.

254. *Obligation personnelle.* — Il est manifeste qu'en pareille circonstance, l'ascendant ne tient pas compte seulement de la prestation, qu'il considère aussi les personnes qui y sont obligées. Par suite, les soins qu'il se réserve doivent s'entendre, à défaut de stipulation contraire, non de soins mercenaires, mais de soins à fournir exclusivement par les donataires ou leurs enfants. Des tiers ne sauraient apporter dans cette mission les égards, le dévouement et l'affection escomptés par le donateur.

Ainsi, il y a lieu à action révocatoire si l'un des enfants se substitue un étranger, par exemple s'il vend les biens à charge par l'acquéreur de fournir à sa place les prestations auxquelles il était tenu (1).

255. — Les juges peuvent transformer la charge en nature en charge en argent quand l'attitude du débiteur rend moralement impossible la continuation de la cohabitation (2). Il est préférable cependant de prévoir et de régler les cas où ce changement pourra avoir lieu.

§ 4. — Payement des dettes.

256. *Principe.* — Les donataires entre lesquels l'ascendant a partagé par acte entre vifs la totalité ou une quote-part de ses biens ne sont pas obligés de plein droit au payement des dettes qui existaient au moment de la libéralité. Ils n'en répondent qu'autant qu'une clause expresse ou implicite de l'acte les a mises à leur charge (3), ou qu'il a été procédé ainsi en vue de nuire aux créanciers du donateur (V. ci-après, n°s 361 et 397).

257. *Stipulation.* — Pour couper court à toute difficulté, il est bon de questionner les parties à cet égard et de rapporter leur véritable intention de façon expresse et précise. Lorsque le donateur impose à ses descendants l'obligation de payer ses dettes, il est d'une sage précaution d'en donner un état détaillé. A défaut de précision à leur sujet, les donataires ne seraient tenus que des dettes ayant acquis date certaine au moment du partage (4).

258. *Dettes futures.* — La clause qui mettrait à la charge des enfants généralement toutes les dettes qui pourraient grever la succession du donateur serait illicite, comme contraire au principe de l'irrévocabilité des donations, et entraînerait la nullité de la disposition entière (4). Mais il peut être stipulé que les donataires devront acquitter les menues dettes courantes que laisserait l'ascendant, à concurrence d'une somme déterminée (5).

§ 5. — Stipulation d'inaliénabilité et d'insaisissabilité. — Remploi.

259. *Principe.* — Les parents ont souvent tendance à immobiliser les biens qu'ils donnent, soit pour en assurer la transmission aux héritiers des bénéficiai-

(1) Dijon, 21 janvier 1873, *J. N.*. 20620; — Albi, 6 avril 1897, *Rev. not.*, 9927; — Bordeaux, 15 janvier 1900, *Rev. not.*, 10594.

(2) Angers, 22 mars 1922, *Gaz. Pal.*, 22 juin 1922.

(3) Demolombe, XXIII, 128; — Bonnet, II, 461 et s.; — Aubry et Rau, § 706, texte et notes 1 *bis* et 13, et § 733, texte et note 6; — Baudry-Lacantinerie et Colin, II, 3622; — Planiol, III, 3375.

(4) Cass. req., 8 mai 1878, S. 78.1.395, D. 78.1.149, *J. N.* 21944.

(5) Demolombe, XX, 440 et s; — Aubry et Rau, § 699, texte et note 12.

res, soit seulement pour préserver ces derniers contre une dilapidation prématurée desdits biens.

Au contraire, le législateur a fait de la libre disposition des biens un attribut essentiel de la propriété (C. civ. 537, 544 et 1598). Et il est généralement admis, en économie politique, que toute inaliénabilité paralyse l'essor de la richesse publique.

Aussi, la jurisprudence commença-t-elle par annuler régulièrement toutes les clauses qui rendaient un bien inaliénable. Puis un revirement se fit peu à peu et l'on reconnut que dans certains cas, les donateurs pouvaient avoir de justes motifs pour restreindre les pouvoirs de disposition des donataires sur les biens donnés (1).

La question de principe n'est plus discutée aujourd'hui. Il ne subsiste de difficultés que sur les limites à assigner aux clauses d'inaliénabilité.

260. *Prohibition indéfinie d'aliéner.* — Toute prohibition d'aliéner absolue et indéfinie est nulle, et la clause qui la contient est réputée non écrite (2).

261. — La prohibition est considérée comme perpétuelle par rapport à celui à qui elle est imposée, si elle n'a d'autre limite que la durée de sa vie, lors même qu'elle concerne des libéralités faites à titre alimentaire (3).

262. — Doit de même être assimilée à la défense absolue d'aliéner la condition de ne pas détruire la maison donnée, même pour la rebâtir, et de la laisser intacte sans y faire aucun changement (4).

263. *Inaliénabilité temporaire.*— D'après la jurisprudence actuelle et l'opinion dominante en doctrine (5), la stipulation d'inaliénabilité est licite lorsqu'elle est temporaire et se justifie par un intérêt sérieux qui peut être indifféremment celui du donateur, ou celui du donataire ou même celui d'un tiers.

264. — Ainsi, elle est valable et doit produire effet :

1° Lorsqu'elle a pour objet de garantir un droit légitimement réservé par le donateur à son profit, comme un droit d'usufruit, d'usage ou d'habitation, une rente viagère ou un droit de retour (6) ;

2° Lorsqu'elle frappe des biens hypothéqués à la sûreté du service d'une rente viagère profitant à une tierce personne (7) ;

3° Et lorsqu'elle est stipulée dans l'intérêt du donataire et pour un temps relativement court, par exemple jusqu'à son mariage ou jusqu'à ce qu'il ait atteint un âge déterminé, pour le protéger contre son inexpérience ou sa prodigalité (8) ;

265. — L'interdiction d'aliéner pendant la vie du donateur est considérée comme temporaire par rapport au donataire, car celui-ci ne perd pas l'espoir de pouvoir jouir de la plénitude de son droit, s'il survit à son ascendant.

266. — La question de savoir si la défense d'aliéner a un caractère perpétuel

(1) Cass. civ., 20 avril 1858, S. 58.1.589, D. 58.1.154.

(2) Cass. req., 19 mars 1877, S. 77 1 203, D. 79.1.455, *J. N.* 21709 ; Cass. civ., 8 novembre 1897, D. 98.1.48. S. 00.1.499, *Rev. not.*, 9959 ; — Demolombe, XVIII, 278, 292 ; — Planiol, I, 2344 et III, 3042 ; — Colin et Capitant, I, p. 760, et III, p. 641.

(3) Cass. civ., 24 janvier 1899, S. 00.1.342, *J. N.* 26746, *Rev. not.*, 10253 ; — Aubry et Rau, § 692 texte et note 35 *quater*.

(4) Rennes, 22 novembre 1864, S. 65.2.97 ; — Demolombe, XVIII, 293 *bis*.

(5) Aubry et Rau, *op. cit*, texte et notes 33-34 ; — Demolombe, XVIII, 294 ; — Colin et Capitant, I, 760. — V. cep. Planiol, I, 2347.

(6) Cass. civ., 20 avril 1858 précité ; — Cass. civ., 22 juillet 1896, D. 98.1.17, S. 00.1.28, *J. N.* 26315, *Rev. not.*, 9696.

(7) Cass. req., 12 juillet 1865, S. 65.1.342, D. 65.1.475 ; — Cass., 16 mars 1903 et, sur renvoi, Amiens, 9 juillet 1903, S. 05.2.298. *J. N.* 28240.

(8) Cass. req., 18 avril 1901, S. 01.1 240 ; — Rouen, 5 mars 1905, S. 06.2.225.

ou si elle n'est que temporaire est une question de fait laissée à l'appréciation souveraine des cours et tribunaux (1).

267. *Étendue de l'interdiction.* — La prohibition d'aliéner emporte non seulement l'interdiction de vendre, mais elle a encore pour conséquence nécessaire celle d'hypothéquer ou de mettre en gage (2).

268. — Elle s'oppose également aux dispositions à titre gratuit par acte entre vifs (3).

269. — En ce qui concerne les dispositions par testament, il y a controverse.

D'après une opinion, la clause d'inaliénabilité n'implique pas la renonciation au droit pour le donataire de disposer des biens reçus, par acte de dernière volonté, à défaut de stipulation à cet égard (4).

Un autre système admet, au contraire, que la défense s'étend à tous les modes d'aliénation à titre gratuit, sans distinction (5).

Il est donc utile de préciser l'intention des parties à cet égard.

270. *Interdiction d'hypothéquer.* — Le donateur stipule parfois une simple interdiction d'hypothéquer les immeubles donnés, au lieu d'une prohibition d'aliéner. Cette stipulation est valable si elle est temporaire et a pour cause l'intérêt légitime soit du donateur, soit d'un tiers, soit du donataire lui-même, comme la clause d'inaliénabilité : mais elle ne rend pas les biens inaliénables et ne s'applique, en principe, qu'aux hypothèques conventionnelles (6). Toutefois, il peut résulter des termes de la stipulation ou encore des circonstances spéciales de la cause que l'intention du donateur a été d'interdire également les hypothèques légales et les hypothèques judiciaires : celles-ci deviennent alors impossibles (7).

271. *Effet de l'interdiction.* — La défense d'aliéner ou d'hypothéquer valablement attachée à une donation à titre de partage anticipé par acte entre vifs crée un état d'incapacité relative et momentanée, sanctionnée par la nullité des actes qui y contreviennent (8).

Elle ne s'étend pas aux autres biens du donataire, quand même ce dernier aurait conféré à l'ascendant, sur ces biens, un droit quelconque, par exemple un droit d'usufruit (9).

272. — La prohibition temporaire d'aliéner entraîne, en outre, l'insaisissabilité des biens donnés pendant la durée même de l'inaliénabilité. Le donateur en les frappant de cette condition a voulu, en effet, qu'ils fussent hors du commerce ; la stipulation serait illusoire si les donataires pouvaient donner indirectement à leurs créanciers la faculté de les aliéner (10).

273. — L'insaisissabilité, corollaire de l'interdiction d'aliéner, est opposable

(1) Cass. req., 22 juillet 1872, *J. N.* 20487.

(2) Demolombe, XVIII, 298 ; — Aubry et Rau, § 266, texte et note 36 *quater* ; — Guillouard, *Priv. et hyp.*, II. 986 ; — Paris, 9 mars 1903, S. 04.2.204, *J. N.* 28240.

(3) Douai, 28 janvier 1885 ; — Moulins, 17 mai 1893.

(4) Cass., 2 janvier 1838, *J. N.* 10140 ; — Beauvais, 12 mai 1922, *J. N.* 33244 ; — Amiens, 16 janvier 1923, S. 23.2.24.

(5) Paris, 15 avril 1858, *J. N.* 16308 ; — Rennes, 5 août 1873, *J. N.* 21247 ; — Toulouse, 16 janvier 1907, *Rép. not.*, 15189, *Rev. not.*, 13182 ; — Saint-Quentin, 19 juin 1907, *Rép. not.*, 15683 ; — Amiens, 28 janvier 1908, *Rép. not.*, 15.683 ; — Dijon, 27 janvier 1922.

(6) Cass., 24 avril 1894, D, 95.1.91 S. 95.1.276 ; — Guillouard, *op. cit.*, 985 ; Planiol, III, 3043 ; — V. cep. Rouen, 5 avril 1905 ; *J. N.*, 28737 ; — Montpellier, 26 décembre 1907.

(7) Douai, 2 juin 1892, sous Cass., 24 avril 1894 précité.

(8) Cass. civ., 11 juillet 1877, S. 77.1.443 ; — Paris, 26 janvier 1894, S. 92.2.93 ; — Paris, 9 mars 1903, S. 04 2.204, *J. N.* 28001.

(9) Douai, 6 février 1908, *J. N.* 29322, *Rev. not.*, 14024 ; — Ancenis, 7 décembre 1923, *Rép. not.* 20.666.

(10) Rennes, 22 mars 1862 et, sur pourvoi, Cass., 27 juillet 1864, D. 6.14.494.

aussi bien aux créanciers du donataire postérieurs à la donation qu'à ses créanciers antérieurs, il ne saurait être pris sur les immeubles partagés, même après l'expiration de la période d'inaliénabilité, une inscription d'hypothèque judiciaire pour l'exécution de créances nées avant ou pendant cette période (1).

274. *Exercice de l'action en nullité.* — La nullité de la vente ou de l'hypothèque faite contrairement à la défense imposée doit être demandée en justice ; l'instance peut être introduite par l'ascendant ou le tiers bénéficiaire, mais non par le donataire ni par ses créanciers (2).

275. *Renonciation.* — Le donateur a toujours la faculté de relever le donataire de l'interdiction d'aliéner ou d'hypothéquer et même de renoncer purement et simplement à cette interdiction (3).

276. *Partage conjonctif.* — En cas de partage conjonctif, la prohibition d'aliéner faite par les père et mère s'applique séparément sur les biens donnés par chacun d'eux. Elle cesse, en principe, d'avoir effet au décès du premier mourant pour les biens provenant du chef de celui-ci ; pour qu'il en soit autrement, il faut que la stipulation ait été édictée jusqu'au décès du survivant dans le but de garantir les avantages usufructuaires ou viagers à lui consentis (4).

277. *Consentement du donateur. Obligation de remploi.* — Au lieu d'interdire toute aliénation, l'ascendant peut prescrire que les donataires n'auront la faculté de vendre qu'avec son assentiment, ou à la charge de remploi. Ces clauses sont parfaitement licites (5) ; mais elles ne mettent pas obstacle aux actes de disposition par testament (6).

278. *Droit de préférence.* — Il ne faut pas assimiler à la prohibition d'aliéner d'autres conditions qui, bien qu'apportant une gêne aux droits des donations, n'entraînent point les inconvénients économiques de l'inaliénabilité et, par suite, ne sont pas défendues. Il en est ainsi, par exemple, de la stipulation d'après laquelle un donataire qui voudra vendre sa part devra la proposer aux autres enfants et leur donner la préférence à égalité d'offres. Cette stipulation ne donne aux copartagés qu'une action personnelle qui, aux termes de l'article 1142 du Code civil, doit se résoudre en dommages et intérêts en cas d'inexécution par l'obligé (7).

279. *Clause d'insaisissabilité.* — On rencontre parfois une clause d'insaisissabilité isolée. D'après l'opinion dominante, cette clause frappe les immeubles comme les meubles, mais elle ne les rend pas inaliénables et elle n'est opposable qu'aux créanciers antérieurs (8). Toutefois, il a été jugé que si la stipulation s'applique à des immeubles et a lieu dans l'intérêt exclusif du donateur, comme dans l hypothèse où celui-ci s'est réservé la jouissance desdits biens, leur insaisissabilité est opposable aux créanciers postérieurs ainsi qu'aux créanciers antérieurs (9).

280. — Il va sans dire que si la stipulation doit continuer ses effets après la

(1) Cass. civ., 23 mars 1898, S. 02.1.518 ; — Cass. req., 11 juin 1913, *J. N.* 30748 ; — Planiol, consult. au Rec. Rouen, 1905, p. 43 ; — Contra : Paris, 9 mars 1903 précité ; — Demolombe, XVIII, 311 ; — Aubry et Rau, § 692, texte et note 40 *bis*.

(2) Cass., 27 novembre 1893, S. 94.1.349, D. 94.1.566.

(3) Cass. civ., 20 mars 1907, S. 11.1.150.

(4) Cass. req., 22 juillet 1872, *J. N.*, 20487 ; — Rennes, 5 avril 1873, *J. N.*, 20487.

(5) Cass., 21 juillet 1868, *J. N.*, 19400 ; — Demolombe, XVIII, 294.

(6) Seine, 18 février 1914, *J. N.*, 38904.

(7) Aubry et Rau, § 692, texte et note 40 *quinquies*.

(8) Cass., 10 mars 1852, S. 52.1.346 ; — Cass. civ., 20 décembre 1864 et, sur renvoi, Toulouse, 4 mars 1867, S. 65.1.9 et 67.2.351, D. 65.1.24 et 67.2.61 ; — Cass., 12 avril 1892, S. 93.1.513, D. 93.1.19, *J. N.*, 25407.

(9) Cass., 27 juillet 1863, S. 53.1.465 ; — Toulouse, 6 juillet 1883.

mort du donateur, elle ne peut plus dès lors porter que sur les biens faisant partie de la quotité disponible.

281. *Conseils pratiques.* — Pour prévenir toute difficulté, il est nécessaire que le notaire appelé à insérer l'une ou l'autre des clauses dont il vient d'être parlé explique les droits et les obligations qu'elles entraînent et fasse exprimer ensuite aux parties les modes de disposition qu'elles entendent proscrire.

Enfin si le donateur désire avoir la faculté de reprendre les biens donnés, en cas de prédécès des donataires, il devra, même s'il a édicté une prohibition d'aliéner, stipuler une réserve expresse du droit de retour qui produit un avantage plus sûr à cet égard que l'inaliénabilité (1).

§ 6. — Clause pénale.

282. *But.* — La clause pénale est une stipulation par laquelle l'ascendant édicte une sanction contre l'enfant qui attaquerait le partage, par exemple en le privant de telle somme ou de tout ou partie de sa part dans la quotité disponible. Elle tend à astreindre plus étroitement les donataires à l'exécution des conventions arrêtées entre eux et leur auteur.

283. *Valeur.* — Sa valeur n'est pas absolue. Tantôt elle est licite et doit recevoir son exécution, tantôt elle est nulle et de nul effet, ainsi qu'on le verra.

284. *Partage valable.* — Elle est valable lorsqu'elle est attachée à un partage qui lui est lui-même valable. Elle cherche alors à prévenir des critiques irréfléchies ou mal fondées. Il est de bon sens et de simple justice que l'enfant qui succombe dans une action injustement formée contre la donation supporte la peine de la faute qu'il a commise en attaquant les dispositions qu'il aurait dû respecter (2).

285. *Partage annulable.* — Lorsque le partage est entaché d'une cause quelconque de nullité ou de rescision, il faut distinguer :

La clause est nulle et de nul effet, d'après le système qui avait déjà cours dans notre ancien droit (3) et qui est presque unanimement admis aujourd'hui (4), si elle a pour but de couvrir une cause de nullité intéressant l'ordre public ou l'intérêt supérieur de la société. Elle est valable, au contraire, lorsqu'elle tend à protéger une dérogation à des dispositions légales qui ne concernent que l'intérêt privé des parties.

286. *Pluralité de dispositions licites et illicites.* — Lorsque plusieurs dispositions sont sanctionnées par une même clause pénale et que les unes sont illicites et les autres licites, la clause, nulle quant aux dispositions illicites, est valable et produit effet quant aux autres (5).

287. *Appréciation des tribunaux.* — La détermination des cas où la clause pénale doit être réputée nulle comme touchant à l'ordre public ou licite comme ne concernant que des intérêts privés est une question de fait ; son appréciation appartient aux juges (6).

(1) Planiol, I, 2345 et III, 2617 ; — Nancy, 24 décembre 1869, S. 72.2.57.
(2) Genty, 179 ; — Bonnet, I, 396 ; — Demolombe, XXIII, 61.
(3) Guy Coquille, *Cout. du Nivernais*, art. 17, Des Successions.
(4) Réquier, 78 ; — Demolombe, XXIII, 62 ; — Aubry et Rau, § 692, texte et notes, 24 et s., 31 et s. ; — Baudry-Lacantinerie et Colin, II, 3767 ; — Planiol, III, 3395 ; — Cass. req., 11 juillet 1883, D. 83.1.444, S. 84.1.323, *Rev. not.*, 6747.
(5) Cass. civ., 2 août 1869. *Rev. not.*, 2538.
(6) Demolombe, *op. cit.*, 63.

288. *Cas d'intérêt public.* — En matière de partage d'ascendant, sont considérées comme étant d'ordre public :

1° Les formes solennelles auxquelles ces actes sont soumis (C. civ., 1076);

2° Les prescriptions relatives à la réserve légale (C. civ., 1079);

3° Et la condition que le partage ait lieu entre les descendants se trouvant héritiers au décès du donateur (C. civ., 1078).

Toute clause pénale qui serait insérée dans le but de protéger un acte fait en violation de l'une ou de l'autre de ces prescriptions devrait donc être réputée non écrite.

289. *Cas d'intérêt privé.* — Au contraire, il est admis que n'offrent pas le caractère d'ordre public les prescriptions légales relatives à la lésion de plus du quart, sans atteinte à la réserve (1), ni celles concernant l'uniformité de la composition des lots (2).

Dans ces deux cas, la clause pénale doit recevoir son entière exécution.

290. — Il en est encore de même lorsqu'elle tend à protéger un partage fait par voie d'attribution par l'ascendant survivant tant de ses biens que de ceux de son conjoint prédécédé, encore qu'il existe un mineur parmi les descendants (3).

291. *Effet.* — La contestation élevée en justice par l'un des donataires et tendant à faire annuler les dispositions de l'acte comme entachées d'une cause de nullité d'ordre public n'entraîne l'application de la clause pénale que si ce donataire vient à succomber (4).

Au contraire, toute contestation pour une cause d'intérêt privé donne lieu à application de la clause, même si le contestant réussit à faire annuler les stipulations critiquées (5).

292. — Lorsqu'elle est encourue, la clause pénale doit recevoir son entière exécution ; il en est ainsi même à l'égard de celui qui était mineur à l'époque du partage (6).

293. *Qui peut s'en prévaloir.* — L'exécution de la condition ne peut être réclamée que par ceux qui y ont intérêt, c'est-à-dire ceux appelés à bénéficier de la pénalité encourue par le contrevenant. Ainsi, la veuve commune, bien que donataire en usufruit de son mari, n'a pas qualité pour demander l'application de la clause d'un partage anticipé fait par son conjoint décédé et portant que celui des donataires qui attaquera l'acte sera privé de la portion disponible, car cette portion ne doit accroître qu'à ceux des héritiers qui respectent le partage (7).

§ 7. — Droit de retour conventionnel.

294. *But.* — Le désir des donateurs est généralement que les biens dont ils se dépouillent ne passent pas en des mains étrangères si l'enfant gratifié ou ses descendants viennent à mourir avant eux. Le législateur a sanctionné la légitimité de ce désir en leur permettant de stipuler un droit de retour conventionnel, c'est-à-dire le droit de reprendre les biens donnés en cas de prédécès soit du

(1) Chambéry, 8 juillet 1873, S. 74.2.12; — Aubry et Rau, § 692, texte et note 31 *bis*.
(2) Cass. req., 26 juin 1882, S. 83.1.118, *Rev. not.*, 6591; — Cass., 30 avril 1890, S. 93.1.142; — Cass., 16 novembre 1893, S. 96.1.20.
(3) Cass., 1er mars 1831, S. 31.1.100; — Douai, 7 décembre 1871, S. 73.2.305; — Aubry et Rau, § 692, texte et notes 31 *quater* ; — Bonnet, I, 389; — V. cep. Bernay, 15 mai 1882, *Rev. not.*, 6551.
(4) Cass. req., 9 janvier 1872, S. 72.1.107; — Cass. req., 29 juin 1910, S. 13.1.33.
(5) Cass civ., 4 mai 1903, S. 08.1.190, *Rev. not.* 12015; — Aubry et Rau, *op. cit.*, texte et note 32.
(6) Besançon, 16 février 1846, S. 47.2.267, D. 47.2.127.
(7) Amiens, 9 décembre 1847, P. 48.1.699.

donataire sans postérité, soit du donataire et de ses descendants eux-mêmes (C. civ. 951).

295. *Stipulation.* — Le droit de retour conventionnel ne se présume pas dans les partages d'ascendants (1); il doit être stipulé. Mais la loi n'impose aucune formule spéciale (2). Il pourrait même résulter implicitement de l'ensemble des conditions de l'acte (3). Il a été jugé à cet égard que la stipulation d'inaliénabilité équivaut à une stipulation de retour conventionnel, si les circonstances la font paraître comme traduisant ainsi la véritable intention des parties (4).

296. *Bénéficiaires.* — Le droit de retour ne profite qu'aux donateurs seuls. La stipulation au profit de ses héritiers ou de quelques-uns d'eux serait nulle et réputée non écrite (5).

297. *Etendue.* — La clause de retour constitue une dérogation aux règles ordinaires; elle doit s'interpréter strictement. Mais il peut lui être donné plus ou moins d'extension, selon que l'exercice du droit est subordonné au décès d'une ou plusieurs personnes.

298. — Si la réserve a été faite pour le cas de prédécès de l'un des donataires sans postérité, l'existence d'enfants au décès du donataire éteint définitivement le droit de retour, encore que ces enfants viendraient à décéder eux-mêmes avant le donateur, ou renonceraient à la succession de leur père (6).

299.— Lorsqu'elle a été stipulée pour le cas de prédécès de l'un des donataires et de ses enfants, le droit de retour ne s'ouvre que par le décès, avant le donateur, du donataire et de tous ses enfants et descendants. Et l'expression « enfants et descendants » englobe les enfants légitimes et les enfants légitimés qui leur sont assimilés, sans qu'il y ait à distinguer si la légitimation est antérieure ou postérieure à la libéralité; mais elle ne s'étend pas de droit aux enfants adoptifs et naturels. Il est généralement admis que ceux-ci ne font obstacle au retour que si leur adoption ou leur reconnaissance ont eu lieu avant la donation et étaient dès lors connues du donateur (7).

300. — En matière de partage d'ascendant, il faut s'abstenir de stipuler le retour seulement « pour le cas de décès de l'un ou l'autre des donataires », car le droit s'ouvrirait par le seul fait du prédécès du donataire, encore qu'il laisserait des descendants (8), et ceux-ci venant ensuite à la succession du donateur, par représentation de leur père auraient le droit d'attaquer le partage pour obtenir leur part d'héritage.

301. *Effets.* — La stipulation du droit de retour constitue une condition résolutoire expresse, qui produit effet non seulement contre le donataire, mais même contre les tiers, par le seul prédécès de la personne ou des personnes dont la survie aurait fait échec à son exercice. La propriété des biens donnés fait retour au donateur qui peut avoir à engager de ce chef une action personnelle en restitu-

(1) Aubry et Rau, § 700, texte et note 6; — Demolombe, XX, 513.

(2) Planiol, III, 2617.

(3) Orléans, 10 février 1892, D. 93.2.82.

(4) Cass. req., 2 mars 1887, D. 87.1.204; — Cass. req., 7 mars 1892, D. 92.1.208, S. 92.1.456; — Dijon, 27 janvier 1922; — Amiens, 16 février 1923, *Gaz. Trib.* 24 février 1923; — V. cep. Nancy, 24 décembre 1869, S. 72.2.57; — Laurent, XII, 463; — Cp. Planiol, I, 2345 et note.

(5) Demolombe, XVIII, 111; — Baudry-Lacantinerie et Colin, I, 1505.

(6) Demolombe, XX, 498 et s.; — Aubry et Rau §, 700, texte et notes 9-10; — Baudry-Lacantinerie et Colin, I, 1499.

(7) Aubry et Rau, § 700, texte et notes 11 à 13; — Demolombe, XX, 509; — Baudry-Lacantinerie et Colin, I, 1501; — Planiol, III, 2620.

(8) Baudry-Lacantinerie et Colin, I, 1496; — Planiol, *loc. cit.*; — Cass. req., 10 novembre 1875, S. 76.1.16, D. 77.1.480.

tion contre la succession du donataire ou une action en revendication contre les tiers détenteurs (1).

302. — L'effet résolutoire du droit de retour a pour conséquence de résoudre les aliénations consenties par le donataire ou ses enfants et de faire revenir les biens au donateur, francs et quittes de toutes charges et hypothèques (C. civ., 952). Tel est du moins le principe qui n'est pas sans souffrir quelques tempéraments.

303. — Le donateur a droit à la reprise en nature des meubles corporels qui sont encore aux mains du donataire et à la valeur au moment où s'ouvre le retour, de ceux qui ont passé aux mains d'un tiers de bonne foi (C. civ., 2279).

304. — Il ne peut exercer la reprise en nature des valeurs mobilières que si elles ont été immatriculées avec la mention de la clause de retour (2).

305. — Les immeubles sont atteints par la revendication en quelques mains qu'ils se trouvent, car les tiers ont dû connaître la clause par la transcription du titre de leur auteur. Le donateur n'est tenu au remboursement des impenses faites que jusqu'à concurrence de la plus value (3) ; mais il doit respecter les actes d'administration faits par les détenteurs, notamment les baux, quelle que soit leur durée, pourvu qu'ils aient été sans fraude (4).

306. *Fruits.* — Le donateur n'a droit aux fruits et revenus de la chose donnée que du jour où s'est ouvert le droit au retour, si la chose se retrouve en nature, ou du jour de la demande, si elle est revendiquée contre un tiers acquéreur (5).

307. *Prescription.* — L'action en restitution des biens donnés qui appartient au donateur contre la succession du donataire se prescrit par trente ans à compter du jour de l'ouverture du droit de retour. L'action en revendication qui lui compète contre les tiers détenteurs se prescrit en principe par trente ans, car ceux-ci ont dû connaître la clause de retour par la transcription du titre de leur auteur, de sorte qu'ils sont rarement de bonne foi, et le délai de prescription semble ne devoir courir qu'à partir du jour de l'ouverture du droit de retour (6).

308. *Renonciation avant l'ouverture du droit.* — Le donateur a la faculté de renoncer au droit de retour avant l'ouverture du droit. Cette réserve n'a été faite qu'en sa faveur ; rien ne s'oppose à ce qu'il y renonce ensuite. Cette renonciation peut être expresse ou tacite (7).

309. — Une opinion voit dans la renonciation expresse une simple libération des biens donnés et, partant, ne la soumet à aucune forme solennelle.

Selon un autre système, elle constitue, au contraire, une nouvelle libéralité qui se surajoute à la première, parce qu'elle élargit et consolide les droits du donataire en faisant disparaître la condition qui les affectait.

En présence de cette controverse, il est prudent de recevoir l'acte de renonciation en présence d'un second notaire ou de deux témoins (8).

310. — La renonciation résulte tacitement du concours apporté par le donateur à la vente du bien donné faite par le donataire ; c'est une conséquence naturelle de l'obligation de garantie prise ainsi par lui.

(1) Aubry et Rau, § 700, texte et note 24; — Baudry-Lacantinerie et Colin, I, 1511; — Planiol, III, 2621-2622.
(2) Lyon, 8 juillet 1892.
(3) Limoges, 27 juin 1898.
(4) Baudry-Lacantinerie et Colin, I, 1532; — Planiol, III, 2624.
(5) Cass. civ., 7 janvier 1868, S. 68.1.150, D. 68.1.123; — Seine, 9 juin 1899.
(6) Planiol, III, 2626; — V. cep. Aubry et Rau, § 700, texte et note 24.
(7) Aubry et Rau, *op. cit.*, texte et notes 16-17.
(8) Amiaud, *Tr. form.*, V° Renonciation, 40; — *Encyc. du not.*, V° Retour conv., 6.

Mais le concours du donateur à une simple affectation hypothécaire de l'immeuble donné n'emporte pas renonciation au droit de retour. Dans ce cas, en effet, le donateur conserve le droit de reprendre cet immeuble, sauf à supporter la charge qu'il a autorisée (1).

311. *Renonciation après l'ouverture du droit.* — Une fois la condition accomplie, la propriété du donataire se trouve rétroactivement résolue; la donation est considérée comme n'ayant jamais eu lieu. Par suite, le donateur ne saurait, par une simple renonciation, confirmer, sur la tête des ayants cause du donataire, une propriété qui n'a jamais appartenu à leur auteur. Il peut simplement leur en faire une nouvelle donation.

312. *Conseil pratique.* — La prudence recommande d'éviter, en matière de droit de retour, les stipulations incertaines ou ambiguës. Il importe de traduire le plus clairement possible la volonté des parties sur ce point, afin de prévenir toute difficulté ultérieure et que, sous prétexte d'interprétation des clauses de l'acte, le donataire ne subisse pas un jour un retour qu'il n'attendait pas, ou que le donateur ne se voie pas refuser le retour sur lequel il comptait. Le mieux est de toujours recourir à une clause spéciale et d'employer les termes mêmes de la loi.

Suivant les circonstances, il pourra être utilement ajouté une obligation d'emploi et de remploi des valeurs et créances.

§ 8. — Donation d'excédents de lots.

313. *Utilité.* — En prévision de cas où les lots seraient de valeur inégale et pour prévenir les conséquences qui pourraient en résulter (V. ci-après, n° 561), il est d'usage de faire consentir par le donateur une donation par préciput de tout excédent de valeur de lot au profit de celui ou de ceux des enfants qui seraient appelés à en bénéficier. Ainsi l'enfant qui se trouverait avantagé ne le sera pas par l'effet du partage, mais en vertu d'une donation préciputaire.

314. *Effets.* — L'enfant qui s'estimerait lésé n'a plus à sa disposition, dans ce cas, que l'action en réduction pour atteinte à la réserve (2). Mais si le partage vient à être annulé pour une cause quelconque, la donation d'excédent de lots tombe avec lui, car cette stipulation n'a pour but, en fait, que d'assurer l'exécution de partage et en forme une des clauses constitutives (3).

315. — Toutefois, il en serait autrement s'il était démontré que l'inégalité des lots a été intentionnelle, qu'elle a eu lieu dans le but manifeste d'avantager l'un des enfants au détriment des autres, car on se trouverait alors en présence d'une donation spéciale, valable à concurrence de la quotité disponible (4).

§ 9. — Dispositions préciputaires.

316. *Validité.* — L'ascendant en faisant usage du partage anticipé, peut stipuler, dans les limites de la quotité disponible, des avantages particuliers soit au profit d'un ou de plusieurs des enfants, soit même au profit de tiers. Dans ce

(1) Demolombe, XX, 519; — Aubry et Rau, § 700, texte p. 304; — Baudry-Lacantinerie et Colin, I, 1534.

(2) Réquier, 188; — Demolombe, XXIII, 44; — Planiol, III, 3389; — Montpellier, 6 mars 1871, D. 71.2.252.

(3) Réquier, 205; — Genty, 82; — Demolombe, XXIII, 242; — Aubry et Rau, § 728, note 13; Chambéry, 23 juillet 1873, S. 74.2.43, *J. N.* 20864.

(4) Réquier, 206; — Agen, 16 février 1857, S. 57.2.193.

cas, il y a partage anticipé pour partie et donation simple pour les biens donnés hors part(1)

317. *Stipulation.* — Il importe de bien préciser les biens sur lesquels porte la libéralité préciputaire. La donation de la quotité disponible non limitée aux biens compris dans l'acte serait nulle (2), car une telle donation comprendrait tout à la fois des biens présents et des biens à venir, puisque cette quotité serait calculée, lors du décès du donateur, sur le montant de sa succession. Or, le partage d'ascendant par acte entre vifs ne peut avoir pour objet que les biens présents de l'ascendant.

318. *Efficacité.* — L'efficacité des avantages particuliers consentis dans l'acte n'est pas subordonnée à celle du partage lui-même, s'ils forment des dispositions indépendantes (V. ci-dessus, nos 169 et s., et ci-après, n° 448).

§ 10. — Interdiction de demander compte.

319. *Pacte sur succession future.* — La clause qui interdirait aux donataires, dans un partage fait par les père et mère, de demander compte au survivant de ceux-ci, des sommes, créances ou valeurs mobilières pouvant dépendre de la communauté d'entre eux ou de la succession du prémourant, constituerait un pacte sur succession future et, partant, serait nulle (3).

320. *Compte de tutelle.* — De même serait nulle la renonciation par un enfant de demander au donateur son compte de tutelle C. civ., 472).

321. *Compte d'administration.* — Au contraire, l'interdiction de demander compte de la gestion et de l'administration par l'ascendant survivant qui consent le partage, des biens indivis entre lui et les donataires, est parfaitement licite.

322. *Biens dotaux aliénés.* — Il peut aussi être stipulé que les donataires ne devront pas inquiéter le donateur ni les tiers détenteurs à raison d'aliénations qui auraient été faites sans remploi d'immeubles dotaux de la mère depuis décédée (4).

§ 11. — Substitution.

323. *Définition.* — On appelle substitution fidéicommissaire et. par abréviation, substitution tout court, la disposition par laquelle l'auteur d'une libéralité grève la personne gratifiée de la charge de conserver pendant sa vie les biens donnés pour les transmettre à ses enfants. Il faut donc : 1° deux libéralités devant produire successivement leur effet ; 2° la charge de conserver et de rendre imposée au « grevé » ; 3° et l'ouverture, par la mort de ce dernier, du droit des « appelés. »

324. *Cas.* — Le législateur n'a permis la substitution qu'à titre exceptionnel et sous diverses conditions formelles (C. civ., 1048 et s.). Les père et mère qui procèdent à un partage anticipé de leurs biens peuvent y recourir, mais non les autres ascendants (5), et, pour être valable, la disposition doit être faite au profit de tous les enfants du grevé, nés et à naître au premier degré, sans exception ni préférence d'âge ou de sexe (C. civ., 1050).

325. *Filiation naturelle.* — La faculté de substituer appartient au père natu-

(1) Demolombe, XXII, 706 ; — Baudry-Lacantinerie et Colin, II, 3499 et s.
(2) Réquier. 78 et 106 : — Baudry-Lacantinerie et Colin, I, 760.
(3) Paris, 20 février 1884.
(4) Rouen, 22 mai 1839, S. 39.2.453.
(5) C. civ., 1048 ; — Cass., 29 juin 1853, D. 53.1.283, S. 53.1.520 ; — Aubry et Rau, § 696, texte et note 3.

rel tout aussi bien qu'au père légitime (1). Mais la charge de conserver et de rendre ne peut être imposée au grevé qu'en faveur de ses enfants légitimes ou légitimés et non au profit de ses enfants naturels, car ceux-ci ne font pas partie de la famille du disposant (2).

326. *Stipulation.* — Aucun terme sacramentel n'est exigé. Il suffit que l'intention du donateur soit manifeste. En cas de clause obscure ou ambiguë, il appartient aux juges du fond de l'interpréter.

327. *Etendue.* — La substitution ne peut frapper que les biens dont le donateur a la libre disposition. Si elle portait atteinte à la réserve des donataires, elle ne serait pas nulle pour le tout, mais seulement réductible à concurrence de la quotité disponible (3).

328. *Tuteur à substitution.* — Dans toute substitution, il doit y avoir un tuteur chargé, sous sa responsabilité, de veiller à l'exécution de la substitution. Ce tuteur peut être nommé par le donateur soit dans le partage, soit par acte postérieur passé en la forme solennelle (C. civ., 1055). A défaut par le disposant d'avoir désigné ce tuteur, le grevé est tenu d'en faire nommer un dans le délai d'un mois à compter du décès du donateur, sous peine d'être déchu du bénéfice de la disposition (C. civ., 1056-1057).

329. *Publicité.* — La substitution doit être transcrite, si elle porte sur des immeubles, et mentionnée en marge des inscriptions lorsqu'elle comprend des placements hypothécaires ou privilégiés (C. civ., 1069), afin que les tiers soient avertis de la nature du droit de propriété du grevé.

330. *Droits du grevé.* — Jusqu'à l'ouverture de la substitution, le grevé est propriétaire des biens substitués ; il peut les vendre, les hypothéquer ou échanger, sauf résolution au profit des appelés, lorsque ceux-ci recueillent la substitution. C'est-à-dire que les tiers ne peuvent acquérir du grevé que les droits frappés de précarité et qu'il est dangereux de traiter avec lui (4).

331. *Substitution nulle.* — Toute autre substitution que celle permise qui serait stipulée serait nulle, d'une nullité absolue, fondée sur des motifs d'ordre public et que rien ne pourrait réparer. La clause pénale qui aurait pour but d'en assurer l'exécution serait nulle comme la disposition qu'elle garantirait (5).

332. *Conseil pratique.* — La substitution n'a guère d'utilité pratique appréciable et sérieuse que pour les familles peu nombreuses ou très riches, par ce fait qu'elle ne peut s'étendre au-delà de la quotité disponible.

Il est souvent préférable de recourir à des combinaisons moins compliquées et aussi sûres. Ainsi, on peut, suivant les circonstances, arriver à un résultat sensiblement identique au moyen d'une donation conditionnelle ou résolution, ou encore au moyen d'une donation en usufruit au descendant dont on redoute la prodigalité, et en nue propriété à ses enfants, avec interdiction d'aliéner pour ces derniers pendant la vie de leur père. Ce dernier procédé est surtout à employer lorsque le donataire dont on veut restreindre les pouvoirs de disposition est une femme pour laquelle l'âge ne permet plus d'avoir à craindre de nouvelles maternités : dans ce cas, en effet, on est sûr que l'égalité existera entre ses enfants.

(1) Aubry et Rau, *op. cit.*, texte et note 4 ; — Cass. civ., 2 mai 1888, S. 88.1.217, *Rev. not.*, 8080 ; — Contra : Demolombe, XXII, 412.

(2) Cass. req., 21 juin 1815, S. 15.1.408 ; — Aubry et Rau, *op. cit.*, texte et note 14 ; — Demolombe, XXII, 423.

(3) Paris, 4 mai 1899, D. 00.2.403, *Rev. not.*, 10321.

(4) Planiol, III, 3317 et s.

(5) Planiol, III, 3287-3288.

§ 12. — Exclusion de communauté ou de dotalité.

334. — L'ascendant donateur peut stipuler que les valeurs par lui données à ses enfants ou à l'un d'eux, mariés sous le régime de la communauté légale, n'entreront pas dans cette communauté, mais au contraire leur resteront propres. Cette clause doit produire effet sous la seule restriction de ne pas entamer la réserve à laquelle les donataires auront droit dans la succession du donateur (1).

335. — De même, il peut être stipulé dans les limites de la quotité disponible que les biens donnés à une femme dotale ne seront pas frappés de dotalité, alors même que la femme se serait constitué en dot tous ses biens à venir (2).

(1) Rodière et Pont, I, 545 ; — Aubry et Rau, § 507, texte et note 20 ; — Baudry-Lacantinerie, Le Courtois et Surville, I, 464 ; — Planiol et Ripert, VIII, 180 182 ; — Guillouard, I, 403 ; — Cass. civ., 6 mai 1885, S. 85.1.289, D. 85.1.369, *Rev. not.*, 7132.

(2) Guillouard, IV, 1737 ; — Planiol, III, 1502 ; — Cass., 16 mars 1846, D. 46.1.368, D. 47.1.157.

CHAPITRE VII. — Effets du partage

336. — Deux périodes sont à considérer pour déterminer les effets du partage d'ascendant par acte entre vifs : le temps qui s'écoule entre la donation et le décès du donateur, et le temps qui suit ce décès.

§ 1er. — Pendant l'existence du donateur.

337. *Division.* — Pendant l'existence du donateur, il y a lieu d'envisager les conséquences que le partage entraîne dans les rapports de l'ascendant avec les donataires, dans les rapports des donataires entre eux et dans les rapports des parties avec les tiers.

1° *Rapports entre l'ascendant et les donataires.*

338. *Principe.* — A l'égard des parties, le caractère prédominant du partage entre vifs est celui de la donation : il dépouille immédiatement et irrévocablement l'ascendant de la propriété des biens donnés (1).

339. — Par suite, le donateur ne peut plus aliéner les biens dont il s'est dépossédé. S'il vendait ou hypothéquait, par exemple, les immeubles donnés, une fois la donation acceptée et avant sa transcription, les donataires pourraient l'actionner en dommages-intérêts (2).

340. *Garantie.* — Comme tout donateur, l'ascendant est tenu de l'obligation de garantie, à raison des troubles et évictions que les donataires pourraient encourir. Mais comme il ne reçoit aucun équivalent de la chose donnée, il est présumé la donner comme elle lui appartient et en tant qu'elle lui appartient. A défaut de stipulation expresse, il ne répond que de son fait personnel (3).

341. *Absence de privilège.* — A raison de la nécessité des charges qui accompagnent généralement la donation, il semblerait naturel que le donateur eût un privilège sur les biens par lui donnés. Aussi une certaine opinion a-t-elle essayé de faire admettre que l'ascendant peut du moins se prévaloir du privilège du vendeur prévu par l'article 2103, § 1er, du Code civil, car, dit-elle, il y a vente, dans un certain sens, de la partie des immeubles qui trouve sa contre-valeur dans les charges imposées, et donation seulement pour le surplus (4).

Mais les privilèges sont de droit étroit ; ils ne peuvent être étendus par analogie. Si, en fait, les charges stipulées sont égales ou supérieures à la valeur des immeubles donnés, on ne se trouve plus en présence d'une véritable donation, mais bien d'une vente déguisée (5), et le donateur est alors assimilé au vendeur

(1) Réquier, 83 ; — Baudry-Lacantinerie et Colin, II, 3617 ; — Cass., 4 février 1845, S. 45.1.305, D. 45.1.49

(2) Demolombe, XX, 550 ; — Aubry et Rau, § 705, texte et note 10.

(3) Cf. Bonnet, II, 457.

(4) P. Pont, I, 188 ; — Baudry-Lacantinerie et de Loynes, I, 581 ; — Bordeaux, 19 décembre 1840, D. 41 2.184 ; — Bordeaux, 10 avril 1845, S. 47.2.166.

(5) Cass. req., 21 décembre 1877, S. 78.1.412, *J. N.*, 24104.

et peut, en conséquence, réclamer le privilège de l'article 2103. Il en est autrement si l'acte conserve réellement son caractère de donation ; dans ce cas, les charges ne sont qu'une condition de la libéralité et n'en modifient pas la nature. Par suite le donateur ne peut se prévaloir d'un privilège que le législateur ne lui a pas accordé (1) ; il jouit seulement de l'action révocatoire pour cause d'inexécution des conditions ou pour cause d'ingratitude, ainsi qu'on le verra sous le chapitre VIII ci-après.

342. *Désistement de l'hypothèque légale de la femme du donateur.* — Lorsque l'ascendant donateur est marié, il importe que sa femme se désiste des effets de son hypothèque légale sur les immeubles compris dans la donation. En principe, le concours de sa femme emporte renonciation tacite à son hypothèque légale en faveur des donataires ; mais comme ce concours peut être aussi motivé pour une autre cause, il est prudent de toujours mentionner le désistement en termes exprès (2).

343. — Si la femme est incapable de renoncer à son hypothèque légale, par exemple si elle est dotale, il y a lieu de remplir les formalités de purge pour consolider les droits des donataires (3).

344. *Droits et obligations en cas de réserve d'usufruit.* — L'ascendant qui se réserve la jouissance des biens qu'il donne est soumis aux règles générales qui régissent les droits et obligations de l'usufruit. Spécialement il doit, sauf convention contraire, se conformer aux prescriptions des articles 1429 et 1430 du Code civil pour la durée des baux qu'il consent et pour les époques de leur renouvellement (V. ci-après nos 383 et s.).

345. *Prédécès d'un donataire.* — En cas de prédécès d'un des donataires, le partage continue à subsister. Si ce donataire laisse des enfants, ceux-ci prennent ses lieu et place ; si, au contraire, il n'a pas de postérité, les biens qui ont formé son lot et qui se retrouvent, font retour à l'ascendant, à titre de succession anomale (4).

346. *Ibid. Exercice du droit de retour légal.* — Le droit de retour légal s'exerce sur les biens donnés qui existent en nature dans la succession du donataire ou sur le prix de ceux qui ont été aliénés, lorsque ce prix est encore dû. Il est impossible si le donataire a disposé desdits biens à titre onéreux ou à titre gratuit, même par testament (5).

347. — Il y a controverse sur le point de savoir si le droit de retour permet de prendre la chose qui a été reçue par le donataire décédé en échange de celle donnée. Mais la négative est plus généralement admise (6).

348. *Ibid. Exercice du droit de retour en cas de partage conjonctif.* — Si les deux ascendants qui ont procédé ensemble au partage de leurs biens survivent, chacun d'eux reprend les biens donnés par lui. Si l'un d'eux est prédé-

(1) Aubry et Rau, § 263, note 16 ; — Demolombe, XX, 576 ; — Guillouard, II. 468 ; — Paris, 11 mai 1886, S. 88 2. 110, *J. N.* 23661, *Rev. not.* 7374 ; — Bordeaux, 22 juillet 1890, *J. N.* 24606, *Rev. not.*, 8460.

(2) C. civ., 943 ; — Bourges, 31 juillet 1899, S. 00 2. 206.

(3) C. civ., 2181 et 2193 ; — Cf., Cass., 26 novembre 1895, S. 96.1.73, D. 96.1.313.

(4) C. civ., 747 ; — Orléans, 25 juillet 1863, D. 63. 2. 143 ; — Angers, 18 décembre 1878, D. 79. 2. 172 ; — Poitiers, 28 décembre 1880, D. 81. 2. 174 ; — Rennes, 3 novembre 1893, D. 94. 2. 39, S. 95. 2. 147, *Rev. not.*, 9113.

(5) Cass. civ., 16 mars 1830, S. 30. 1. 121 ; — Douai, 6 mai 1879, S. 80. 2. 1 ; — Demolombe, XIII, 480 ; — Aubry et Rau, § 608, texte et notes 44 et s.

(6) Laurent, IX, 192 ; — Demolombe, XIII, 451 ; — Baudry-Lacantinerie et Wahl, I, 576 et s. ; — Planiol, III, 1619 ; — Saint-Amand, 16 mars 1877, S. 78. 2. 25, D. 78. 5. 239. — Contra : Aubry et Rau, op. cit., texte et notes 35 et 41 ; Lyon, 24 avril 1871, S. 72. 2. 121, *Rev. not.*, 4099.

cédé, l'autre exerce, en principe, la reprise des biens provenant de son chef. Mais il peut se faire que ce donataire ait été loti uniquement en biens paternels ou en biens maternels. Que se passe-t-il alors?

L'ascendant ne peut reprendre les biens qui proviennent de son conjoint (1). En ce qui concerne les biens par lui donnés, une opinion enseigne qu'il a droit à leur reprise entière, alors même que ces biens composeraient la totalité du lot de l'enfant décédé (2) ; mais d'après le système qui paraît devoir l'emporter et semble le plus équitable, le droit de retour de l'ascendant doit s'appliquer seulement à une part proportionnelle à la quotité pour laquelle les biens de cet ascendant sont entrés dans la masse partagée. En effet, tout ce qui a été attribué à l'enfant dans les biens donnés par l'un des ascendants en sus de la part qu'il aurait dû normalement avoir, s'est trouvé lui appartenir, au regard de cet ascendant, non plus à titre de pure libéralité, mais plutôt à titre onéreux, comme l'ayant reçu en échange des droits qu'il perdait, par le partage, dans les biens donnés par l'autre ascendant (3).

349. *Ibid. Exercice du retour en cas de partage des biens donnés avec d'autres biens.* — La même difficulté peut se présenter lorsque les donataires procèdent à la fois au partage tant des biens donnés que d'autres biens leur appartenant à un autre titre. C'est ce qui a lieu notamment lorsqu'un ascendant a donné ses biens à ses deux enfants à condition de les partager avec les biens de son conjoint prédécédé et que l'un des enfants est apportionné uniquement en biens paternels et l'autre en biens maternels. Il a été jugé que le père appelé alors à exercer le droit de retour légal dans la succession de l'enfant propriétaire des biens donnés par lui ne peut réclamer que la moitié de ces biens, car cette moitié se trouve seule dans la succession du descendant à titre de véritable libéralité (4).

2° *Rapports des donataires entre eux.*

350. *Principe.* — Donataires à l'égard de l'ascendant, les enfants ont entre eux les mêmes relations que celles qui naissent des partages ordinaires. Ce sont les règles de ces derniers qui régissent leurs rapports (5).

351. *Garantie.* — De ce principe, il résulte notamment que les enfants sont respectivement garants les uns envers les autres des évictions procédant d'une cause antérieure au partage, non prévue ni exceptée par une clause spéciale (C. civ., 884-886), et celui qui est évincé ainsi de son lot peut exercer le recours en garantie même du vivant du donateur (6).

352. — La garantie des donataires les uns à l'égard des autres est susceptible d'être augmentée ou diminuée, au gré des parties.

353. — La stipulation de non-garantie insérée dans l'acte doit produire effet tant que le donateur vit, et il n'est même pas nécessaire qu'elle soit expresse. Ainsi, la clause portant que l'un des enfants qui reçoit seulement le montant d'une donation antérieure n'a accédé au partage qu'à la condition que sa dona-

(1) Demolombe, XIII, 542 ; — Baudry-Lacantinerie et Wahl, I, 559.
(2) Rennes, 3 novembre 1893, précité.
(3) Bordeaux, 30 mars 1867, *Rev. not.* 2060 ; — Angers, 3 mai 1871 S. 71. 2. 243, D. 71. 2. 203, *Rev. not.* 2979 ; — Baudry-Lacantinerie et Wahl, loc. cit.
(4) Angers, 3 mai 1871 précité ; — Baudry-Lacantinerie et Wahl, loc. cit.
(5) Bonnet, II, 487 ; — Réquier, 87-91 ; — Demolombe, XXIII, 114 ; — Aubry et Rau, § 728, note 2 et § 733, note 7 ; — Baudry-Lacantinerie et Colin, II, 3650.
(6) Réquier, 86-93 ; — Demolombe, XXIII, 115 et 134 ; — Baudry-Lacantinerie et Colin, II, 3652-3658 ; — Aubry et Rau, § 733 texte et note 12 ; — Cass., 25 mai 1892, S. 93. 1. 127, D. 92. 1. 589.

tion n'en souffrira aucune atteinte, équivaut à un affranchissement de cet enfant de la garantie des évictions que pourraient subir ses copartageants (1).

354. — Il peut, au contraire, être convenu que les copartagés garantissent d'une manière générale ou pour un temps limité, le remboursement d'une valeur à un taux déterminé, ou encore des cas fortuits et de force majeure (2). Il est même toujours bon de faire préciser avec soin par les parties à quelle garantie elles seront tenues en ce qui concerne les créances hypothécaires et chirographaires partagées.

355. *Privilège.* — Les donataires jouissent du privilège prévu par les articles 2103, § 3 et 2109 du Code civil pour l'exécution du partage proprement dit et le paiement des soultes ou prix de licitation (3). Pour l'inscription de ce privilège, voir ci-dessus, n° 82.

356. — Lorsque la disposition porte sur les biens confondus des père et mère, le privilège de copartageant ne peut s'exercer, à raison de la garantie due pour le partage, que sur les immeubles provenant de l'ascendant du chef duquel procède le trouble (4).

357. *Soulte.* — Si l'un des enfants est loti en immeubles à charge de payer des soultes aux autres, la soulte due à celui qui est marié sous le régime de la communauté légale ne tombe dans cette communauté que sauf récompense (5).

358. — De même, la soulte attribuée à la femme dotale est dotale et, par suite, ne peut être touchée par le mari qu'à charge de remploi.

3° *Rapports des parties avec les tiers.*

359. *Transmission des biens.* — Le partage d'ascendant par acte entre vifs constitue, à l'égard des tiers, un acte de pure libéralité et est soumis, quant à la transmission des biens, aux règles qui régissent les donations ordinaires (6).

Ainsi, la donation-partage qui porte sur des droits immobiliers n'est opposable aux tiers que si elle est transcrite, et il faut un état estimatif pour le mobilier et une signification au débiteur pour les créances (V. ci-dessus, n°s 64 et s.).

360. *Dettes du donateur. Absence de convention.* — Nous avons vu (n° 256) que les donataires ne sont pas tenus de plein droit des dettes qui grèvent l'ascendant au moment du partage, à défaut de stipulation expresse ou implicite. Le partage anticipé ne pouvant porter que sur les biens présents du donateur ne constitue, alors même qu'il comprend la totalité ou une quote-part de ces biens, qu'un mode de transmission à titre particulier (7).

Le donataire qui serait obligé, par l'effet de l'action hypothécaire (C. civ., 2166), à acquitter une des dettes du donateur aurait le droit d'exercer un recours contre lui.

(1) Cass civ., 3 mars 1856, D. 56. 1, 304.
(2) Bordeaux, 23 janvier 1826.
(3) Bonnet, II, 482 et s.; — Aubry et Rau, § 733, texte et note 8; — Baudry-Lacantinerie et de Loynes, I, 606; — Cass. req , 7 août 1860, D. 60, 1. 498.
(4) Cass. 5 avril 1881, S. 81. 1. 460.
(5) Réquier, 89; — Demolombe, XXIII, 138.
(6) Demolombe, op. cit., 136; — Aubry et Rau, § 733, p. 608.
(7) Genty. 231-240; — Demolombe, XXIII. 128; — Aubry et Rau, op. cit., texte et note 6; — Baudry-Lacantinerie et Colin, II, 3622; — Planiol, III, 3375; — V. cep. Réquier, 104; — Roll. de Villargues, *Rép. not.*, V° Part. d'asc., 59 et s.; — Bonnet, II, 473.

361. *Ibid. Stipulation.* — La stipulation mettant les dettes du donateur à la charge des enfants peut être expresse ou implicite (V. n° 257, ci-dessus).

La question de savoir si les donataires se sont implicitement soumis au payement des dettes est une simple question de fait qui doit être résolue d'après l'ensemble de l'acte de donation et les circonstances dans lesquelles il a été passé (1).

362. — Le fait d'avoir donné, dans le partage, l'état détaillé des dettes du donateur entraîne, indépendamment de toute stipulation particulière, les deux conséquences corrélatives suivantes :

Que les donataires se trouvent tenus au payement des dettes indiquées,

Et qu'ils ne se sont soumis à payer que ces dettes (2).

363. — En cas de répartition par l'ascendant de son passif entre ses enfants, les créanciers peuvent soit poursuivre directement chacun des copartagés pour le paiement des dettes mises à sa charge, soit agir contre l'ascendant seul, à moins qu'ils n'aient renoncé à leur action contre ce dernier en acceptant l'un des donataires pour débiteur en ses lieu et place (3).

364. — Lorsque les enfants sont obligés au payement des dettes, ils n'en sont tenus, en principe, que dans les limites des biens transmis et non sur leur patrimoine personnel (4).

365. *Aliénation des biens donnés.* — Les donataires sont immédiatement saisis des biens donnés ; mais sans compter le droit de retour conventionnel ni l'interdiction d'aliéner qui ont pu être stipulés, il existe, ainsi que nous le verrons sous le chapitre suivant, plusieurs actions qui frappent de précarité les droits de propriété du donataire. Or, parmi ces actions, deux sont d'ordre public et il ne peut y être dérogé directement ni indirectement du vivant du donateur : ce sont l'action en réduction pour atteinte à la réserve et l'action en nullité pour cause d'omission ou de survenance d'enfant. Il en résulte une menace redoutable pour les tiers qui traitent avec les donataires et une gêne considérable à la circulation des biens donnés, durant toute l'existence de l'ascendant. Depuis longtemps, le notariat a demandé la réforme de ces principes trop rigoureux qui occasionnent souvent le plus grand tort aux familles mêmes. De nombreux projets de loi ont été déposés à ce sujet ; mais aucun n'a encore pu aboutir.

366. *Ibid. Combinaisons proposées pour tourner la difficulté.* — La pratique a cherché à éluder la difficulté; diverses combinaisons et stipulations ont été proposées à cet effet, ainsi qu'on le verra. Mais toutes sont loin de répondre au but désiré.

367. *Ibid. Donateur vendeur.* — D'après une opinion, il faut distinguer, lorsque le donateur agit comme vendeur, selon que la donation a été ou n'a pas été transcrite.

a) Si la donation a été transcrite, le donataire est devenu propriétaire *erga omnes ;* il a, par suite, seul qualité pour aliéner les biens donnés. Faire agir l'ascendant comme covendeur, ce serait lui faire consentir la vente d'une chose qui ne lui appartient plus ; or la vente de la chose d'autrui est une vente nulle et si l'origine de propriété fait mention de la donation, l'ascendant n'engagerait

(1) Aubry et Rau, § 706, texte et note 6.
(2) Aubry et Rau, *op. cit.*, texte et note 7; — Demolombe, XX, 477.
(3) Réquier, 103; — Baudry-Lacantinerie et Colin, II, 3621 ; — Cf. Cass. req., 21 juillet 1903, *Rev. not.*, 12016.
(4) Réquier, 104; — Baudry-Lacantinerie et Colin, *op. cit.*, 3623.

même pas sa responsabilité, puisque l'acquéreur n'a droit, en pareille circonstance, à des dommages-intérêts que s'il a ignoré que la chose fût à autrui (C. civ., 1599).

b) Lorsque la vente n'a pas été transcrite, le donataire n'est pas saisi à l'égard des tiers; pour ceux-ci, le donateur est censé toujours propriétaire des biens. Il peut donc encore les leur vendre et si l'acquéreur fait transcrire son titre le premier, il se trouve propriétaire incommutable.

Rien ne s'oppose non plus à ce que le donateur et le donataire les vendent ou hypothèquent ensemble : l'acte ainsi fait doit être considéré comme parfait et produire des effets définitifs (1).

Dans tous les cas, il en serait autrement s'il y avait eu concert frauduleux entre les parties, par exemple si l'acte qui confère au tiers les droits pour l'exercice ou le maintien desquels il se prévaut du non-accomplissement de la formalité de la transcription de la donation n'avait eu d'autre but que de modifier l'ordre légal des hypothèques et lui attribuer la priorité du rang (2).

368. — D'après une autre opinion, le donateur ne saurait valider l'aliénation par le donataire de l'immeuble qu'il lui a donné, même lorsque le partage anticipé n'a pas été transcrit, car la donation dûment acceptée est parfaite par le consentement des parties et oblige le donateur, indépendamment de la transcription. Si le législateur a prescrit que jusqu'à l'accomplissement de la formalité, le donateur reste le propriétaire présumé des biens et que le tiers acquéreur de bonne foi soit bien et valablement propriétaire (C. civ., 941), ce n'est que dans un but d'intérêt général et pour une raison de haute justice. Il n'en reste pas moins qu'en principe, le donataire a seul qualité pour aliéner les biens à lui abandonnés et que le concours du donateur, qui a cessé d'être propriétaire, ne peut remédier à la précarité des droits de son descendant (3).

369. *Ibid. Donateur garant.* — Une autre combinaison consiste à faire garantir l'aliénation par l'ascendant, à faire porter ce dernier caution du donataire. Ce cautionnement produit une obligation personnelle qui rend la caution responsable envers l'acquéreur, mais qui ne donne pas à ce dernier un droit réel à l'encontre de celui déjà acquis du donataire.

En outre, après le décès de l'ascendant, son engagement ne produit effet que dans la limite de la quotité disponible, car ses héritiers conservent le droit d'exercer l'action en réduction pour atteinte à la réserve. Il s'agit d'un droit qui leur est propre et dont ils ne peuvent être dépouillés par aucun moyen (4).

Toutefois, l'obligation personnelle du donateur produit généralement un effet moral qui est à considérer: le plus souvent, sinon toujours, les enfants respectent la volonté de leur père aussi manifestement exprimée.

370. *Ibid. Revente au donateur.* — Certains praticiens ont conseillé de faire rétrocéder les biens donnés par le donataire au donateur, puis de les faire vendre ou hypothéquer par ce dernier. Mais ce procédé n'offre guère que des inconvénients. D'abord les frais élevés auxquels donnent lieu ces mutations successives

(1) Montpellier, 6 juin 1843, D. 45.2.507 ; — Pau, 2 mai 1860, S. 61.2.65 ; — Paris, 20 janvier 1863, S. 63 2.57.

(2) Cass. civ., 26 janvier 1876, S. 76.1.217, *J. N.*, 21585, *Rev. not.*, 5090, et, sur renvoi, Rennes, 10 janvier 1877, S. 77.2.46 ; — Paris, 23 juin 1881, S. 82.2.35, *Rev. not.*, 6249 ; — Poitiers, 16 décembre 1891, *Rev. not*, 9258.

(3) Demolombe, XX, 313 *bis* et 314 *bis* ; — Paultre, *Rev. not.*, 388 et 562 ; — Houpin, *J. du Not*, 1893, p. 257 ; — Amiaud, *Tr. form.*, V° Part. d'asc., n° 114 ; — F. Deyzac, *Tr. de l'établis. de propriété*, 2e éd., n° 358 *septies*.

(4) Cass. req., 20 juillet 1868, S. 68.1.362, *J. N.*, 19334, *Rev.not.*, 2312.

le rendent très onéreux. Puis le retour de l'immeuble entre les mains de l'ascendant n'anéantit pas la mutation qui l'en a fait sortir, mais la suppose au contraire et en fait apparaître une autre qui rend l'ascendant l'ayant cause du donataire, comme le serait un tiers. Par suite, en cas de revente pour lui, il ne transmet que les droits qu'il possède du donataire.

371. *Ibid. Vente sous-condition.* — On a aussi pensé à faire agir le donateur comme vendeur sous condition suspensive de la nullité de la donation par lui faite pour l'une des causes spécifiées par la loi. En cas de résolution des droits du donataire, dit-on, l'aliénation consentie par le donateur produira ses effets et le tiers conservera ses droits.

Sans parler des difficultés qui pourraient être soulevées au sujet du paiement du prix, il y a lieu de remarquer que la nullité et la réduction édictées par le législateur ont lieu au profit exclusif des enfants lésés et ne se produisent qu'après le décès de l'ascendant. Par suite le donateur reste réellement dépossédé, tant qu'il vit, des biens dont il s'est dépouillé, et la vente qu'il ferait sous la condition suspensive sus-indiquée ne serait en réalité qu'une vente de la chose d'autrui, c'est-à-dire une vente nulle.

372. *Ibid. Concours des codonataires.* — Ce serait évidemment la meilleure solution que de faire intervenir les autres donataires pour valider la vente, mais un tel engagement serait illicite. Tant que l'ascendant existe, cette intervention, de quelque façon qu'on la rédige, s'analyserait en fait en une renonciation à des droits successifs ; ce serait un pacte sur succession future, prohibé par l'article 1130 du Code civil (1).

373. *Ibid. Conseils pratiques.* — En résumé, si ingénieuses que soient les stipulations et combinaisons auxquelles on ait recours, on ne saurait arriver, en l'état actuel de la législation, à une solution infaillible. Tout au plus peut-on recourir à des remèdes variables selon les circonstances et qui, souvent, restent encore insuffisants.

374. — Lorsque le notaire connait bien la situation, ce qui a lieu ordinairement à la campagne, il peut prévoir, d'après la nature et l'importance des biens donnés, la composition des lots et les clauses particulières de l'acte, s'il y a des risques à redouter pour cause d'atteinte à la réserve.

375. — Si la donation est l'œuvre d'une ascendante, il est aisé de savoir à quoi s'en tenir sur la possibilité de survenance d'enfant. Au contraire, aucune sécurité ne saurait exister à cet égard, si le donateur est un homme (2).

376. — Dans tous les cas, il y a lieu de faire renoncer le donateur à son action révocatoire en faveur de tous les donataires et sur tous les biens donnés, car une révocation prononcée contre un seul des bénéficiaires de la donation peut entraîner la nullité du partage tout entier au décès de l'ascendant. En effet, le donataire contre lequel la révocation serait opérée pour inexécution des conditions n'en reste pas moins héritier, et si le donateur ne laisse pas de biens à son décès et qu'un des codonataires soit devenu insolvable, il peut évincer le tiers qui a traité avec ce dernier (3).

En outre, si le donataire vendeur possède d'autres biens, il est prudent de lui faire consentir une affectation hypothécaire ou autre garantie réelle pour le cas de difficultés ou d'éviction. S'il ne possède pas d'autres biens, et qu'il vende pour

(1) Cass., 20 juillet 1868, précité.
(2) Lyon, 6 mars 1878, S. 78.2.201, *Rev. not.*, 5701.
(3) Rouen, 28 juillet 1903, *J. N.*, 28241, *Rev. not.*, 11761.

profiter d'une bonne occasion, sans avoir besoin du prix, il y aurait lieu de lui faire employer ce prix en une valeur qui ne deviendrait libre qu'au décès du donateur, dès qu'il serait établi que le partage est devenu inattaquable.

377. — Quelles que soient les précautions prises, il est indispensable que le notaire se fasse donner une décharge spéciale, mentionnant expressément qu'il a avisé ses clients des dangers d'éviction possibles, car la jurisprudence lui fait un devoir de les éclairer sur les risques auxquels ils restent soumis et a tendance à voir une preuve de la responsabilité encourue dans le fait même qu'on a cherché à remédier à la précarité des droits des parties par une combinaison inefficace (1).

§ 2. — Après le décès du donateur.

378. *Effets.* — Au décès du donateur, le caractère de donation qui dominait disparaît; l'acte devient un véritable partage de succession et les enfants qui jusque-là n'étaient que donataires deviennent des héritiers. Les actions en garantie, en nullité, en rescision et en réduction prennent désormais leur cours.

379. *Acceptation pure et simple.* — Chacun des enfants est libre d'accepter ou de répudier la succession du donateur. Ceux qui l'acceptent sont tenus, comme héritiers, des dettes de ce dernier, même si elles n'ont pas été prévues et visées dans le partage. Ils en répondent non seulement sur les biens donnés ou recueillis dans la succession, mais encore sur leurs biens personnels, et si l'un d'eux les acquitte intégralement, il a, contre les autres, un recours en garantie dans les conditions de droit commun (2).

380. *Acceptation bénéficiaire.* — En cas d'acceptation bénéficiaire de la succession du donateur, les biens ayant fait l'objet du partage anticipé ne peuvent être atteints ni par ses créanciers ni par ses légataires, car ces biens étaient définitivement sortis de son patrimoine par la donation entre vifs qui en avait été faite; ils échappent alors à l'action desdits créanciers et légataires au même titre que les autres biens personnels des enfants (3).

381. *Renonciation à la succession.* — La renonciation de l'un des descendants à la succession du donateur met cet enfant dans la situation d'un donataire étranger; par suite, il a le droit de conserver son lot jusqu'à concurrence de la quotité disponible (4).

L'action à diriger contre lui à ce sujet est l'action de droit commun des articles 845 et 920 du Code civil qui s'éteint seulement par la prescription trentenaire (5).

382. *Garantie.* — L'obligation de garantie subsiste entre les donataires encore que l'un d'eux accepte la succession de l'ascendant donateur sous bénéfice d'inventaire, ou y renonce, ou en est exclu comme indigne (6).

383. *Baux consentis par l'ascendant usufruitier.* — Nous avons vu que l'ascendant qui se réserve l'usufruit des biens donnés a le droit, à défaut de convention

(1) Rouen, 13 décembre 1911, Loi 14 février 1912, Rec. Rouen 1911, 263.
(2) Cass. civ., 25 mai 1892, S. 93.1.127.
(3) Planiol, III, 3378.
(4) Genty, 216; — Demolombe, XXIII, 149; — Aubry et Rau, § 730, note 20; — Planiol, *loc. cit.*
(5) Riom, 29 juin 1921, *Rép. not.*, 20135.
(6) Réquier, 98-99; — Bonnet, II, 522 et s.; — Demolombe, XXIII, 153; — Cass., 25 mai 1892, précité.

contraire, de donner ces biens à bail dans les limites prévues par les articles 1429 et 1430 du Code civil (V. n° 344 ci-dessus). Les baux ainsi consentis s'imposent aux donataires, lors du décès du donateur.

384. — Lorsque ce dernier a, au contraire, méconnu les prescriptions légales, les nus-propriétaires ne sont pas tenus, bien qu'ils soient ses héritiers, de respecter les baux pour la période qui excède la durée permise, car la convention à laquelle ils n'étaient pas partie, ne s'imposait qu'à l'usufruitier et son obligation à cet égard a pris fin avec lui (1).

Le locataire à qui a été consenti un bail fait pour plus de neuf ans se trouve occuper sans titre, une fois le temps permis par la loi expiré. Par suite, si les donataires invoquent la nullité de l'acte pour la période qui excède neuf ans, ils ne sont pas tenus de donner congé (2), et le preneur n'a droit à aucun recours contre eux; il doit s'imputer le préjudice qu'il éprouve (3). Il n'en est autrement que si l'ascendant s'est donné comme plein propriétaire ou s'est soumis à l'obligation de garantie : il a contracté alors une obligation personnelle qui passe aux donataires comme ayants cause de leur auteur (4).

385. — Si le partage contient des stipulations sur les droits et obligations de l'usufruitier en la matière, les conventions ainsi passées forment la loi des parties et, en cas de contestation à leur sujet, il appartient aux juges du fond de rechercher quelle a été leur véritable intention.

386. *Calcul de la quotité disponible.* — Souvent, au décès de l'ascendant, il y a un nouveau règlement à faire, soit parce que la libéralité n'a porté que sur une partie de son avoir, soit parce que le disposant a acquis postérieurement d'autres biens, soit parce qu'il y a eu atteinte à la réserve. Comment se calcule alors la quotité disponible, le cas échéant?

D'après une première opinion, déjà ancienne et actuellement abandonnée par la doctrine et condamnée par la jurisprudence, les biens partagés, lorsqu'il en existe d'autres, ne devaient pas être comptés pour établir cette quotité, à cause de l'irrévocabilité des attributions faites aux donataires (5).

Il est unanimement admis aujourd'hui que les biens donnés doivent être réunis à la masse des biens existant au décès de l'ascendant pour déterminer la portion de biens dont ce dernier a pu disposer par la suite. En effet, l'article 1076 du Code civil soumet le partage anticipé aux formalités, conditions et règles des donations entre vifs, et l'article 1077 qui veut que les biens réels laissés par le donateur au jour de son décès soient partagés conformément à la loi n'a en vue qu'un partage complémentaire; il n'apporte aucune dérogation aux principes de droit qui régissent le calcul de la réserve et de la quotité disponible (6).

387. — Si le partage d'ascendant ne contient rien au sujet du mode d'imputation, les biens donnés s'imputent de plein droit sur la quotité disponible. Cet acte constitue, en effet, un règlement anticipé de tout ou partie de l'hérédité du donateur; par sa forme et son caractère, il est exclusif, à défaut de convention

(1) Cass. req., 13 avril 1897, *J. du not.*, 1897, p. 478.
(2) Paris, 16 octobre 1923, *J. N.*, 33941.
(3) Aubry et Rau, § 230, texte et note 50; — Demolombe, X. 357.
(4) Cass., 19 avril 1921, *J. N.*, 33067.
(5) Troplong, II, 964 et s.; — Cass. req., 4 février 1845, S. 45.1.305, D. 45.1.49; — Rouen, 25 janvier 1855, S. 56 2.97; — Rennes, 18 août 1860, S. 61.2.375, D. 61.2.233.
(6) Genty. 35; — Bonnet. I, 234; — Réquier, 97; — Demolombe, XXIII, 219; — Aubry et Rau, § 684, texte et note 19; — Baudry-Lacantinerie et Colin, I. 379; — Planiol, III, 3088. — Colin et Capitant, III, 937; — Cass. req., 13 février 1860. D. 60.1.169; — Cass. req., 24 avril 1861, D. 61 1.277, S 61.1 589; Cass. req., 30 mars 1874, S. 76.1.250, D. 75.1.298; — Cass. civ., 11 février 1901, *Rev. not.*, 10861; — Dijon, 14 décembre 1911, S. 12.2.175.

contraire, de toute idée de rapport réel des biens partagés entre les descendants (1).

388. — Mais les donateurs ont la faculté de fixer le mode d'imputation des biens qu'ils donnent, à condition seulement de ne pas porter atteinte à la réserve. Leur intention à cet égard peut être expresse, par exemple lorsqu'il est stipulé que la donation est faite par préciput ou hors part. Elle peut aussi résulter de façon implicite des termes de la disposition; c'est ce qui a lieu lorsqu'il est dit que les biens compris au partage ne devront pas être rapportés à la succession de l'ascendant (2), ou que l'effet des nouvelles libéralités que celui-ci ferait seront restreintes aux seuls biens qui se trouveront réellement dans sa succession.

389. — En cas de contestation sur la portée exacte des stipulations édictées à cet égard, il appartient aux juges du fond de se prononcer d'après les termes employés et les circonstances de la cause (3).

390. *Ibid. Estimation des biens.* — Pour le rapport, les biens donnés sont évalués d'après leur état à l'époque de la donation et leur valeur au jour du décès du donateur, qu'il s'agisse de meubles ou d'immeubles, sans distinction, car c'est l'ouverture de sa succession qui donne à l'acte son caractère de partage héréditaire et qui permet de l'attaquer pour cause de lésion (4).

Il en est ainsi quand même l'ascendant se serait réservé la jouissance de tout ou partie des biens, car son usufruit se trouve éteint par son décès, et ces biens ont alors la valeur d'une pleine propriété (5).

391. — En cas de partage cumulatif par les père et mère de leurs biens confondus, l'estimation doit être faite d'après l'état des biens au jour de la donation et leur valeur au jour du décès du dernier mourant des donateurs.

De même, lorsque le partage émane du survivant des parents et comprend les biens paternels et les biens maternels réunis en une seule masse, c'est leur valeur au décès de cet ascendant survivant qui sert de base d'estimation (6).

392. — Cette règle n'est pas sans soulever certaines critiques. Comme il s'agit d'une donation qui dépouille immédiatement l'ascendant, il semblerait plus naturel et plus équitable d'évaluer les biens au moment même où ils sont attribués aux enfants. Ainsi, l'on n'aurait pas à craindre qu'un partage parfaitement légal et régulier au moment où il a lieu devînt illégal et irrégulier par suite de changements fortuits survenus dans la valeur des biens; les transactions immobilières y gagneraient en facilité et en sécurité (7).

393. *Calcul des reprises en cas de donation conjointe.* — En cas de partage consenti conjointement par les père et mère, il est indispensable de liquider leurs reprises et la communauté pour calculer la quotité disponible à raison des libéralités faites postérieurement par l'un d'eux, La stipulation que contiendrait l'acte et d'après laquelle les donateurs auraient entendu faire entrer dans la donation tous leurs droits et les reprises qu'ils pouvaient avoir alors, ne saurait empêcher d'en établir le compte, car ces reprises ne peuvent être liquidées

(1) Genty, 20; — Demolombe, XIX, 248; — Aubry et Rau, § 632, texte et note 12; — Colin et Capitant, III, 934; — Voir cep. Baudry-Lacantinerie et Wahl, III, 3613.

(2) Cass. req., 30 juillet 1879, S. 81.1.399, D. 80.1.259.

(3) Cass. req., 30 juillet 1879, précité; — Baudry-Lacantinerie et Colin, I, 899.

(4) Bonnet, II, 649; — Aubry et Rau, § 734, texte et notes 12 et 23; — Planiol, III, 3387; — Cass., 2 décembre 1878, S. 79.1.373, D. 79.1.223; — Cass., 2 juillet 1895, D. 95.1.511, S. 95.1.311; — V. cep., Genty, 319; — Demolombe, XXIII, 222.

(5) Cass. civ., 11 février 1901, D. 01.1.349; — Baudry-Lacantinerie et Colin, I, 906.

(6) Aubry et Rau, § 734, texte et note 13 *bis*; — Cass., 15 mai 1875, S. 76.1.420; — Cass. civ., 26 décembre 1876, S. 77.1.153.

(7) Réquier, 134 et s.; — Baudry-Lacantinerie et Colin, II, 3705 *bis*; — Planiol, III, 3387.

qu'à la dissolution de la communauté et leur établissement est nécessaire pour la fixation de la réserve, fixation qui est d'ordre public lorsqu'elle est en cause (1).

394. *Biens soumis aux libéralités postérieures.* — Dans tous les cas, les libéralités faites par l'ascendant postérieurement au partage anticipé ne peuvent s'exécuter que dans la mesure que le permet l'actif réel existant lors de son décès.

395. *Confirmation de partage nul ou annulable.* — Le partage entaché de nullité pour vice de forme peut être ratifié, après le décès du donateur, soit expressément, soit par son exécution volontaire à condition que les donataires aient connaissance de la cause de nullité (2). Il est généralement admis, au surplus, que son exécution pendant 10 ans à partir du décès de l'ascendant couvre les vices de forme (3).

Lorsque le partage a été fait par une femme dotale incapable d'aliéner ses biens dotaux, il est nécessaire de lui faire confirmer l'acte par un testament qui validera la disposition et la rendra opposable à ses héritiers, lors de son décès (4). Si c'est le mari qui meurt le premier, la femme peut aussitôt ratifier les attributions faites, soit expressément, soit tacitement par des actes d'exécution, car elle a recouvré la libre disposition de tous ses biens (5).

En cas de lésion ou d'atteinte à la réserve, ou de défaut d'homogénéité des lots, voir ci-après nos 463 et s., 486 et 492.

(1) Douai, 3 août 1907.
(2) Aubry et Rau, § 337, texte et notes 14 et 14 *bis*; — Demolombe XXIX. 745, 748.
(3) Laurent, XIX, 13 et 35; — Cass. req. 26 novembre 1862, S. 63. 1. 15, D. 63. 1. 71; — Cass. req., 27 novembre 1865, S. 66. 1. 104, D. 66. 1. 216.
(4) Caen, 26 janvier 1888, S. 89. 2. 171; — Aubry et Rau, § 537, texte et note 37.
(5) Aubry et Rau, op. cit, texte et note 37 *ter*; — Cass., 18 décembre 1878, S. 81. 1. 353.

CHAPITRE VIII. — DES ACTIONS POSSIBLES CONTRE LE PARTAGE

396. *Actions ordinaires.* — Parmi les causes pour lesquelles un partage d'ascendant par acte entre vifs peut être attaqué, il en est qui ne sont que l'application du droit commun, par exemple l'action fondée sur le défaut d'acceptation régulière ou sur un vice de forme. Ce sont les règles ordinaires en pareille circonstance qui s'appliquent. Par suite, il n'en sera pas autrement question ici.

397. *Action paulienne.* — Les créanciers du donateur en fraude desquels le partage a été fait ont le droit de l'attaquer par l'action paulienne, comme toute autre donation entre vifs (V. ci-dessus, n° 363). L'article 882 du Code civil qui interdit aux créanciers d'attaquer un partage consommé lorsqu'ils n'ont pas formé opposition ne saurait être invoqué en la circonstance; la situation est toute différente. Ils ne peuvent, en effet, connaître d'avance s'il sera procédé ou non à un partage anticipé et par suite, il ne leur est pas possible d'y intervenir (1).

398. — Pour se prévaloir de l'action révocatoire, les créanciers de l'ascendant n'ont qu'à établir que ce dernier était déjà en état d'insolvabilité ou qu'il s'est rendu insolvable par cette disposition même, sans avoir à prouver que les enfants étaient complices de la fraude (2). Ils n'ont pas, non plus, à attendre le décès du donateur pour pouvoir agir (3).

399. — Les créanciers d'un enfant ont aussi le droit de poursuivre la nullité du partage quand l'économie de cet acte a été concertée entre les parties de manière à soustraire à leur action le lot de leur débiteur (4).

400. — L'action paulienne n'est qu'un remède subsidiaire, accordé aux créanciers pour se faire payer ce qui leur est dû. En conséquence, cette action peut toujours être arrêtée; il suffit que les défendeurs offrent de désintéresser les créanciers qui l'ont formée. En outre, la révocation, lorsqu'elle est prononcée, doit être limitée aux sommes dues aux créanciers demandeurs (5).

401. *Actions spéciales.* — Le partage d'ascendant se trouve encore soumis à certaines actions spéciales, dont le caractère et les effets demandent des explications; ce sont : 1° l'action révocatoire; 2° l'action en nullité pour omission d'enfant; 3° l'action en rescision pour cause de lésion de plus du quart; 4° l'action en réduction pour atteinte à la réserve; 5° et l'action en nullité pour défaut d'homogénéité dans la composition des lots.

(1) Toulouse, 12 janvier 1911.

(2) Aubry et Rau, § 733, texte et note 15; — Réquier, 85; — Demolombe, XXIII, 128; — Grenoble, 2 juillet 1895, *Rev. not.*, 9608.

(3) Reims, 1er mars 1906, *Rev. not.*, 12976.

(4) Grenoble, 10 mai 1873, S. 73. 2. 271, D. 74. 5. 366; — Bourges, 18 juillet 1892, S. 93. 2. 210, D. 92. 2. 609.

(5) Demolombe, XXV, 266; — Aubry et Rau, § 313, texte et notes 6 et 7; — Baudry-Lacantinerie et Barde, I, 622 et 682.

§ 1er. — Action révocatoire.

402. *Principe.* — Le partage d'ascendant par acte entre vifs est, comme toutes les donations, sujet à révocation pour cause d'inexécution des conditions et pour cause d'ingratitude (1).

L'exercice et les effets de cette action diffèrent selon qu'elle a lieu pour l'un ou l'autre des motifs ci-dessus indiqués.

1° *Inexécution des charges* (2).

403. *Qui peut la demander ?* — L'action en révocation pour défaut d'exécution des charges appartient d'abord et tout naturellement au donateur. Elle appartient encore : 1° à ses créanciers (3); 2° à un tiers cessionnaire du droit de l'exercer en ses lieu et place (3); 3° et aux autres enfants du donateur, après le décès de celui-ci (4).

Mais le tiers bénéficiaire des charges n'a pas ce droit. Par exemple, lorsque le père donne ses biens à charge d'une rente viagère réversible sur la tête de son épouse, celle-ci ne peut exercer l'action révocatoire, à défaut du service de cette rente à son profit, si elle n'est pas elle-même donatrice (5).

404. *Renonciation à cette action.* — L'ascendant a la faculté de renoncer à l'action révocatoire soit au moment du partage, soit après, afin de permettre aux donataires de disposer plus facilement des biens donnés (6). Il peut aussi limiter son exercice à certains immeubles.

405. — La renonciation peut être expresse ou tacite. Ainsi, le concours de l'ascendant à un acte de vente des biens donnés par le donataire emporte désistement du droit pour lui de demander la révocation de la donation en ce qui concerne ces biens.

Lorsque la renonciation est expresse et qu'elle a lieu par acte distinct, il est prudent de la recevoir dans la forme solennelle, car elle constitue une extension de la libéralité primitive.

406. — Le notaire qui est appelé à constater une renonciation à une action révocatoire, doit expliquer au donateur les conséquences qui en résulteront pour lui; c'est là un devoir au moins moral (7).

407. *Contre qui elle peut être exercée.* — L'action révocatoire peut être poursuivie contre tous les donataires ou seulement contre un ou plusieurs d'entre eux, selon que tous ou quelques-uns n'exécutent pas leurs engagements. Elle est une sorte de sanction ou pénalité civile qui ne doit frapper que celui-là ou ceux-là qui ont participé à la faute qui la motive.

(1) Genty, 228; — Réquier, 83; — Bonnet, II, 446 et s.; — Demolombe, XXIII, 125; — Aubry et Rau, § 733, texte et note 2.
(2) Voir notre Dissert. dans le *J. N.*, art. 33323.
(3) Cass. 11 novembre, 1878, S. 79. 1. 157; — Demolombe, XX, 595 et XXIV, 54; — Aubry et Rau, § 707 *bis*, texte et note 7.
(4) Toulouse, 9 février 1832, D. 32. 2. 68; — Bonnet, II, 502.
(5) Genty, 282-283; — Demolombe, XXIII, 137, 144; — Limoges, 21 juin 1836, S. 36. 2. 392; — Contra : Réquier, 87; — Laurent, XV, 83.
(6) Cass. civ., 19 mars 1865, S. 65. 1. 648; — Aubry et Rau, *op. cit.*, texte et note 9; — Baudry-Lacantinerie et Colin, I, 1567.
(7) Cf. Bordeaux, 26 juin 1852, S. 53.2.145, D. 53.2.212; — Grenoble, 28 juillet 1852, D. 52.2.204.

Il a été jugé, par application de ce principe, que lorsqu'un seul des enfants a été investi, avec l'assentiment du donateur, de toutes les charges de la donation, ce donataire a seul qualité et intérêt à répondre à l'action en révocation et qu'il n'y a pas lieu de mettre les autres en cause (1).

408. — Mais la résolution ne saurait être demandée directement contre les tiers détenteurs. Il faut que la révocation de la donation précède la revendication contre ceux-ci. Toutefois, l'ascendant a intérêt à les appeler en cause, afin de prévenir une opposition de leur part (2).

409. *Nécessité d'une demande en justice.* — La révocation n'a jamais lieu de plein droit; elle doit être prononcée en justice (C. civ., 956). Par suite, le donataire en retard de remplir ses obligations a le moyen de le faire tant que les juges n'ont pas statué, et ceux-ci ont la faculté de lui accorder, conformément au droit commun, un délai de grâce (3).

410. — Toutefois, les parties peuvent stipuler que la révocation aura lieu de plein droit en cas d'inexécution des charges. Cette stipulation, parfaitement licite, n'empêche pas le donateur d'être obligé de s'adresser aux tribunaux pour faire prononcer la résolution, le cas échéant; elle enlève seulement aux juges leur latitude d'appréciation et le droit d'accorder un délai au donataire en faute pour se mettre en règle (4).

411. — Les tiers acquéreurs des biens donnés et les créanciers du donataire peuvent arrêter l'effet de la demande en révocation en offrant d'exécuter les obligations imposées à ce dernier, du moins lorsqu'il ne s'agit pas de charges purement personnelles (5).

412. *Mise en demeure.* — Aucun texte précis n'impose que le donataire soit mis en demeure par le donateur pour que celui-ci puisse exercer son action. Mais d'après l'opinion qui semble l'emporter, la mise en demeure est nécessaire parce que la résolution se fonde sur le défaut d'exécution des charges et que le donataire n'est pas en demeure de plein droit (6). Dans tous les cas, la demande en révocation constitue elle-même une mise en demeure suffisante (7).

413. *Effets de l'action.* — Les effets de l'action révocatoire varient selon qu'on les considère dans les rapports entre le donateur et le donataire en faute, ou dans les rapports entre tous les donataires après le décès de l'ascendant.

414. 1° *Pendant la vie du donateur. Retour des biens dans son patrimoine.* — La révocation est une pénalité édictée contre l'enfant qui manque à ses engagements. Elle laisse au moins momentanément subsister le partage à l'égard des autres enfants, mais elle fait rentrer immédiatement dans le patrimoine du donateur les biens entrés dans le lot du donateur coupable, libres de toutes charges du chef de celui-ci. En d'autres termes, elle entraîne la résolution des aliénations consenties par le donataire et remet les choses à son égard, mais non

(1) Bordeaux, 22 janvier 1889, Rec. Bordeaux 89.1.149.

(2) Bonnet, II, 508.

(3) Cass., 14 mai 1838, S. 38.1.280; — Cass., 5 juillet 1905, S. 06.1.39.

(4) Bonnet, II, 510; — Aubry et Rau, § 707 *bis*, note 4; — Planiol, II, 2634; — Baudry-Lacantinerie et Colin, I, 1564; — Cass., 18 juin 1890. D. 90.1.304, S. 93.1.425.

(5) Demolombe, XX, 604; — Aubry et Rau, § 707 *bis*, texte et notes 14 à 16; — Dijon, 29 mars 1888, Pand. fr., 88.2.259; — Albi, 6 avril 1897, *Rev. not.*, 9927.

(6) Aubry et Rau. *op. cit.*, texte et note 3; — Planiol, III, 2634; — Cass., 3 mai 1852, S. 52.1.495, *J. N.*, 14812; — Riom, 20 novembre 1907, S. 07.2.309; — Contra : Poitiers, 16 février 1885, D. 85.2.38, S. 87.2.67; — Bonnet, II, 509.

(7) Douai, 31 janvier 1853, S. 53.2.313; — Poitiers, 16 février 1885, précité.

à l'égard de ses copartagés, dans le même état que s'il n'y avait pas eu donation (1).

415. *Fruits.* — Le donataire conserve les fruits qu'il a perçus antérieurement au jour de la demande en révocation et doit restituer ceux courus postérieurement (2).

416. *Impenses.* — Il doit également compte des détériorations qu'il aurait commises et par contre, il a le droit d'être indemnisé des impenses nécessaires ou utiles qu'il aurait faites, suivant le droit commun relativement à ces sortes de règlements (3).

417. *Sort des charges réversibles en cas de donation cumulative.* — Quelle est l'étendue de l'action lorsque l'ascendant qui l'exerce a procédé, avec son conjoint prédécédé, à une donation cumulative de leurs biens, sans distinction d'origine, avec stipulation de charges réversibles sur la tête du survivant pour plus de moitié ? La question est controversée.

Un premier système soutient que le défaut d'exécution des charges non réductibles au décès du premier mourant des donateurs entraîne la révocation des biens donnés par le prédécédé comme de ceux provenant du chef du survivant, car celui-ci se trouverait habilité par la charge indivisible à poursuivre la révocation intégrale de la libéralité à l'encontre du donataire coupable (4).

D'après une autre opinion qui a reçu la consécration de la Cour suprême, le donateur survivant n'a de recours qu'en ce qui concerne les biens qu'il a personnellement donnés, parce que les autres biens sont devenus la propriété du descendant, non plus en qualité de donataire, mais en qualité d'héritier du donateur décédé (5).

Il a été décidé que dans tous les cas le partage cumulatif doit être annulé lorsque les circonstances démontrent que ses dispositions sont indivisiblement liées (6).

418. *Stipulation de reprise.* — En cas de donation par un ascendant survivant avec partage tant des biens donnés que de ceux provenant de son conjoint décédé, rien n'empêche les donataires majeurs et maîtres de leurs droits de convenir avec lui qu'à défaut d'exécution des charges stipulées, cet ascendant aura le droit de reprendre le lot tout entier du donataire qui sera en faute, quels que soient les biens qui le composent. C'est là une condition de la donation qui revêt le caractère d'une clause pénale parfaitement licite. Seulement, le mot « révocation » est alors impropre; il n'y a réellement résolution qu'à l'égard des biens donnés (7).

419. — Mais une stipulation de ce genre ne saurait être insérée dans un partage fait conjointement par les père et mère, tous les enfants fussent-ils capables de s'obliger, car elle constituerait, dans ce cas, une donation mutuelle entre époux, nulle comme contenue dans un même acte (C. civ., 1097).

(1) Aubry et Rau, *op. cit.*, texte et note 6 ; — Demolombe, XX, 608 ; — Planiol, III, 2635.
(2) Demolombe, XX, 611 ; — Planiol. *loc. cit.* ; — Paris, 3 juillet 1890, S. 91.2.74.
(3) Demolombe, XX, 610.
(4) Bordeaux, 5 juin 1850, D. 52.2.132, S. 52.2.149 ; Lyon, 4 novembre 1908 ; — Caen, 28 janvier 1914, *J. N.* 31094 ; — *Encyc. du Not.*, V° Part. d'asc., 287.
(5) Laurent, XV, 74 ; — Bonnet, I, 251 *bis* ; — Aubry et Rau, § 733, texte et note 2 *bis* ; — Nîmes, 24 octobre 1888, S. 89.2.13 ; — Cass. civ., 14 janvier 1913, *J. N.*, 30632, *Rev. not.*, 15289 ; — *Rep. not.*, 18029.
(6) Rouen, 28 juillet 1903, *J. N.*, 28241.
(7) Bordeaux, 16 mai 1870, S. 71.2.89, D. 71.2.247 ; — Béziers, 24 janvier 1907, *J. N.*, 29137, *Rev. not.*, 13183.

420. 2° *Après le décès du donateur.* — La question de savoir quelles sont, lors du décès du donateur, les conséquences de la révocation prononcée contre un donataire a donné naissance à trois systèmes différents :

1° D'après une première opinion, l'enfant contre lequel la révocation a lieu ne cesse pas simplement d'être propriétaire de son lot, il est réputé ne l'avoir jamais été ; il ne sort pas du partage ; il se trouve rétroactivement n'y avoir jamais eu part. Par suite, au décès du donateur, il est dans la même situation que s'il avait été omis et il a le droit de réclamer l'application de l'article 1078 du Code civil qui déclare nul le partage d'ascendant qui n'a pas été fait entre tous les enfants laissés par le donateur (1).

2° Une autre théorie admet que seule, la donation a été mise à néant, mais que le partage subsiste et qu'en conséquence, l'enfant qui a été dépouillé de son lot dans l'intérêt exclusif de l'ascendant a le droit, comme successible partagé, de reprendre les biens qui lui avaient été attribués, s'ils se retrouvent en nature, ou leur équivalent en cas contraire (2).

3° Une autre doctrine qui paraît concilier d'une manière plus équitable les intérêts des parties décide qu'en principe, la donation-partage continue à produire ses effets, sauf à rétablir l'égalité des enfants. En effet, l'article 1078 du Code civil ne s'applique pas en la circonstance. Il vise le cas d'omission d'enfant ; or il y a si peu omission qu'on se trouve, au contraire, en présence d'un enfant loti mais qui a été privé, postérieurement à la donation, des biens à lui attribués pour une faute toute personnelle. Cette faute ne saurait, sans injustice, rejaillir sur ses codonataires. Ce serait, en outre, permettre au descendant mécontent d'arriver à faire annuler un partage qui aurait cessé de lui plaire, puisqu'il lui suffirait de ne pas tenir ses engagements. Toutefois, la révocation n'enlève pas à l'enfant dépossédé son titre éventuel d'héritier à réserve. S'il vient à la succession du donateur, il doit être rempli de sa part. S'il n'existe pas de biens dans la succession, ses cohéritiers ont la faculté de lui fournir le montant de ses droits héréditaires en nature ou en numéraire, conformément à l'article 891 du Code civil qui est généralement reconnu applicable aux partages d'ascendant. Ils peuvent aussi, s'ils le préfèrent, provoquer un nouveau partage en rapportant les biens qui leur ont été donnés. Ce n'est qu'à défaut par eux d'agir de l'une ou de l'autre de ces manières, que l'enfant dépossédé est en droit de solliciter un partage auquel ses cohéritiers ne peuvent se soustraire qu'en renonçant à la succession pour s'en tenir aux biens à eux donnés dans la mesure de la quotité disponible (3).

421. — Dans tous les cas, il faut tenir compte, dans le calcul des droits respectifs des parties, des sommes que les cohéritiers de l'enfant évincé ont pu payer à cause de lui, par suite de la révocation, ainsi que des détériorations que cet enfant aurait causées aux biens primitivement donnés, s'ils ne lui font pas retour. En outre, les donataires lésés par un nouveau partage provoqué dans ces

(1) Bordeaux, 4 décembre 1871, D. 72.2.177, S. 72.2.163 ; — Besançon, 28 mars 1880, D. 81.2.15, S. 81.2.92, *Rev. not.*, 6412 ; — Réquier, 83 : — Demolombe, XXIII, 141.

(2) Bonnet, II, 514 et s ; — Bertauld, II, 59 et s.

(3) Douai, 25 juillet 1879, D. 80.2.123, S. 81.2.44, *Rev. not.*, 6413 ; — Douai, 20 janvier 1890, *Rev. not.*, 10068 ; — Bordeaux, 30 décembre 1908, S. 11.2.177, D. 10.2.369 ; — Caen, 28 janvier 1914, *J. N.*, 31094 ; — Cass. req., 22 février 1922, S. 22.1.29, *J. N.*, 33495, *Rev. not.*, 18995 ; — Aubry et Rau, § 733, texte et note 3-4 ; — Baudry-Lacantinerie et Colin, II, 3520 et s., et 3619 ; — Colin et Capitant, III, 934.

conditions ont droit à des dommages-intérêts par application de l'article 1382 du Code civil (1).

422. *Prescription.* — L'action en révocation dirigée contre le donataire se prescrit par trente ans; la prescription décennale de l'article 1304 du Code civil ne lui est pas applicable (2).

423. *Conseils pratiques.* — L'action révocatoire peut entraîner des conséquences juridiques onéreuses même pour ceux des donataires qui respectent leurs engagements, ainsi que pour les tiers. Aussi faut-il préciser avec soin, dans la donation, dans quels cas elle pourra jouer et quelles seront les modalités et l'étendue de son application. Spécialement, il y a lieu d'imposer au donateur, l'obligation de mettre en demeure le donataire en faute, car il est équitable qu'on ne recoure à la résolution qu'autant qu'il y a refus ou impossibilité nettement établis de satisfaire aux obligations imposées.

424. — Afin d'éviter les très grands inconvénients pratiques d'un nouveau partage, divers remèdes ont été proposés (3).

On a conseillé de faire consentir par chacun des donataires, dans l'acte de donation, que les immeubles à lui attribués soient affectés à la garantie de l'exécution des charges lui incombant. De cette façon l'ascendant poursuit simplement l'expropriation des biens compris dans le lot du donataire en faute, et celui-ci n'a pas plus de recours contre ses copartageants lors du décès de son auteur, que si l'expropriation avait eu lieu à la requête d'un étranger.

Dans ce cas, les femmes des donataires mariés doivent subroger le donateur dans l'effet de leur hypothèque légale, soit dans l'acte de donation, soit par acte séparé.

425. — Si l'on veut éviter à l'ascendant d'avoir à poursuivre lui-même l'expropriation, il suffit de stipuler que tous les donataires seront solidaires les uns des autres à l'égard des charges. Le donateur s'adresse alors à l'un d'eux qui acquittera les obligations de son frère négligent et pourra ensuite exproprier ce dernier, s'il le juge à propos, comme étant subrogé aux droits et actions dudit donateur.

426. — On peut stipuler aussi, lorsque la charge imposée aux enfants consiste en une rente, que l'ascendant aura le droit de reprendre l'usufruit des biens attribués au débirentier qui ne ferait pas le service des arrérages lui incombant. Ainsi cet enfant conservera néanmoins la propriété de son lot et sera sans droit pour demander un nouveau partage.

427. — Lorsqu'une révocation partielle a eu lieu, il faut conseiller à l'ascendant de faire un testament par lequel il donnera à l'enfant dépouillé soit les biens qui formaient son lot, quand ils se retrouvent en nature, soit, en cas contraire, d'autres biens d'une égale valeur, et laissera à ses autres enfants les biens dont ils sont déjà en possession. De cette façon, ces derniers ne peuvent pas être inquiétés par leur cohéritier qui a été privé de son lot.

2° *Ingratitude.*

428. *Cas.* — Les donations à titre de partage anticipé sont, comme toutes les donations entre vifs, révocables pour cause d'ingratitude dans les trois cas sui-

(1) Larombière, art. 1184, 35.

(2) Aubry et Rau, § 707 *bis*, texte et note 11 *nonies*; — Planiol, III, 2636.

(3) Paultre, *Rev. not.*, 1929; — Mercier, *Rep. not.*, 7548; — Génebrier, *Rev. not.*, 9603 et 9640; — Carpentier, *Rep. du droit fr.*, V° Part d'asc., 350 et s; — Recueil Dalloz sous 1872.2.177, notes 1-3.

vants : 1° lorsque le donataire a attenté à la vie du donateur; 2° lorsqu'il s'est rendu coupable envers lui de délits, sévices ou injures graves; 3° et lorsqu'il lui refuse des aliments (1).

Cette énumération est strictement limitative (C. civ., 955).

429. *Attentat à la vie.* — L'attentat à la vie est un acte accompli avec l'intention de tuer. Par conséquent, il n'y aurait pas lieu à révocation si le donataire était en état de démence, ou s'il était en état de légitime défense. Il en serait de même s'il avait causé la mort de l'ascendant par simple imprudence, sans aucune intention homicide. (2).

430. — Par contre, il n'est pas nécessaire que le donateur ait été tué ni même blessé pour que l'action en révocation puisse être exercée; il suffit qu'il y ait eu tentative caractérisée contre sa vie, encore que cet acte n'aurait donné lieu à aucune condamnation pénale, voire à aucune poursuite (3).

431. *Délits. Sévices. Injures graves.* — On entend par délits, tous les actes punis par la loi pénale. Les sévices sont des actes de cruauté, des mauvais traitements physiques infligés au donateur. L'injure comprend une variété indéterminée de faits qui sont laissés à l'appréciation souveraine du juge.

432. — Pour être opérantes, il faut que ces diverses causes de révocation présentent un caractère de réelle gravité, dont l'appréciation appartient également au juge.

433. *Nécessité d'une décision judiciaire.* — La révocation pour ingratitude n'a jamais lieu de plein droit ; elle doit être prononcée en justice (C. civ., 956).

434. *Qui peut exercer l'action.* — L'action en révocation pour cause d'ingratitude appartient au donateur. Ses créanciers ne peuvent jamais l'exercer et ses héritiers n'y sont admis que si le donateur est mort au cours de l'instance engagée par lui ou, quoique n'ayant pas agi, s'il était encore dans le délai pour le faire (4).

435. *Contre qui elle doit être dirigée.* — Cette action ne peut être dirigée que contre le donataire coupable.

436. *Extinction de l'action.* — Elle doit avoir lieu alors que le donataire vit; elle s'éteint, si celui-ci meurt avant que son ascendant ait agi (C. civ., 957).

437. *Effets de la révocation pendant la vie du donateur.* — La révocation pour cause d'ingratitude laisse subsister le partage à l'égard des autres donataires tant que le donateur existe; elle n'a alors d'effet que contre l'enfant ingrat et ne lui enlève les biens donnés que pour l'avenir. Les aliénations et hypothèques consenties antérieurement par lui sont maintenues. Sont seuls atteints les actes de disposition faits après la demande dirigée contre lui, et même, à l'égard des immeubles, c'est du jour où cette demande a été rendue publique par une mention en marge de la transcription de la donation, que la révocation est opposable aux tiers (5).

438. — Le donataire est tenu de restituer en nature les biens donnés qu'il possède encore et d'indemniser le donateur de toutes les charges réelles provenant de son fait et que ce dernier est obligé de respecter. Si les immeubles ont été

(1) Bonnet, II, 453; — Demolombe, XXIII, 126; — Aubry et Rau, § 733, texte et note 2.

(2) Dijon, 17 juillet 1872.

(3) Baudry-Lacantinerie et Colin, I, 1599; — Planiol, III, 2643.

(4) C. civ. 957 ; — Aubry et Rau, § 708, texte et notes 19-21 ; — Planiol, III, 2647.

(5) C. civ., 958; — Demolombe, XX, 702-703; — Aubry et Rau, *op. cit.*, texte et note 32 ; — Planiol, III, 2652-2653.

aliénés, il en restitue la valeur au jour de la demande. C'est de ce jour également que sont dus les fruits (1).

439. *Effets après le décès du donateur.* — Au décès du donateur, la situation se trouve la même qu'en cas de révocation pour inexécution des charges. Les mêmes conséquences s'imposent dans l'une et l'autre circonstances (V. *supra*, n° 420).

§ 2. — Action en nullité pour omission d'enfant.

440. *Principe.* — Le partage d'ascendant doit, à peine de nullité, être fait entre tous les descendants appelés à la succession du donateur (C. civ., 1078). Ne comptent, en effet, pour déterminer, s'il y a omission que les enfants vivants ou représentés au jour du décès dudit donateur et qui ont réellement droit au partage de l'hérédité (2).

441. — Par suite la nullité est encourue :

1° En cas de survenance d'un nouvel enfant, fût-ce un posthume, s'il intervient à la succession (3) ;

2° En cas d'omission d'un enfant adoptif ou encore d'un enfant naturel reconnu, car l'un et l'autre sont héritiers (4) ;

3° En cas d'omission des enfants légitimes d'un enfant prédécédé, car ils représentent leur père ou leur mère (5) ;

4° Enfin en cas d'exclusion d'un enfant; encore qu'il a reçu des libéralités préciputaires destinées à lui procurer une part équivalente à celle qu'il aurait eue, s'il eût été appelé au partage (6).

442. — Au contraire, il n'y a pas nullité si l'enfant omis décède avant le donateur, sans postérité, ou si, en cas de survie, il renonce à la succession ou s'en trouve exclu pour cause d'indignité (7).

443. *Qui peut intenter l'action.* — Cette action appartient d'abord et de toute évidence à l'enfant omis qui exerce alors, à proprement parler, une pétition d'hérédité (8).

444. — Elle appartient également à ses cohéritiers qui ont été apportionnés, car ils ne sauraient être tenus de rester dans l'incertitude et de garder une possession précaire (9).

445. — Mais les légataires de l'ascendant n'ont aucune qualité pour opposer la nullité de l'acte (10).

446. *Effets de cette action.* — Ce n'est qu'au décès de l'ascendant que l'omis-

(1) C. civ., 958; — Aubry et Rau, *op. cit.*, texte et notes 33 à 36; — Planiol, III, 2654 à 2656.

(2) Réquier, 169; — Bonnet, II, 545; — Aubry et Rau, § 730, texte et note 4; — Demolombe, XXIII, 161.

(3) Rouen, 20 décembre 1873, S. 75.2.334; — Aubry et Rau, § 730, texte et note 1; — Planiol, III, 3358.

(4) Demolombe, XXIII, 161 *bis*; — Aubry et Rau, *op. cit.*, texte et note 5; — Planiol, *loc. cit.*

(5) Planiol, *loc. cit.*

(6) Limoges, 8 mars 1843, S. 44.2.82, D. 44.2.100.

(7) Bonnet, II, 545 et s.; — Demolombe, XXIII, 160-161; — Aubry et Rau, *op. cit.*, texte et note 4.

(8) Besançon, 22 mars 1880, D. 81.2.15, S. 81.2.92; — Bonnet II, 616; — Aubry et Rau, *op. cit.*, texte et note 10.

(9) Bonnet, II, 553-554; — Demolombe, XXIII, 168; — Aubry et Rau, *op. cit.*, texte et note 14.

(10) Caen, 10 mai 1852, S. 53.2.74, D. 53.2.185.

sion peut être déterminée ; le partage continue à produire ses effets jusqu'à cette époque (1). Mais si la nullité est alors encourue, elle est absolue. Le partage est nul pour le tout, par conséquent inexistant, et il n'est susceptible d'aucune confirmation ni ratification (2). Un nouveau partage peut être provoqué en la forme légale, sans qu'il soit nécessaire de faire prononcer la nullité du premier (3).

447. *Anéantissement des aliénations antérieures.* — La nullité du partage d'ascendant entraîne l'anéantissement des dispositions consenties par les donataires pendant le temps de leur possession. Toute aliénation faite par eux se trouve nulle et les acquéreurs sont tenus de restituer en nature les biens qui leur ont été ainsi vendus (4).

Toutefois, si par l'effet de la nouvelle distribution, les biens aliénés sont attribués au donataire qui les possédait déjà, les ventes et hypothèques qui avaient été consenties par lui doivent être maintenues (5).

448. *Dispositions étrangères.* — Lorsque la nullité est encourue, elle n'atteint pas les dispositions étrangères contenues dans le partage, par exemple une libéralité préciputaire, lorsque ces dispositions se suffisent à elles-mêmes. Il n'en est autrement que s'il résulte des circonstances de la cause que dans l'intention de l'ascendant, les diverses stipulations de l'acte forment un tout indivisible ; dans ce cas, les libéralités contenues au partage doivent tomber avec lui (6).

449. *Nullité de la donation et du partage.* — D'après une opinion, la nullité prononcée par l'article 1078 pour omission d'enfant n'atteint que le partage et laisse subsister la donation entre vifs par laquelle l'ascendant s'est dessaisi au profit de certains de ses enfants des biens qui en faisaient l'objet. Par suite, lorsqu'un des donataires reste en dehors de la succession pour une cause quelconque, l'enfant omis ne peut exercer contre lui qu'une action en réduction pour atteinte à la réserve, le cas échéant (7).

Mais cette doctrine est vivement combattue. Beaucoup n'admettent pas cette décomposition de l'acte unique contenant le partage d'ascendant et le déclarent alors nul, aussi bien comme donation que comme partage (8).

450. *Prescription de l'action.* — L'action en nullité pour omission qui compète à l'enfant omis comme aux enfants qui ont été apportionnés se prescrit par trente ans (9).

§ 3. — Action en rescision pour lésion.

451. *Principe.* — Le partage d'ascendant peut être attaqué s'il n'a pas été attribué, en fait, à l'un des enfants, les trois quarts de la part qu'il aurait dû

(1) Caen, 10 mai 1852, précité.
(2) Laurent, XV, 93 et s. ; — Baudry-Lacantinerie et Colin, II, 3683.
(3) Planiol, III, 3384.
(4) Riom, 14 décembre 1886, S. 88.1.158, D. 88.2.21.
(5) Baudry-Lacantinerie et Colin, II, 3688.
(6) Bordeaux, 20 août 1853, S. 54.5.258 ; — Demolombe, XXIII, 241 ; — Baudry-Lacantinerie et Colin, II, 3549-3550 ; — Laurent, XV, 30 ; — Aubry et Rau, § 728, texte et notes 12-13.
(7) Bonnet, II, 559 ; — Demolombe, XXIII, 170 ; — Aubry et Rau, § 730, texte et notes 12-13.
(8) Caen, 10 mai 1853, S. 53.2.74, D. 53.2.185 ; — Lyon, 6 mars 1878, S. 78.2.201, D. 78.2.65 ; — Laurent, XV, 97 ; — Baudry-Lacantinerie et Colin, II, 3685.
(9) Demolombe, XXIII, 168 ; — Aubry et Rau, *op. cit.*, texte et notes 10 et 14 ; — Planiol, III, 3384.

avoir dans les biens partagés, alors même que cet enfant se trouverait avoir reçu toute sa réserve et même davantage (1).

452. *Nature de cette action.* — La loi ne qualifie pas l'action par laquelle le partage peut être ainsi attaqué ; mais il résulte de la nature même des choses et de la combinaison de l'article 1079 du Code civil avec les articles 887, 888 et 891 du même code que cette action est une action en rescision (2).

453. — Elle est nettement distincte de l'action en réduction pour atteinte portée à la réserve. Ainsi, le descendant qui, par suite de dispositions à titre gratuit faites par l'ascendant, ne se trouve pas rempli de sa réserve ne peut attaquer le partage pour cause de lésion, s'il a obtenu les trois quarts de sa part dans les biens partagés (3).

454. *Ouverture de l'action.* — Lorsque le partage a eu lieu par le même acte que la donation ou lorsque fait par acte séparé, il est effectué avec le concours ou sous la médiation du donateur, l'action en rescision ne s'ouvre qu'au décès de l'ascendant; elle est irrecevable pendant toute la durée de son existence. Il ne devait rien, en effet; s'il s'est dépouillé, c'est volontairement et les donataires ne sauraient critiquer cet abandon tant qu'il vit (4).

455. — Par suite, l'action n'est exercée par eux, dans ce cas, qu'en qualité d'héritiers. Celui d'entre eux qui renoncerait à la succession ou en serait exclu comme indigne se trouverait sans droit pour provoquer la rescision du partage (5).

456. — Pour le même motif, cette action ne devient prescriptible qu'à partir du décès du donateur et non à dater du jour même du partage (6).

457. — Au contraire, l'action s'ouvre le jour même du partage et le délai de prescription court du même jour, lorsque la répartition des biens donnés a été faite par acte distinct de la donation et en dehors du donateur, car on se trouve alors en présence d'un partage ordinaire (7).

458. *Ibid. Partage cumulatif.* — Lorsque le père et la mère ont fait ensemble le partage de leurs biens réunis en une masse unique, l'action en rescision ne s'ouvre qu'au décès du survivant d'eux et la prescription ne commence à courir qu'à partir de la même époque, par suite de l'indivisibilité des deux opérations qui ont été confondues (8).

459. *Ibid. Partage par ascendant survivant.* — Quand le survivant des père et mère a, du consentement des enfants, partagé tant les biens donnés par lui que ceux provenant de la succession de son conjoint prédécédé, sans distinc-

(1) C. civ., 1079 ; — Baudry-Lacantinerie et Colin, II, 3691 ; — Planiol, III, 3386.

(2) Réquier, 171 ; — Bonnet, II, 563 ; — Demolombe, XXIII, 173 ; — Aubry et Rau, § 734, texte et note 2.

(3) Cass. req., 20 juin 1852, S. 52.1.735 ; — Cass. req., 7 août 1863, S. 63.1.529 ; — Poitiers, 23 janvier 1905, *J. N.*, 28.778 ; — Cass. req., 12 novembre 1923. *J. N.* 34053, *Rev. not.* 19829, *Rép. not.*, 20658. — Demolombe, *op., cit.* 176 ; — Aubry et Rau, *op. cit.*, texte et note 7.

(4) Genty, 258 et s. ; — Réquier, 231 et s. ; — Bonnet, II, 627 et s : — Aubry et Rau, *op. cit.*, texte et note 19 ; — Demolombe, XXIII, 220 ; — Cass. req., 12 novembre 1923, précité ; — V. cep. Laurent XV, 110 et 119 ; — Baudry-Lacantinerie et Colin, III, 3663.

(5) Réquier, 181 ; — Genty, 375 ; — Demolombe, XXIII, 178 ; — Aubry et Rau, *op. cit.*, texte et notes 4 *bis* et 5.

(6) Aubry et Rau, *op. cit.*, texte et note 20 ; — Cass. civ., 23 mars 1887, S. 87.1.152, D. 87.1.400.

(7) Aubry et Rau, § 728, texte et note 6 ; — Demolombe, XXIII, 223 ; — Cass. req., 24 juin 1872, S. 73.1.77 ; Cass. civ., 23 mars 1887, précité ; — Bordeaux, 10 novembre 1903, *Rép. not.*, 13834.

(8) Cass. req., 16 novembre 1885, D. 86.1.305, S. 86.1.454, *Rev. not.*, 7249 ; — Demolombe, XXIII, 227 ; — Aubry et Rau, § 734, texte et notes 23 ; — Planiol, III, 3397.

tion d'origine, l'action en rescision ne peut également être exercée et la prescription ne commence à courir, même en ce qui concerne les biens de l'ascendant prédécédé, qu'à partir du décès du survivant (1).

460. — Il en est encore ainsi lorsque le survivant a fait donation à ses enfants de ses biens personnels à condition que les donataires procèdent de suite entre eux et sous sa médiation au partage tant des biens que de ceux dépendant de la succession du parent prédécédé, bien que la donation et le partage aient eu lieu par deux actes séparés, car ces deux actes forment néanmoins un tout indivisible et constituent réellement le partage d'ascendant (2).

461. *Acte aléatoire.* — Il n'y a pas lieu à action en rescision pour cause de lésion quand le partage d'ascendant présente le caractère d'un contrat aléatoire librement accepté par les enfants (3).

462. *Possibilité d'arrêter l'action.* — Le défendeur à l'action peut, conformément aux règles du droit commun et notamment aux dispositions de l'article 891 du Code civil, en arrêter le cours et empêcher un nouveau partage en offrant au demandeur le supplément, soit en numéraire, soit en nature, de ce qui manque au lot du poursuivant et non pas seulement le complément de sa réserve (4).

463. *Confirmation.* — Les intéressés à se prévaloir de cette action peuvent y renoncer soit expressément, soit tacitement ; mais pour qu'il y ait confirmation tacite, il faut que les parties fassent des actes d'exécution alors qu'elles connaissent le vice (5). Il a été décidé à cet égard qu'il y a tacite ratification lorsque le donataire a reçu une soulte après le décès de l'ascendant et qu'ayant vendu les immeubles de son lot, il a été mis ainsi à même de connaître la valeur des biens donnés (6), ou lorsqu'un des enfants achète le lot d'un autre copartageant (7).

464. — En cas de confirmation expresse, le descendant lésé qui ratifie doit avoir la capacité de disposer librement des biens partagés. Ainsi, la femme mariée sous le régime dotal avec constitution de ses biens à venir ne peut confirmer le partage entaché de lésion à son préjudice (8).

465. — Dans tous les cas, la ratification ou renonciation n'est possible qu'après le décès du donateur. Ni l'acceptation du partage, ni son exécution volontaire, ni l'aliénation de tout ou partie des biens donnés, ni même une confirmation de l'acte faite sous forme de transaction ne créent, lorsqu'elles ont lieu du vivant du donateur, une fin de non recevoir contre l'action en rescision, puisque celle-ci n'était pas encore née (9).

Et lorsqu'il s'agit d'un partage cumulatif par les père et mère de leurs biens

(1) Bonnet, II, 666 ; — Demolombe, *loc. cit.* ; — Aubry et Rau, *op. cit.*, texte et note 24 ; — Cass., 27 juillet 1874, S. 75.1.64 et sur renvoi, Bordeaux, 28 avril 1875, S. 75.2.217. Cass., 12 nov. 1923, *J. N.*, 34063, *Rev. Not.* 19829.

(2) Lyon, 18 février 1922, *Rev. not.*, 19371, *Rép. not.*, 20296.

(3) Cass. req., 2 juillet 1878, S. 78.1.203 ; — Cass. civ., 12 février 1912, S. 13.1.101.

(4) Bonnet, II, 560 ; — Demolombe, XXIII, 181 ; — Aubry et Rau, *op. cit.*, texte et notes 17, 17 *bis* et 18 ; — Baudry-Lacantinerie et Colin, II, 3699-3700 ; — Cass., 22 juillet 1879, S. 80.1.399.

(5) Cass., 7 mars 1894, S. 94. 1.240.

(6) Rennes, 20 mai 1920, *Rép. not.*, 19822.

(7) Cass., 18 août 1847, D. 47.1.366.

(8) Cass. civ., 2 juillet 1866, S. 66.1.399, D. 66.1.389 ; — Réquier, 249 ; — Aubry et Rau, § 734, texte et note 28.

(9) Réquier, 243 et s. ; — Bonnet, II, 655-656 ; — Demolombe, XXIII, 225 ; — Aubry et Rau, *op. cit.*, texte et notes 25 *bis* et 26 ; — Cass. civ., 9 juillet 1872, S. 73.1.109.

confondus, sans distinction d'origine, la confirmation ne peut utilement intervenir qu'après le décès du survivant des donateurs (1).

466. *Prescription.* — L'action en rescision en matière de partage d'ascendant par acte entre vifs se prescrit, conformément à l'article 1304 du Code civil, par dix ans à compter du jour de son ouverture, lors même qu'elle n'aurait été découverte que plus tard (2).

467. *Evaluation de la lésion.* — La lésion s'estime eu égard à la masse des biens partagés, et non eu égard à la masse totale des biens composant la succession de l'ascendant (3).

Ce principe amène parfois des résultats singuliers en pratique. « Ainsi, dit M. Planiol (4), supposons une fortune de 240.000 francs et 2 enfants. Le père a commencé par donner à l'un d'eux toute sa quotité disponible qui vaut 80.000 francs. Il en reste 160.000 francs à partager : il attribue 55.000 à celui qui est déjà donataire par préciput, et 105.000 francs à l'autre. Finalement, l'un d'eux aura 135.000 francs et l'autre 105.000 francs seulement ; néanmoins celui qui a la plus forte part des biens paternels pourra se plaindre et faire rescinder le partage, quoiqu'il ait beaucoup plus que sa part de réserve, car il aurait dû recevoir au moins les trois quarts de sa part dans ce qui restait à partager, c'est-à-dire 60.000 francs, et il n'a eu que 55.000 francs. »

Il en est ainsi, en droit, et sauf interprétation contraire de l'ascendant, non seulement dans le cas où la disposition préciputaire est antérieure au partage, mais dans le cas où elle a été faite dans l'acte de partage ou même par un acte postérieur (5).

468. — En cas de partages partiels successifs, la lésion se calcule sur leur ensemble et non pas sur chacun d'eux séparément ; par suite, l'action doit alors être formée contre tous les actes réunis (6).

469. *Clause de préciput.* — Pour prévenir toute difficulté qui résulterait de l'inégalité dans la composition des lots, il est prudent d'insérer une donation des excédents possibles. Sur la portée de cette clause, voir ci-dessus nos 313 à 315.

470. *Estimation des biens.* — La lésion s'apprécie en estimant les biens donnés d'après leur état au moment du partage et d'après leur valeur à l'époque du décès de l'ascendant, parce que c'est l'ouverture de sa succession qui donne à l'acte le caractère de partage héréditaire et permet de l'attaquer pour cause de lésion. Voir à ce sujet les explications données sous les nos 390 et 391 ci-dessus.

471. *Effets de la rescision.* — Lorsqu'elle est prononcée, la rescision rétablit l'indivision entre les enfants qui doivent alors procéder entre eux à un nouveau partage dans les formes ordinaires (7).

Toutefois, s'il existait dans la succession d'autres biens pouvant permettre de

(1) Réquier, 250 ; — Bonnet, II, 661 ; — Demolombe, XXIII, 227 ; — Aubry et Rau, *op. cit.*, texte et note 27 ; — Cass. civ., 11 juin 1872, S. 73.1.110.

(2) Demolombe, XXIII, 231 *bis* ; — Aubry et Rau, *op. cit.*, texte et note 21 ; — Baudry-Lacantinerie et Colin, II, 3726 ; — Planiol, III, 3388.

(3) Réquier, 175 et 177 ; — Demolombe, *op. cit*, 176-177 ; — Aubry et Rau, *op. cit.*, texte et notes 6 et 8 ; — Planiol, III, 3387 ; — V. égal. Nîmes, 8 novembre 1864, S. 65.2.74 ; — Bordeaux, 27 décembre 1869, S. 70.2.124, D. 71.2.201.

(4) Planiol, III, 3387.

(5) Demolombe, XXIII, 177 *bis* ; — Aubry et Rau, § 734, texte et note 9 ; — Orléans, 20 février 1895 et Cass. req. (rejet), 30 novembre 1896, S. 00.1.523.

(6) Cass. civ., 18 décembre 1854, D. 55.1.55, S. 55.1.572 ; — Bonnet, II, 571 ; — Aubry et Rau, *op. cit.*, texte et note 10 ; — Planiol, III, 3387.

(7) Demolombe, XXIII, 172 ; — Aubry et Rau, § 734, texte et note 30 ; — Baudry-Lacantinerie et Colin, II, 3735 ; — Planiol, III, 3398.

réparer la lésion par un supplément de part à prélever pour le descendant lésé, le juge saisi de l'action pourrait, en ordonnant le partage desdits biens dans ces termes, se dispenser de prononcer la rescision du partage d'ascendant (1).

472. — En cas de rescision, l'effet des actes de disposition consentis par les donataires pendant la durée de leur possession dépend de la façon dont les biens seront définitivement attribués. Selon qu'ils retombent ou non, par suite du nouveau partage, dans le lot de l'enfant qui les possédait déjà, les aliénations et les hypothèques faites par cet enfant se trouvent consolidées ou annulées (2).

Les tiers peuvent, pour ce motif, s'opposer à ce qu'il soit procédé au nouveau partage hors leur présence, afin de veiller à la sauvegarde de leurs droits, et la seule prescription dont ils puissent se prévaloir est la prescription trentenaire, parce qu'ils n'ont pas de juste titre (3).

473. — Les tiers acquéreurs ou prêteurs ne peuvent, en vertu de l'article 930 du Code civil, être poursuivis en revendication qu'après discussion des biens du donataire, c'est-à-dire non seulement des biens donnés qui sont encore entre les mains de ce donataire, mais encore de ses biens personnels. Par suite, si celui-ci est solvable, les tiers n'ont rien à craindre : ils n'ont qu'à invoquer le bénéfice de discussion.

474. *Fruits.* — En cas de rescision, les copartagés doivent la restitution des fruits des biens qui composaient leurs lots à partir du jour de la demande (4).

475. *Frais.* — Le descendant qui attaque le partage pour cause de lésion doit faire l'avance des frais d'estimation (C. civ., 1080). La loi n'oblige pas expressément de les consigner soit à la Caisse des Dépôts et Consignations, soit au greffe ; néanmoins, il est généralement admis qu'il y a lieu de les déposer au greffe (5).

476. — Si son action est rejetée, il supporte seul les frais d'estimation ainsi que les dépens de la contestation (C. civ., 1080). Si elle est reconnue fondée, il est remboursé de son avance et il y a lieu d'appliquer la compensation pour les dépens (6).

§ 4. — Action en réduction pour atteinte à la réserve.

477. *Principe.* — Les descendants peuvent, de par le droit commun, demander la réduction des libéralités directes contenues dans l'acte de partage, lorsqu'elles portent atteinte à la réserve.

Mais à côté de cette action ordinaire, la loi en a accordé une autre spéciale aux descendants copartagés, qui leur permet de demander le complément de leur réserve lorsque, de la composition des lots jointe aux libéralités préciputaires faites à l'un d'eux, il résulte que ce dernier a reçu un avantage excédant la quotité disponible (C. civ., 1079).

(1) Demolombe, *op. cit.*, 180 ; — Aubry et Rau, *op. cit.*, texte et note 16 ; — Cf. Cass. civ., 29 août 1864, S. 64.1.435.

(2) Aubry et Rau, *op. cit.*, texte et notes 31 *bis* et 31 *quater* ; — Baudry-Lacantinerie et Colin, II, 3688 ; — Planiol, *loc. cit.* ; — Cass. req., 26 juillet 1887, S. 87.1 377. D. 89.1.71.

(3) Cass. civ., 22 août 1877 et, sur renvoi, Montpellier, 10 janvier 1878, S. 78.1 145 et 78 2 313.

(4) Cass. civ., 11 juillet 1866, S. 66.1.398 ; — Demolombe, XXIII, 210 ; — Aubry et Rau, § 734, texte et note 32.

(5) Réquier, 190 ; — Bonnet, II, 726 ; — Demolombe, XXIII, 211 ; — Baudry-Lacantinerie et Colin, II, 3773.

(6) Genty, 330 ; — Demolombe, *op. cit.*, 210 ; — Baudry-Lacantinerie et Colin, II, 3770.

Supposons, par exemple, une fortune de 30.000 francs et 2 enfants. Par une première disposition, le père a donné par préciput à l'un des enfants la quotité disponible, soit 10.000 francs, et par un partage subséquent des 20.000 francs de surplus, il attribue 12.000 francs à celui qui a déjà été gratifié de la quotité disponible et 8.000 francs à l'autre. Si le législateur n'avait pas établi une action spéciale, « l'enfant avantagé aurait pu se retrancher derrière le dilemme suivant : est-ce la libéralité préciputaire ou le partage que vous attaquez ? Si c'est la libéralité, elle n'est pas sujette à réduction puisqu'elle n'excède pas la quotité disponible. Si c'est le partage, il n'est pas critiquable, car vous n'êtes pas lésé de plus du quart » (1). Un texte était nécessaire pour empêcher qu'un ascendant pût ainsi faire à un de ses enfants des avantages successifs (2).

478. *Condition d'application.* — Cette action est soumise à une condition particulière : il faut que ce soit le même enfant qui, étant déjà donataire, profite en outre de l'inégalité des lots. Par suite, elle ne s'applique pas :

1° Lorsqu'en l'absence de toute disposition à titre gratuit, l'atteinte portée à la réserve résulte uniquement du partage ;

2° Quand les dispositions à titre gratuit ont eu lieu au profit d'un enfant autre que celui qui est avantagé par le partage ;

3° Quand les libéralités préciputaires profitent à un étranger (3).

Dans ces divers cas, le partage ne peut être attaqué en général que par la voie de rescision pour lésion de plus du quart, ou encore par l'action en réduction de droit commun, si l'enfant lésé peut établir que les avantages conférés à ses copartagés sous la forme de lotissements inégaux constituent en réalité des libéralités déguisées (4).

479. — Il importe peu, pour la recevabilité de l'action spéciale, que la disposition ait eu lieu dans l'acte même qui contient le partage ou par acte séparé (5).

480. *Nature et effet de l'action.* — La nature de l'action spéciale dont il est question fait l'objet d'une vive controverse.

481. — D'après une opinion enseignée par la majorité de la doctrine, il s'agit d'une action en rescision parce que l'article 1079 du Code civil la rapproche de l'action en rescision pour lésion et se sert pour l'une et l'autre de la même expression : « Le partage pourra être attaqué ». Par suite, comme l'action en rescision pour lésion, elle doit être dirigée contre tous les enfants à la fois et elle a pour effet de faire tomber le partage (6).

482. — Selon une autre opinion admise par quelques auteurs et par une jurisprudence à peu près unanime et constante, il s'agit d'une action spéciale en réduction parce que sa seule raison d'être est une atteinte à la réserve (7).

Ce principe admis, il en résulte :

(1) Planiol, III, 3391.
(2) Demolombe, XXIII, 188 ; — Aubry et Rau, § 734, texte et notes 36 et 37 ; — Baudry-Lacantinerie et Colin, II, 3742.
(3) Réquier, 207 et 221 ; — Bonnet, II, 593 et s. ; — Demolombe, *op. cit.*, 195 ; — Aubry et Rau, *op. cit.*, texte et notes 38-39 ; — Planiol, III, 3392 ; — Cass. req., 25 février 1878, S. 81.1.73.
(4) Demolombe, *op. cit.*, 194 ; — Aubry et Rau, *op. cit.*, texte et note 40.
(5) Réquier, 220 ; — Demolombe, *loc. cit.* ; — Aubry et Rau, texte et note 41 ; — Baudry-Lacantinerie et Colin, II, 3749.
(6) Genty, 50 ; — Bonnet, II, 599 et s. ; — Demolombe, XXIII, 189 et 189 *bis* ; — Baudry-Lacantinerie et Colin, II, 3750-3751.
(7) Labbé, *Pal.*, 1863, 734 ; — Réquier, 208 et s. ; — Aubry et Rau, § 734, texte et notes 42 et s. ; — et les décisions citées sous les numéros suivants.

1° Que le partage n'est pas annulé par l'action et que l'enfant lésé n'a droit qu'au complément de sa réserve (1) ;

2° Que l'action doit être dirigée contre l'enfant avantagé au delà de la quotité disponible, sans qu'il y ait lieu de mettre les autres en cause (2) ;

3° Et que le défendeur à cette action ne peut en arrêter le cours au moyen de l'offre d'une indemnité pécuniaire, lors même que l'ascendant aurait manifesté une volonté expresse à cet égard, car le demandeur a droit, sauf dans le cas exceptionnel prévu par l'article 866 du Code civil, à un supplément en biens ou valeurs héréditaires (3).

483. *Calcul de la quotite disponible.* — Pour déterminer si la quotité disponible a été ou non dépassée, il faut réunir, conformément à l'article 922 du Code civil, les biens laissés par l'ascendant à son décès à ceux dont il a précédemment disposé. Nous avons exposé sous les n°s 390 et 391 ci-dessus comment s'estiment les biens compris dans le partage d'ascendant par acte entre vifs. Les mêmes règles s'appliquent aux biens formant l'objet de dons préciputaires.

484. *Ouverture et prescription de l'action.* — L'action spéciale en réduction ne s'ouvre qu'au décès de l'ascendant et se prescrit par dix ans à partir de la même date (4).

485. — En cas de partage cumulatif par deux ascendants sans distinction de patrimoine, l'ouverture de l'action et par suite le point de départ de sa prescription n'ont lieu qu'au décès du survivant des donateurs (5).

Toutefois, s'il y a des héritiers renonçant à la succession du premier mourant de ceux-ci, la demande en réduction peut être formée immédiatement par les cohéritiers acceptants, car les renonçants doivent dès lors être considérés comme de simples donataires et par suite n'ont droit à aucune part dans la réserve. Dans ce cas, ce n'est plus le partage d'ascendant qui fait l'objet du litige, mais uniquement la libéralité dont bénéficient les renonçants. On se trouve dans l'hypothèse de l'article 920 du Code civil et non dans celle de l'article 1079 du même code (6), et la prescription alors opposable est la prescription trentenaire (7).

486. *Confirmation.* — L'action spéciale en réduction s'éteint aussi par la confirmation expresse ou tacite du partage, à condition que cette confirmation ait lieu après le décès de l'ascendant et que le descendant qui ratifie ait connaissance du vice qui existe (8).

487. *Frais.* — Les dispositions de l'article 1080 du Code civil concernant les frais d'estimation et les dépens de la contestation s'appliquent en la circonstance comme il a été expliqué sous les n°s 469 et 470 ci-dessus (9).

(1) Cass. req., 6 juin 1834, S. 35.1.58; — Cass. req., 30 juin 1852, S. 52.1.735, D. 54.1.434 ; — Poitiers, 23 juin 1905, S. 05.2.217, D. 05.2.169.

(2) Agen, 28 mai 1850. S. 51.2.177, D. 51.2.8.

(3) Rouen, 13 juin 1836, S. 37.2.496 ; — Cass. req , 17 août 1863, S. 63.1.529, *Rev. not.*, 695; — Cass. civ., 16 avril 1873, S. 73.1.317, D. 73.1.200. — V. cep. Lyon, 27 mars 1902. P. 03 2.51.

(4) Réquier, 234, 237, 239 ; — Bonnet, II, 622 et s. ; — Aubry et Rau, § 734, texte et notes 51-52 ; — Cass. civ., 31 janvier 1853, S. 53.1.153 ; — Cass. req., 1er mai 1861, S. 61.1.481, D. 61.1.323.

(5) Cass. civ., 18 juin 1867, *Rev. not.* 2062; — Cass. req., 16 novembre 1885, S, 86.1.454, D. 86.1.395, *Rev. not.* 7249.

(6) Cass req., 25 février 1890, S. 90.1.207, *Rev. not.* 8272.

(7) Riom, 29 juin 1921, *Rev. not.* 18763.

(8) Cass. civ., 14 mars 1866, S. 66.1.353, D. 66.1.173 : — Toulouse, 26 juillet 1878, S. 79.2.49, D. 79 2.177.

(9) Genty, 330; — Bonnet, II, 728 ; — Demolombe, XXIII, 212 ; — Aubry et Rau, § 734, p. 637.

§ 5. — Action en nullité pour défaut d'homogénéité dans la composition des lots.

488. *Principe.* — Ainsi qu'on l'a vu sous les nos 199 et suivants, il est généralement décidé qu'il doit entrer dans chaque lot, en principe, la même quantité de meubles, d'immeubles, de droits ou de créances de mêmes nature et valeur; toute dérogation à cette règle doit, à peine de nullité, être justifiée par des raisons de convenances propres à l'ascendant, ou par la situation des héritiers, ou par la nature et la consistance des biens.

489. *Exercice de l'action en nullité.* — Pour exercer cette action, le descendant qui se plaint de l'irrégularité commise dans la composition des lots n'a pas à établir qu'il en a éprouvé un préjudice (1), et ses cohéritiers ne peuvent arrêter la poursuite par l'offre d'un supplément de portion héréditaire (2).

490. *Ouverture et prescription de l'action.* — L'action ne s'ouvre qu'à la mort de l'ascendant (3). S'il s'agit d'un partage cumulatif de biens paternels et maternels, fait par le père et la mère ou par le survivant d'eux, elle s'ouvre seulement lors du décès du dernier mourant de ceux-ci (4).

491. — La prescription de cette action s'accomplit par dix ans à compter du jour de son ouverture (5).

492. *Ratification.* — La nullité résultant d'une contravention aux prescriptions des articles 826 et 832 du Code civil peut être ratifiée après le décès du donateur. Cette ratification résulte suffisamment de l'exécution donnée à l'acte de partage par l'héritier qui a à se plaindre de la composition des lots, par exemple par la prise de possession de tout ou partie des objets composant son lot, à condition que ce copartageant ait connaissance des vices de l'acte qu'il exécute (6).

Mais le fait de recevoir seulement les intérêts d'un capital ne serait pas suffisant pour équivaloir à une ratification (7).

493. *Effets de la nullité.*— Les effets de cette nullité sont les mêmes que ceux de l'action en rescision pour lésion à l'égard des parties et envers les tiers (8).

Par suite :

Le partage d'ascendant, nul pour irrégularité dans la formation des lots, est également nul comme donation ; il y a lieu de procéder à un nouveau partage, et non pas seulement à une réduction de certains lots ou de certaines parts (9) ;

Et les libéralités préciputaires ne sont atteintes par la nullité que si elles ne sont pas distinctes des attributions ou si, dans l'intention de l'ascendant, elles étaient liées à l'exécution du partage (10).

(1) Demolombe, XXIII, 206 ; — Aubry et Rau, § 732, texte et note 5.

(2) Aubry et Rau. *op. cit.*, texte et note 6 ; — Baudry-Lacantinerie et Colin, II, 3796 ; — Cass. req., 25 février 1856, S. 56.1.307, D. 56 1.113.

(3) Aubry et Rau, *op. cit.*, texte et note 7 ; — Baudry-Lacantinerie et Colin, II, 3792 ; — Cass. civ.; 14 avril 1852. S. 52.1.749, D. 52.1.203.

(4) Cass., 25 février 1878, S. 81.1.73 ; — Cass. req., 16 novembre 1885, S. 86.1.454, D. 86.1.395, *Rev. not.* 7249.

(5) Aubry et Rau, § 732, texte et notes 6 à 8 ; — Baudry-Lacantinerie et Colin, II, 3793-3794 ; — Cass. req., 16 novembre 1885, précité.

(6) Bordeaux, 23 mars 1853, S. 53.2.403, D. 53.2.223 ; — Orléans, 29 juillet 1885, sous S. 84.1.259 ; — Cass. civ., 10 avril 1922, *J. N.* 33463.

(7) Agen, 18 avril 1849, S. 53.2.129.

(8) Baudry-Lacantinerie et Colin, II, 3797.

(9) Cass. req., 25 février 1856, S. 56.1 307, D. 56.1.113.

(10) Chambéry, 23 juillet 1873, S. 74.2.43.

494. *Restitution des fruits.* — En principe, la nullité du partage entre vifs pour cause de non-homogénéité des lots n'oblige pas les enfants à restituer les fruits perçus antérieurement au décès de l'ascendant, et il est généralement admis qu'après ce décès, ils ne doivent que les perceptions faites de mauvaise foi (1).

495. — Toutefois, si tous les immeubles ont été attribués à quelques-uns des enfants à la charge de payer une soulte aux autres, les enfants allotis en argent sont tenus de restituer les intérêts des sommes par eux reçues du jour du versement qui leur en a été fait, et les héritiers allotis en immeubles et qui n'ont joui des fruits que depuis le décès de l'ascendant donateur les restituent du jour où ils ont commencé à les percevoir (2).

(1) Réquier, 206 *bis* ; — Demolombe, XXIII, 240 ; — Baudry-Lacantinerie et Colin, II, 3800 et 3800 *bis* ; — Cass., 11 juillet 1866, S. 66.1.398.
(2) Aubry et Rau, § 732, texte et note 12 ; — Cass. req., 14 juillet 1869, S. 69.1.453, D. 69.1.347.

496. *Nullités de forme.* — Le notaire est responsable des nullités occasionnées par un vice de forme du partage d'ascendant. Il est inexcusable, en effet, de ne pas connaître les devoirs et les règles fondamentales de sa profession ; une telle ignorance constitue une faute lourde que sa bonne foi même ne saurait atténuer.

497. — Ainsi, il est garant envers les parties du dommage que leur occasionnerait la nullité de l'acte prononcée pour défaut d'assistance réelle des deux témoins ou du notaire en second (1), ou le défaut de signature par lesdites parties ou par les témoins ou par les notaires (2).

498. *Nullités tenant au fond du droit.* — Les nullités qui tiennent au fond même du droit n'engagent la responsabilité du notaire que si elles dénotent de sa part une incapacité ou une ignorance notoires. Il est inadmissible qu'un officier ministériel sérieux ignore les principes que sa profession l'appelle à appliquer couramment et qui ne sont ni douteuses ni controversées. Au contraire, la décision qu'il adopte à propos de questions litigieuses, sur lesquelles la doctrine et la jurisprudence présentent des incertitudes, ne le rendent point passible de dommages-intérêts, quelle que soit la solution qui triomphe par la suite (3).

499. — Ce principe entraîne à admettre qu'on ne saurait voir une faute lourde, génératrice de responsabilité, dans le fait par un notaire de recevoir un partage d'ascendant au profit d'enfants de deux lits, tant que la Cour suprême ne se sera pas prononcée formellement sur la question (V. *suprà*, n° 100).

500. — Au contraire, peut être déclaré responsable :

1° Le notaire qui stipule une clause de réversion d'usufruit ou de rente viagère sur la tête du survivant de deux époux donateurs, sans réduction, la question ne paraissant plus controversable à l'heure actuelle, en jurisprudence surtout, lorsque la réversion est supérieure à la valeur des biens donnés par chaque époux (4) ;

2° Le notaire qui fait accepter le partage anticipé intéressant un donataire incapable pour une cause autre que la minorité, par une personne non habilitée à cet effet, par exemple par des ascendants (5) ;

3° Le notaire qui fait accepter l'acte pour un donataire incapable ou non présent par un porte-fort et qui n'avertit pas les parties de l'imperfection de la disposition (6) ;

(1) Lyon, 6 août 1857, *J. N.*, 16163.
(2) Cf. Cass. req., 16 mars 1886, *Rev. not.*, 7322, et Cass. civ., 14 avril 1886, *Rev. not.*, 7355.
(3) Cass., 9 mai 1916.
(4) Limoges, 5 décembre 1899, *J. du not.*, 1900, p. 745 ; — Fontainebleau, 14 août 1901, *J. N.*, 27562 ; — Paris, 12 mars 1903, S. 03. 2.267.
(5) Charolles, 26 janvier 1905 ; Cass. req., 12 décembre 1906, S. 08. 1.315, *Rev. not.*, 12992.
(6) Cass. civ., 27 juillet 1892, S. 93. 1.121, *J. N.*, 25022, *Rev. not.*, 8946.

4° Le notaire qui fait renoncer le donateur à son action révocatoire, sous le prétexte erroné qu'il a un privilège sur les biens donnés (1);

5° Et le notaire qui insère de sa propre initiative une charge n'offrant pas d'utilité et donnant ouverture à des droits d'enregistrement frustratoires (2).

501. *Intérêt à l'acte.* — Il est interdit au notaire de recevoir un acte dans lequel il serait intéressé ou qui contiendrait des dispositions en sa faveur, et il a été jugé à cet égard qu'est entachée de nullité la donation contenant obligation par le donataire de payer, à la place du donateur, une dette souscrite par lui au profit du notaire instrumentaire (3).

Toutefois, il a été décidé aussi que cette nullité ne saurait s'appliquer à une donation-partage dans laquelle l'ascendant a mis à la charge de ses enfants diverses dettes comprenant notamment des sommes dues au notaire rédacteur de l'acte, parce que la stipulation est rédigée exclusivement en vue des parties contractantes et que ce n'est qu'accessoirement qu'elle peut être utilisée plus tard par le notaire (4).

La plus grande circonspection est donc de rigueur en pareille circonstance et il importe que la rédaction employée ne donne au notaire ni faveur ni avantage réel.

502. *Enonciations prescrites par la loi.* — Un certain nombre d'énonciations sont prescrites sous peine d'amende, telles que celles relatives aux nom et lieu de résidence du ou des notaires instrumentaires, — aux noms, prénoms et qualités des parties, — aux noms et demeures des témoins, — aux indications en toutes lettres des sommes et des dates, — à la mention de la lecture des textes de lois relatifs aux dissimulations de soulte et des affirmations imposées à ce sujet, etc. (V. notamment les n°s 35, 49 et 58 ci-dessus)

Toute infraction à ces prescriptions entraînerait l'application de l'amende prévue.

503. — D'autres énonciations sont obligatoires à peine de nullité, par exemple la mention de la présence effective du second notaire ou des témoins à la lecture de l'acte et à sa signature par les parties (5).

Le notaire serait naturellement tenu de garantir les copartagés de la nullité qui serait prononcée pour ce motif.

504. *Incapacité des témoins.* — Le notaire doit veiller à n'employer comme témoins que des personnes remplissant les conditions requises par la loi, alors même que ces témoins sont choisis et appelés par les parties. Mais il pourra être facilement excusé s'il s'est informé de leur capacité et de leur idonéité, et si, après leur avoir fait connaître les prescriptions légales, il leur a adressé des interpellations directes et précises (6).

505. — Il appartient aux juges de décider souverainement d'après les circonstances propres à chaque affaire, si le notaire s'est rendu coupable à ce sujet de négligence ou d'imprudence assez grave pour le rendre passible de dommages-intérêts.

506. *Formalités extrinsèques.* — Le notaire n'est pas obligé, de droit, à rem-

(1) Paris, 11 mai 1886, *J. N.*, 23661, *Rev. not.*, 7374.
(2) Cf. Valenciennes, 6 août 1874.
(3) Cass., 30 janvier 1911, *J. N.*, 30082.
(4) Orléans, 7 août 1889, *Rev. not.*, 8163; — Lyon, 26 mars 1892 et, sur pourvoi, Cass. req., 6 avril 1894, *Rev. not.*, 9144.
(5) V. notamment les n°s 22, 31, 32, 35, 56 et 59 ci-dessus.
(6) Rutgeerts et Amiaud, III, 1388; — Eloy, I, 336 et s.

plir les formalités destinées à assurer l'efficacité ou l'exécution des conventions réalisées devant lui (1). Mais en fait, les tribunaux ont tendance à le considérer comme conseil légal des parties et comme ayant reçu, en cette qualité, le mandat tacite de poursuivre l'accomplissement des formalités subséquentes des actes qu'il a reçus. Par suite, il est prudent qu'à défaut de stipulation contraire, il fasse le nécessaire à ce sujet, par exemple qu'il assure la transcription de la donation et, quand il y a lieu, l'inscription du privilège de copartageant ou l'inscription hypothécaire donnée en garantie du service d'une rente.

507. — Lorsque les parties le dispensent de s'occuper de ces formalités, il doit leur expliquer les risques auxquels elles s'exposent et mentionner le tout dans son acte. Pour être vraiment opérante, il faut que cette mention soit claire et précise, et que le notaire ne la fasse pas en son nom, mais directement en celui de ses clients (2).

508. *Dispositions annulables.* — Parfois, les parties passent outre les avertissements du notaire et persistent à vouloir réaliser une disposition annulable.

Il est d'usage d'insérer alors dans l'acte une déclaration rapportant les conseils donnés, en vue de dégager toute responsabilité. Mais il serait téméraire de s'exagérer la valeur des déclarations de cette nature. Celles-ci ne lient absolument ni les parties ni les tribunaux qui restent souverains juges de leur étendue et de leur opportunité (3).

Dans tous les cas, elles demandent à être rédigées de façon précise et spéciale pour chaque affaire, afin de ne pas prendre l'apparence de simples clauses de style (4).

509. *Notaire en second.* — En principe, la responsabilité pèse surtout sur le notaire en premier. Il en est ainsi tout au moins lorsqu'il a seul présidé aux tractations préalables à l'acte, entendu les explications des parties et préparé l'acte.

Toutefois, le notaire en second, encore qu'il remplisse un rôle purement passif et de bienveillance envers un confrère, doit veiller à la régularité de la disposition et il répond des nullités de forme et même des nullités de fond dont il aurait pu et dû constater l'existence. Les juges apprécient souverainement à cet égard, d'après les circonstances et selon le concours prêté (5).

510. *Vente des immeubles donnés.* — Nous avons vu (n°s 365 et s. ci dessus) que l'aliénation consentie par le donataire, avant le décès du donateur, des biens dont il a été apportionné n'est pas pleinement définitive, et qu'il a été cherché en vain des moyens pratiques pour remédier à cet état de choses. Il est nécessaire que le notaire appelé à dresser une semblable vente indique à l'acquéreur les risques auxquels il reste soumis; les tribunaux auraient d'autant plus tendance à considérer sa responsabilité engagée qu'il se serait efforcé de pallier à la précarité des droits de son client par des combinaisons inefficaces (6).

511. *Hypothèque en cas de donation non transcrite.* — Le notaire devant

(1) Cass., 14 février 1855, *J. N.*, 15471; — Cass., 15 décembre 1874, S. 75. 1. 212; — Cass. req., 22 février 1897, *Rev. not.*, 9790.

(2) Cf. Toulouse, 26 juin 1895, *J. N.*, 25894; — Alger, 14 février 1900, *J. N.*, 27317; — Paris, 3 avril 1903, *J. N.*, 27954; — *Encyc. du not.*, V° Resp. not., n°s 519 et s.

(3) Cass. req., 2 avril 1872, *Rev. not.*, 4094, *J. N.*, 20048; — Cass. req., 17 juillet 1872, *J. N.*, 20586.

(4) *Dict. du not.*, V° Clause préventive, n° 3.

(5) Bauby, *Tr. de la resp. des not.*, p. .

(6) Rouen, 13 décembre 1911, Loi 14 février 1912.

lequel a été passé un partage anticipé non transcrit se prêterait à un acte malhonnête, engageant sa responsabilité, s'il recevait ensuite un acte par lequel le donateur frapperait d'hypothèque, en dehors et à l'insu du donataire, les biens déjà donnés (1).

Il en serait autrement si le partage non transcrit avait eu lieu devant un autre notaire que celui appelé à dresser l'affectation hypothécaire (2).

512. *Confirmation du partage.* — A raison du temps pendant lequel les actions en nullité, en rescision ou en réduction peuvent utilement se produire, l'aliénation des biens provenant d'un partage anticipé faite aussitôt après le décès du donateur n'offre pas une pleine sécurité. Il est d'une sage prévoyance de faire signer au préalable un acte confirmatif par lequel les donataires précisent leur volonté d'exécuter le partage dans son ensemble comme dans son détail (3).

513. *Décharge s.s.p.* — Chaque fois que le notaire est requis de dresser un partage d'ascendant qui, sans présenter un caractère illicite ou frauduleux, lui semble annulable ou dommageable, comme aussi lorsque les parties se refusent à laisser remplir les formalités subséquentes, nous avons vu qu'il est d'usage de le mentionner dans l'acte. Mais pour mettre plus sûrement sa responsabilité à l'abri, il est prudent que le notaire se fasse donner en outre une décharge spéciale, conçue en termes clairs et précis, et aussi circonstanciée que possible. Notamment, cette décharge doit indiquer les risques auxquels les clients s'exposent et les avertissements qui leur ont été donnés.

Ainsi rédigée, elle met obstacle aux réclamations ultérieures contre le notaire. Celui-ci ne saurait être sérieusement inquiété que s'il était établi que les faits rapportés ne sont pas l'expression fidèle de la vérité (4).

(1) Douai, 16 février 1855, S. 55.2.705.
(2) Caen, 20 juillet 1874, S. 74.2.305.
(3) Amiaud, V° Part. d'asc., n° 114.
(4) *Dict. du not.*, V° Clause préventive, n° 3; — *Circ. du Comité des not.*, n° 268, p. 367-386; — *Encyc. du not.*, V° Resp not., n°s 524-525; — Amiaud, V° Clauses prévent., n°s 27-32.

CHAPITRE X. — Frais et Honoraires

§ 1. — Timbre.

514. *Minute.* — Comme tous les actes notariés en général, le partage d'ascendant doit être écrit sur papier au timbre de dimension, sous peine d'une amende de 20 francs en principal (1).

515. *Conventions indépendantes.* — Le même acte peut contenir différentes conventions indépendantes les unes des autres, par exemple la donation par un ascendant et le partage tant des biens donnés que de ceux dépendant de la succession de l'autre ascendant, ou une licitation au profit d'un des donataires.

516. *Acte à la suite.* — En principe, on ne peut écrire deux actes à la suite l'un de l'autre sur la même feuille de papier timbré à peine d'amende (2).

Ainsi donnerait lieu à contravention le fait d'écrire à la suite du partage, sur la même feuille de timbre :

L'acte d'acceptation, lorsque celle-ci est donnée séparément de la donation (3) ;

Et la quittance des arrérages d'une rente viagère stipulée au profit de l'ascendant (4).

517. — Exceptionnellement, il est permis de le faire pour certains actes qui sont considérés comme formant la suite naturelle du partage, par exemple :

1° La ratification par un donataire pour lequel on s'est porté fort (5) ;

2° Le procès-verbal de tirage au sort des lots lorsqu'il n'y a pas été procédé au cours de l'acte de donation même (6);

3° Et la quittance des soultes qui ont été stipulées et n'ont pas été payées comptant (7).

518. *Grosse et expéditions.* — Les grosse, expéditions et extraits doivent être établis sur timbre spécial à raison de 25 lignes à la page et 15 syllabes à la ligne (8).

Toutefois, la copie destinée à assurer la transcription au bureau des hypothèques est faite sur une formule particulière, délivrée à cet effet par l'administration (9).

Et les extraits ou expéditions établis à fin de subrogation ne sont assujettis à aucun papier spécial, pourvu qu'ils portent la mention de leur destination et indiquent la formalité hypothécaire (10).

(1) L. 13 brumaire an VII, art. 12 et 26.
(2) L. 13 brumaire an VII, art. 23.
(3) Chartres, 28 décembre 1839, *J. E.* 12438; — Valognes, 14 mars 1846, *J. E.* 13992.
(4) Epernay, 26 février 1838, *J. E.* 11971.
(5) Semur, 20 juillet 1842.
(6) Sol. 25 septembre 1848, *J. E.* 14562.
(7) Sol. 3 août 1859, *J. E.* 12475.
(8) L. 13 brumaire an VII, art. 20 et 26; L. 25 juin 1920, art. 36.
(9) L. 1er mars 1918 et décret 13 mars 1918.
(10) L. 27 février 1900, art. 1.

§ 2. — Enregistrement.

1. *Tarif. Conditions de son application.*

519. *Droit.* — La loi de frimaire n'avait pas mentionné expressément le partage d'ascendant par acte entre vifs. Mais un tarif particulier lui fut bientôt appliqué (1).

Après diverses modifications, ce tarif était, sous l'empire de la loi du 21 février 1901, de 1 fr. 70 pour 100, sans décimes, droit de transcription compris. Il est actuellement le suivant (2) :

Entre plus de 2 enfants vivants ou représentés..................	2,50 %
Entre 2 enfants vivants ou représentés.........................	4,50 %
Entre descendants d'un enfant unique...........................	6,50 %

Le tout avec addition de 2 décimes (3).

Pour son application, on doit ajouter au nombre des enfants vivants ou représentés du donateur l'enfant qui est décédé après avoir atteint l'âge de 16 ans révolus ou qui, âgé de moins de 16 ans a été tué à l'ennemi au cours des hostilités ou est mort des suites de faits de guerre, soit durant les hostilités, soit dans l'année de leur cessation. Le bénéfice de cette disposition est subordonné à la production, dans le premier cas, d'une copie de l'acte de décès, et, dans le second cas, d'un acte de notoriété délivré sans frais par le juge de paix du domicile du défunt et établissant les circonstances de la blessure ou de la mort (4).

Mais il va sans dire que ce tarif de faveur n'est applicable qu'aux biens transmis à titre de partage anticipé aux descendants successibles directs. C'est le droit de donation ordinaire qui doit être perçu sur la valeur des biens qui peuvent faire l'objet de dispositions indépendantes au profit d'autres personnes, étrangères ou non.

520. *Base de perception.* — Ce droit englobe à la fois la donation et le partage qui en est la conséquence, à moins que l'opération ne soit constatée par deux actes distincts. Il porte sur la valeur totale des biens transmis, arrondie de 20 fr. en 20 fr. sans fraction (5).

Mais si la disposition comprend des biens ayant déjà fait l'objet d'une libéralité en vertu d'un acte enregistré et qui sont rapportés fictivement, la valeur de ces biens doit être déduite pour la perception de l'impôt, alors même qu'il s'agit de sommes échues et déclarées non encore payées (6).

521. *Donation de nue propriété.* — Lorsque le donateur se réserve l'usufruit des biens donnés, la valeur de cet usufruit est déduite pour la perception du droit, d'après l'âge de l'usufruitier qui doit être indiqué, s'il est né en France ou en Algérie, ou dont l'acte de naissance doit être représenté, s'il est né dans une autre colonie ou à l'étranger (7).

(1) L. 24 juin 1924.
(2) L. 25 juin 1920, art. 32.
(3) L. 22 mars 1924.
(4) L. 25 juin 1920, art. 34.
(5) L. 27 ventose au IX, art. 2.
(6) Sol. 14 juin 1864; — Sol. 25 avril 1882, R. P. 6025.
(7) L. 25 février 1901, art. 13 et 14.

Le législateur a fixé lui-même la valeur de la nue propriété de la manière suivante :

Si l'usufruitier a moins	de 20 ans,	3/10 de	la toute	propriété ;
—	de 20 à 30 ans....	4/10	—	—
—	de 30 à 40 ans....	5/10	—	—
—	de 40 à 50 ans....	6/10	—	—
—	de 50 à 60 ans....	7/10	—	—
—	de 60 à 70 ans....	8/10	—	—
—	au-dessus de 70 ans.	9/10	—	—

522. — Lorsque les père et mère sont donateurs, l'usufruit qu'ils se réservent se fractionne en deux parties et est calculé divisément sur chaque tête.

523. — Lorsque l'usufruit est réservé pour une durée fixe, il est alors estimé à 2/10 de la pleine propriété pour chaque période de 10 ans de sa durée, sans fraction et sans égard à l'âge de l'usufruitier (1).

Toutefois lorsque l'usufruit temporaire doit prendre fin non pas uniquement à l'expiration du temps prévu, mais également au décès de l'usufruitier si celui-ci vient à mourir avant, c'est-à-dire si le terme fixé est un maximum, la valeur attribuée à l'usufruit temporaire constitue alors une valeur maxima et elle ne doit servir de base à la liquidation de l'impôt que si elle est inférieure à celle obtenue d'après l'âge de l'usufruitier (2).

524. *Donation de reprises.* — La stipulation générale faite par deux ascendants que leurs reprises actuelles se trouvent comprises dans la donation ne donne, en principe, ouverture à aucun droit (3).

Cependant, si les ascendants donnent par exemple, le mari des immeubles lui appartenant en propre et la femme ses reprises assises sur ces immeubles, la disposition porte en réalité sur la valeur intégrale des immeubles et en outre sur le montant des reprises de la femme ; par suite, le droit proportionnel est exigible sur ces deux éléments de la donation (4).

Il semble que le droit sur les reprises pourrait être évité par une rédaction appropriée de l'acte, par exemple en stipulant que la donation est faite par la mère à concurrence de... francs (somme égale au chiffre des reprises qu'on éviterait de mentionner expressément) et par le père pour le surplus, sauf recours de ce dernier contre la femme ou ses héritiers et compensation, le cas échéant, avec les créances que la femme pourrait avoir à exercer (5).

Mais le mieux ne serait-il pas encore, comme le fait remarquer M. Maguéro (6) de ne pas parler du tout des reprises de la femme, car il s'agit en somme d'une créance éventuelle qui peut ne jamais prendre consistance ?

525. *Évaluation des biens.* — Le droit proportionnel de donation-partage se liquide :

Pour les biens meubles et objets mobiliers, sur la déclaration estimative des parties contenue dans l'acte (7) ;

Pour les créances sur leur capital nominal (8) ;

(1) L. 25 février 1901, art. 13.
(2) Cass. civ, 20 mars 1922, *Rev. not.*, 18994.
(3) V. cep. Maguéro, *Tr. Alph.*, V° Part d'asc. 328.
(4) Poitiers, 28 novembre 1904; *Rev. not.*, 12450; *R. E.*, 4853; *J. N.*, 28885 ; *J. E.*, 27027; — Autun, 28 décembre 1908.
(5) V. en ce sens, sol. pratique, *J. N.*, 27568.
(6) Maguéro, *op. cit.*, 269.
(7) L. 22 frimaire an VII, art. 14-8°.
(8) *Ibid.*, art. 14-2°.

Pour les rentes perpétuelles, sur le capital au denier 20 (1);

Pour les fonds d'Etats, actions, obligations et généralement les valeurs mobilières françaises et étrangères, cotées à la Bourse, d'après le cours moyen au jour de la transmission, ou à défaut de cote de ce jour, d'après le dernier (2).

Pour les valeurs de même nature qui ne sont pas cotées à la Bourse, d'après l'estimation en capital donnée par les parties (3), laquelle estimation doit être en rapport avec le cours de la coulisse pour celles qui se négocient ainsi (4);

Et pour les immeubles, d'après leur valeur vénale fixée par une déclaration estimative des parties (5).

526. — Lorsque les immeubles ont fait l'objet d'une adjudication devant notaire ou à la barre du tribunal, les étrangers admis, c'est le prix ainsi obtenu, augmenté des charges, qui doit servir de base pour le calcul du droit. De même l'administration a le droit de réclamer un complément de droit, en cas d'adjudication, dans les deux ans qui suivent la donation moyennant un prix supérieur à la valeur vénale déclarée, à moins qu'il ne soit justifié d'une modification de la consistance de l'immeuble survenue dans l'intervalle (6).

Au surplus, l'insuffisance d'évaluation est réprimée comme en matière de mutation par décès.

527. *Conditions d'application du droit. Acceptation.* — Comme toute donation, le partage d'ascendant doit être accepté par les donataires. A défaut d'acceptation, il n'est passible que du droit fixe de 6 francs en principal (7 fr. 20 avec les décimes). Le droit proportionnel est perçu lors de l'acceptation ultérieure des donataires au tarif alors en vigueur, à l'exclusion de celui qui existait au jour de la donation (7).

528. — Mais, il n'est pas nécessaire que la donation soit acceptée par tous les descendants pour que l'impôt soit exigible. Le fait que quelques-uns seulement l'acceptent permet la perception des droits sur l'ensemble de la disposition (8).

529. *Donataires successibles.* — Le tarif de faveur ne s'applique qu'au partage d'ascendant proprement dit. Ainsi le droit de donation ordinaire est exigible sur l'abandon consenti par un père à d'autres que ses héritiers présomptifs, fût-ce ses petits-enfants (9).

530. *Indication des droits des donataires.* — La division matérielle des biens n'est pas nécessaire pour que le bénéfice du tarif réduit soit acquis. Il suffit qu'il y ait attribution de quotité à chacun des donataires, soit expressément soit implicitement (10). Mais il en serait autrement si l'acte, bien que qualifié de partage d'ascendant, ne contenait ni attribution de quotité, ni partage, ni obligation d'opérer ultérieurement le partage (11).

531. *Donation de quotité disponible.* — Le tarif réduit est applicable pour le tout, encore que l'acte contienne une donation préciputaire au profit d'un des héritiers présomptifs; mais si la donation de tout ou partie de la quotité dispo-

(1) *Ibid.*, art. 14-9°.
(2) L. 18 mai 1850, art. 7; Bordeaux, 10 juin 1907, *J. E.*, 27.405.
(3) L. 18 mai 1850, art. 7.
(4) Laon, 5 mars 1903, *J. E.*, 26637.
(5) L. 27 mai et 29 juin 1918.
(6) L. 15 juillet 1914, art. 25; L. 30 juin 1923, art. 21; Instr. 3784, § 7.
(7) Pontoise, 11 juillet 1853, *J. N.*, 15.139; *J. E.*, 15720.
(8) Maguéro, V° Part. d'asc. 207.
(9) Maguéro, *ibid.*, 134 et s.
(10) Maguéro, *ibid.*, 201. 203.
(11) Beaugé, 30 août 1843; *J. E.*, 13552, § 5.

nible profite à un tiers étranger au partage, les biens abandonnés aux successibles bénéficient seuls du tarif spécial; les autres sont soumis au droit ordinaire des donations (1).

532. — Si la donation par préciput au profit d'un enfant a lieu en représentation d'une créance due par cet enfant, il y a alors dation en paiement et le droit de vente est exigible sur cette disposition (2).

533. *Enfants de plusieurs lits.* — L'acte par lequel un père abandonne à ses enfants nés d'un premier mariage et à l'enfant unique né de son mariage actuel, sa part dans les biens de la seconde communauté et par lequel la mère donne en même temps sa part dans ces mêmes biens à l'enfant commun profite du tarif spécial dans son entier, car il a pour but d'éviter l'indivision entre des frères et sœurs et de prévenir les difficultés qui pourraient naître en cas de partage après décès (3).

534. — Il en est de même lorsqu'un père remarié donne à ses enfants d'un précédent mariage des biens de la seconde communauté et que la femme intervient pour consentir à cette donation, à condition que le concours de celle-ci se borne à relever le mari de l'incapacité dont le frappe l'article 1422 du Code civil (4).

535. — Au contraire, l'acte par lequel des époux ayant chacun un enfant d'un mariage antérieur abandonnent à ceux-ci les biens de leur seconde communauté revêt le caractère d'une donation ordinaire, car il ne constitue pas le partage anticipé d'un patrimoine entre plusieurs héritiers présomptifs (5).

536. — Lorsqu'un des époux a plusieurs enfants d'un premier lit et que l'autre époux a un enfant unique né également d'un précédent mariage, le tarif réduit est applicable à la disposition consentie par celui qui a plusieurs enfants, et le tarif ordinaire à l'autre disposition (6).

537. *Sommes payables à un terme.* — La donation-partage doit, pour bénéficier du tarif de faveur, porter sur des biens présents, et il faut que ces biens ne puissent pas être considérés comme des valeurs fictives, introduites frauduleusement dans la masse à distribuer. Ainsi la disposition qui porterait sur une somme payable par exemple au décès du donateur serait passible du droit de donation ordinaire (7).

Toutefois, le tarif réduit reste applicable si la somme non payée est de minime importance, ou si elle existe réellement dans le patrimoine de l'ascendant et doit être versée dans un délai peu éloigné (8).

538. — Des fermages à échoir peuvent être compris dans un partage anticipé sans lui faire perdre son caractère propre (9).

539. *Don manuel.* — Les sommes et biens ayant fait l'objet d'un don manuel et dont il est fait le rapport sont passibles du droit proportionnel au taux réglé pour le partage d'ascendant.

540. *Donation d'un usufruit.* — Il y a controverse sur le point de savoir si un droit d'usufruit viager qui disparaît avec l'ascendant peut faire l'objet d'un par-

(1) Maguéro, 136, 148, 149, 206.
(2) Maguéro, 221.
(3) Sol. 21 janvier 1874, 23 août 1873 et mars 1890 ; — Maguéro, V° Part. d'asc. 143.
(4) Maguéro, 145.
(5) Maguéro, 146.
(6) Maguéro, 147.
(7) Cass., 5 avril 1852, 10 mai 1855 et 21 août 1876, *J. N.*, 14643, 15685 et S. 77.1.37, D. 77.1.38.
(8) Maguéro, 174, 176.
(9) Sol. 31 mai 1881, D. 82.5.70, R. P. 5754.

tage entre vifs. Il est plus généralement admis qu'une telle disposition donne ouverture au droit de donation ordinaire (1).

Toutefois, l'abandon ultérieur fait par un ascendant de l'usufruit réservé par lui dans un partage anticipé de son patrimoine forme un simple complément de la première disposition (2).

En conséquence, si l'usufruit s'est ouvert avant la loi du 27 février 1901, sa donation ne donne lieu qu'à la perception du droit fixe de 9 francs plus deux décimes, car le droit proportionnel a été perçu par anticipation sur la valeur de cet usufruit, lors de l'acte primitif. Si, au contraire, la propriété s'est démembrée postérieurement à la loi de 1901, il est dû le droit réduit sur la valeur de l'usufruit déterminé d'après l'âge de l'usufruitier.

541. — Quant à l'usufruit qui ne repose pas sur la tête du donateur, il n'est pas contesté ni contestable qu'il peut faire l'objet d'un partage d'ascendant.

Il a été ainsi décidé que la donation consentie par deux époux à leurs enfants de l'usufruit pendant la vie des donataires de rentes sur l'État bénéficie du tarif réduit (3).

542. *Egalisation de libéralités.* — Lorsqu'un ascendant qui a fait des libéralités à un ou plusieurs de ses enfants procède ensuite avec les autres au partage de divers biens pour rétablir l'égalité entre tous ses successibles, c'est le droit de faveur qui est applicable à ce dernier acte. Il en est ainsi alors même que la donation à titre d'égalisation ne profite qu'à un seul enfant, à condition dans ce cas, que les autres enfants interviennent pour effectuer le rapport fictif des biens antérieurement reçus par eux (4).

543. *Rapport fictif; rapport réel.* — La donation à charge de rapport réel à la succession du donateur est inconciliable avec le dessaisissement définitif qui caractérise le partage anticipé, et, en conséquence, ne saurait profiter de la réduction du tarif (5).

Au contraire, l'obligation du rapport fictif ne change pas le caractère de la disposition (6).

Dans tous les cas, les tribunaux ont la faculté d'interpréter la clause relative au rapport dans le sens de la validité du partage comme prévoyant le rapport fictif plutôt que le rapport réel, et de décider que l'acte reste soumis au tarif de faveur (7).

544. *Clause d'imputation.* — La clause stipulant que les biens donnés sont imputables sur la succession du prémourant des donateurs ne met pas obstacle à l'application du droit spécial, si l'acte règle définitivement la dévolution ou la répartition des biens des donateurs entre les donataires (8).

545. *Attribution à l'un, retour aux autres.* — Le tarif réduit est acquis au partage anticipé qui contient attribution de tout ou partie de l'actif abandonné à un ou plusieurs des enfants, à charge de remettre une somme déterminée aux co-donataires non lotis, sous réserve du droit de soulte ainsi qu'il sera dit ci-après (9).

(1) Maguéro, 179, 246.
(2) Instr., 1683, § 2 ; — Maguéro, 247 et s.
(3) Nérac, 4 août 1883, *R. P.*, 6254.
(4) Maguéro, 159 à 162.
(5) Cass. civ., 7 mars 1876; Instr., 2546, § 9.
(6) St-Quentin, 29 nov. 1876, *R. P.*, 4585.
(7) La Réole, 6 août 1878, *J. E.*, 20880 ; — Orthez, 10 déc. 1901, R. P., 10.139, *J. N.*, 27.960.
(8) Maguéro, 187 et s.
(9) Instr., 1336, § 5 et 1354, § 2.

Il en est ainsi, encore que l'enfant auquel la somme est attribuée n'est pas présent et qu'il est stipulé que cette somme sera payable à ses créanciers (1).

546. — Au contraire, il n'y a pas réellement partage d'ascendant si tous les biens sont attribués à l'un des enfants à charge de payer à l'autre enfant une rente viagère. C'est le droit de donation ordinaire qui est alors dû (2).

547. *Stipulation d'indivision.* — La stipulation que les biens donnés resteront indivis pendant cinq ans ou même jusqu'au décès du donateur ne met pas obstacle à l'application du tarif réduit, pourvu qu'il y ait assignation de part ou de quotité (3).

548. *Partages partiels.* — Il n'est pas nécessaire que la disposition comprenne la totalité des biens du donateur; la réduction du tarif profite aux partages partiels, même s'il en est fait plusieurs successivement (4).

549. *Acte annulable.* — L'administration n'est pas juge de la validité des actes; elle perçoit l'impôt sans avoir à tenir compte des causes de nullité dont ils peuvent être entachés. Ainsi le droit est dû sur le partage anticipé :

Qui est rédigé sous signatures privées (5);

Qui n'est accepté que par quelques-uns des donataires, à moins qu'une clause spéciale n'en suspende l'effet jusqu'à son acceptation par tous (6);

Ou qui ne comprend pas tous les enfants du donateur (7).

550. — L'acte susceptible d'annulation mais non encore annulé qui est refait régulièrement sans changement aux attributions ne donne ouverture qu'au droit fixe de 6 francs en principal. S'il a été annulé en justice, l'acte de réfection ou de confirmation est, au contraire, passible d'un nouveau droit proportionnel.

551. *Charges.* — Le partage comporte souvent des charges; celles-ci ne modifient pas forcément son caractère, encore qu'elles soient égales ou supérieures à la valeur des biens donnés, car la libéralité n'est pas une condition indispensable du partage d'ascendant. Il en est ainsi notamment : lorsqu'il est stipulé au profit du donateur des prestations viagères au delà de la valeur des biens abandonnés, parce que ces prestations constituent un contrat alimentaire (8);

Ou encore lorsque l'ascendant se démet de tous ses biens à charge de payer ses dettes, quelle qu'en soit l'importance (9).

552. — Toutefois, ce principe n'est pas absolu; son application varie selon les circonstances propres à chaque affaire. Par exemple, on ne se trouve plus en présence d'un véritable partage anticipé, mais d'une dation en paiement lorsque l'ascendant abandonne seulement une partie de ses biens soit pour se libérer d'une dette envers ses enfants, soit à charge par ceux-ci de payer la valeur de ces biens à des créanciers désignés.

553. *Réserve d'usufruit.* — La condition imposée par l'ascendant aux donataires de le laisser jouir sa vie durant tant des biens donnés que d'autres biens personnels auxdits donataires, par exemple de ceux leur provenant de la succession du conjoint prédécédé, ne donne lieu à aucun droit particulier d'enregistre-

(1) Cass., 30 déc. 1839, *J. E.*, 12440.
(2) Cass., 8 juin 1841; Instr., 1661, § 5.
(3) Dél. 24 nov. 1846; *J. N.*, 12970.
(4) Instr., 1307; — Maguéro, 166.
(5) Cass., 9 août 1836, S. 36.1.669; — Instr. 1562.
(6) Cass., 30 déc. 1839, *J. E.*, 12440; — Cass., 23 avril 1867, S. 67.1.264; D. 77.1.229.
(7) Cass. req., 13 janv. 1890, R. P., 7354.
(8) Sol. 21 sept. 1896, *J. E.*, 25050.
(9) Maguéro, Vº Part. d'asc., 218-219.

ment, pourvu que l'usufruit ainsi cédé par les enfants ne soit pas manifestement supérieur à la valeur des biens qui leur sont abandonnés (1).

554. — Si l'ascendant s'engage en retour de l'usufruit qui lui est concédé par les donataires, à leur servir une rente viagère, il existe alors deux dispositions distinctes, et le droit de donation est exigible tant sur les biens donnés par l'ascendant que sur la rente viagère promise aux enfants (2).

555. *Stipulation de réversion.* — Nous avons vu qu'il est admis aujourd'hui que la clause de réversibilité de l'usufruit réservé ou de la rente viagère imposée par les père et mère donateurs au profit du survivant d'eux ne constitue pas une donation entre époux seulement lorsque l'usufruit ou la rente à recueillir par le dernier mourant n'est pas hors de proportion avec les biens donnés par lui personnellement (V. *supra*, n°s 228 et s. et 244).

Pour éviter la perception de tout droit de ce chef, voir n°s 233 et s., et 245 et s.

2° *Soultes.*

556. *Principe.* — Toutes les règles de perception admises en matière de partage ordinaire sont applicables aux soultes stipulées dans les partages d'ascendant (3).

557. *Cumul des droits de donation et de soulte.* — Toutefois, le droit de soulte se cumule avec le droit de donation liquidé sur la valeur totale des biens donnés, c'est-à-dire que les donataires paient d'abord le droit de donation sur l'intégralité des biens abandonnés et de plus l'impôt spécial sur la soulte stipulée (4).

558. *Tarifs.* — En règle générale, le droit de soulte est réglé au taux des ventes. Ainsi, les soultes portant sur de l'argent comptant, sur des rentes sur l'État et sur des actions et obligations françaises au porteur sont exemptes de tout droit. Au contraire, il est dû sur les soultes qui ont pour objet :

Des valeurs de bourse nominatives : 0,90 p. 100 ;

Des marchandises neuves d'un fonds de commerce : 1,25 p. 100 ;

Des créances : 1,25 p. 100 ;

Des meubles : 5, 50 p. 100 (5) ;

Des immeubles : 10 p. 100 jusqu'à 300.000 fr., 11 p. 100 de 300.000 fr. à 500.000 fr. et 12 p. 100 au-delà de 500.000 fr. (6) ;

Le tout majoré de deux décimes (7).

559. *Imputation.* — Les parties sont libres de régler elles-mêmes l'imputation des soultes stipulées. A défaut de convention à cet égard, l'imputation se fait de la manière la plus avantageuse pour les parties. Ainsi, lorsque l'enfant chargé d'une soulte a, dans son lot diverses natures de biens, la soulte s'impute d'abord sur l'argent et les rentes sur l'État et les valeurs de bourse françaises au porteur, puis sur les autres biens en commençant par ceux qui donnent ouverture aux droits les plus faibles.

560. — De même, lorsque dans un acte portant démission de biens par un ascendant survivant et partage de ces biens réunis à ceux de l'ascendant prédé-

(1) Cass., 19 avril 1847, *J. E.*, 14231 ; Cass., 13 déc. 1833, S. 54.1.58, *J. E.*, 15784.
(2) Sol. 16 nov. 1872, 31 juil. 1873 et 6 avril 1875 ; — Douai, 18 fév. 1877, *J. E.*, 20294 ; — Beaune, 26 déc. 1878, *J. E.*, 21071, R. P., 5149 ; — Vitry, 23 juin 1900, *J. E.*, 26003.
(3) L. 18 mai 1850, art. 5.
(4) Maguéro, V° Part. d'asc., 266.
(5) L. 13 juillet 1925, art. 43.
(6) L. 13 juillet 1925, art. 41 ; — Inst. 3860 du 15 juillet 1925.
(7) L. 22 mars 1924, art. 3 ; — L. 13 juillet 1925, art. 41, 43.

BIBLIOTHÈQUE NATIONALE RF IMPRIMÉS

cédé, le lot d'un des enfants formé d'immeubles paternels et maternels est grevé d'une soulte, celle-ci doit être imputée sur les biens provenant du parent décédé et par suite, intégralement déduite de leur valeur pour la perception du droit de partage, sauf déclarations contraires des parties (1).

561. *Soultes réciproques.* — Si plusieurs soultes ont été stipulées à la charge des donataires les uns envers les autres, les soultes réciproques se compensent et le droit de mutation ne se perçoit que sur le résultat final de l'opération (2).

562. *Rapports.* — Le rapport en moins prenant ne fait pas obstacle à la perception du droit de soulte. Au contraire, lorsque le lot du grevé de retour comprend un rapport en nature, la soulte s'impute d'abord sur la valeur du bien ainsi rapporté, encore qu'il y ait terme convenu pour son paiement, puis, pour l'excédent, sur les autres valeurs mises dans le lot du co-héritier débiteur (3).

563. *Don manuel.* — La somme rapportée comme provenant d'un don manuel ne donne pas ouverture au droit de soulte, mais seulement au droit de partage d'ascendant, ainsi qu'il est dit sous le n° 539 ci-dessus (4).

564. *Reprises.* — Il arrive parfois que la donation-partage porte sur des immeubles propres du mari et les reprises de la femme assises sur ces immeubles. Si l'un des enfants est attributaire des immeubles moyennant un retour, l'administration n'admet pas que cette soulte s'impute sur les reprises, quand même celles-ci ont donné ouverture au droit de partage d'ascendant, pour le motif que la créance des reprises se trouve éteinte par confusion. Par suite, l'imputation se fait sur les immeubles (5).

565. — Au contraire, le droit de soulte s'impute sur les reprises abandonnées, quand toute idée de confusion est à écarter. Il en est ainsi, par exemple, lorsque c'est la mère survivante qui fait la donation de ses biens et reprises, en se réservant l'usufruit des choses par elle abandonnées, sa créance de reprises incluse (6).

566. *Répartition inégale du passif.* — Chaque donataire doit, en principe, payer dans les dettes la part correspondante à sa part virile dans les biens donnés. S'il est mis à sa charge une quotité de dettes supérieure à celle qui lui incombe normalement, l'excédent constitue une véritable soulte destinée à rétablir l'égalité entre les enfatus et la perception fiscale est calculée en conséquence (7).

Toutefois, il en est autrement si la charge ainsi imposée est la compensation d'un avantage à titre préciputaire (8).

567. *Répartition inégale des charges.* — Le droit de soulte n'est pas exigible :

Lorsque les lots étant égaux en pleine propriété, le donateur impose aux donataires des charges équivalentes, mais qui consistent pour les uns en une privation de jouissance et pour les autres dans le service d'une rente viagère (9);

Ni lorsqu'une rente ou pension a été mise exclusivement à la charge d'un seul

(1) Sol. 16 novembre 1899, *J. N.*, 27987.
(2) Sol. 14 février 1868.
(3) Toulouse, 25 juillet 1908, *J. N.* 30004, *R. E.*, 4848 ; — Le Blanc, 18 décembre 1907, *J. N.*, 29496.
(4) Instr. 1307.
(5) Sol. 29 mai 1985, *J. E.*, 24554 ; — *Sic* : Cass. civ., 27 mars 1905, *J. N.*, 28561 ; *R. E.*, 3826 ; Maguéro, 272.
(6) Toulouse, 25 juillet 1908, *J. N.* 30004, *R. E.*, 4848.
(7) Valenciennes, 11 juin 1873, *R. P.*, 3762.
(8) Sol. 16 mai 1906, *R. E.*, 4286.
(9) Sol. 26 juin 1877.

enfant à qui il a été attribué un supplément de biens correspondant, au moyen d'une disposition préciputaire (1);

Ni même lorsque la charge viagère imposée à un seul des donataires n'est compensée par aucun avantage, si le donateur n'a pas manifesté l'intention de faire un partage égal de ses biens et a imposé cette charge comme condition de sa donation (2).

568. — Au contraire, il est dû le droit de soulte si, les lots étant égaux en toute propriété, un seul des enfants est grevé d'une charge de jouissance ou d'usufruit, compensée par une indemnité à recevoir de ses copartageants (3).

569. *Somme à verser au donateur.* — De même il est admis qu'il n'y a pas soulte toutes les fois qu'un capital doit être versé au donateur par les donataires ou l'un d'eux, comme condition de la donation, avec ou sans clause de préciput, pourvu qu'il ne résulte pas des circonstances de l'affaire que le donateur a manifesté l'intention de faire un partage égal de ses biens (4).

570. — Il n'est pas douteux que le droit de soulte est dû lorsque la somme réservée au profit de l'ascendant doit servir à payer ses dettes et n'est point supportée par les enfants dans la proportion de leurs droits (5).

571. *Cession d'un lot.* — Lorsque l'un des enfants cède sa part de biens à l'un de ses copartageants, il est dû :

Le droit de soulte sur la valeur des biens cédés, si cette cession est antérieure au lotissement (6);

Et le droit de vente, si la cession est postérieure au lotissement, car il y a alors vente ordinaire d'un lot (7). En cas de licitation immobilière, voir n° 578, ci-après.

572. *Soulte non exprimée ou insuffisante.* — L'administration a le droit de recourir à l'expertise pour faire constater la plus-value d'un lot sur l'autre, lorsqu'elle estime qu'il y a inégalité dans la valeur des lots; cette expertise doit être demandée dans le délai de deux ans à compter de l'enregistrement de l'acte (8).

Si l'estimation résultant de l'expertise est inférieure au huitième au moins de la soulte énoncée au contrat, il n'est dû qu'un supplément de droit simple sur le supplément d'estimation. Lorsque l'insuffisance révélée est égale ou supérieure au huitième, le redevable acquitte : 1° les frais d'expertise ; 2° le droit simple sur le complément d'estimation; 3° et un droit en sus, si l'insuffisance est reconnue amiablement avant le dépôt au greffe du rapport de l'expert, ou un double droit en sus, dans le cas contraire (9).

573. *Immeubles étrangers.* — Pour liquider les droits de soulte, il y a lieu de faire abstraction des immeubles situés à l'étranger, alors même qu'ils auraient été préalablement licités entre les copartageants. L'impôt se calcule comme si les biens situés en France et dans les colonies françaises où l'enregistrement est établi existaient seuls (10).

(1) Sol. 19 mars 1859; — Sol. 16 mai 1906, *R. E.*, 4286.
(2) Sol. 16 décembre 1871 ; — Cf. Sol., 23 janvier 1899, *R. E.*, 2239.
(3) Sol. 28 décembre 1882.
(4) Sol. 2 octobre 1896, *R. E.*, 1350 et 23 janvier 1899. *R. E.*, 2239; *J. E.*, 25890.
(5) Sol. 23 janvier 1899, précitée.
(6) Auch, 19 décembre 1855, *J. E.*, 16192 ; *J. N.*, 15727; — Albi, 26 juin 1859.
(7) Sol. 7 novembre 1829, *J. E.*, 9481 ; — Auch., 23 janvier 1877, *R. P.*, 4707.
(8) LL. 22 frimaire an VII, art. 17, et 13 juillet 1925, art. 58.
(9) LL. 22 frimaire an VII, art. 18, 27 ventôse an IX, art. 5, et 13 juillet 1925, art. 60.
(10) Cass. 21 juin 1875, *J. N.*, 21208; *Rev. not.*, 4974; *J. E.*, 19786; — Cass., 11 août 1884, *J. N.* 23349 ; Cass., 21 novembre 1911, *J. du Not.*, 1912, p. 195.

574. *Dissimulation.* — L'administration peut établir la dissimulation d'une soulte par tous les genres de preuves admises par le droit commun, sauf le serment décisoire. En cas de fraude prouvée, il est encouru en outre des droits et amendes prévus par la loi du 23 août 1871, art. 12, l'amende et même l'emprisonnement prévus par les lois du 18 avril 1918, art. 8, et du 25 juin 1920, art. 112.

3° *Droits divers.*

575. *Droit de partage.* — Il n'est rien dû pour la division matérielle des biens donnés, lorsqu'elle a lieu par le même acte que la donation (V. *supra*, n° 520).

576. — Au contraire, le droit de partage de 0,50 (1) majoré de 2 décimes (2) est exigible :

1° Sur les biens qui appartiennent à un autre titre aux donataires, par exemple les biens leur provenant de la succession du conjoint prédécédé et qui sont réunis aux biens donnés pour être partagés en même temps (3) ;

2° Sur les biens antérieurement donnés par préciput qui font l'objet d'une répartition effective simultanément avec les biens abandonnés à titre de présuccession (4) ;

3° Et sur les biens ainsi donnés eux-mêmes, lorsque leur division a lieu par acte distinct, cet acte fût-il du même jour que la donation (5).

577. — Lorsqu'il est dû, le droit de partage se calcule sur l'actif net partagé, déduction faite des soultes (6).

578. *Licitation.* — La cession par un des copartageants au profit d'un autre de ses droits dans les biens donnés donne lieu au droit de vente, selon la nature des biens cédés (V. n° 571, ci-dessus). Toutefois, lorsque la cession porte sur des immeubles et qu'elle a lieu à titre de licitation faisant cesser l'indivision, elle est passible du droit de 10 pour 100 jusqu'à 300.000 fr., 11 p. 100 de 300.000 fr. à 500.000 fr. et 12 p. 100 au-delà de 500.000 fr., le tout avec addition de deux décimes, quelle que soit l'importance du prix. Mais la transcription, si elle est requise, ne donne ouverture qu'à la taxe hypothécaire indiquée au n° 589 ci-après (7).

579. *Reconnaissance de dettes.* — Le droit d'obligation de 1 pour 100 en principal est exigible sur la disposition constatant qu'un donataire rapporte une somme due par lui sans titre enregistré, que cette somme est stipulée payable à terme et qu'elle est attribuée à un autre que le débiteur (8).

580. *Acceptation.* — Nous avons vu que l'acceptation faite dans l'acte de donation forme un tout avec lui et ne donne ouverture à aucun droit particulier, et que faite par acte postérieur, elle rend exigible le droit proportionnel (V. ci-dessus, n° 527).

Mais lorsque l'acte n'a été accepté que par quelques-uns des enfants, l'acceptation faite ensuite par les autres est passible d'autant de droits fixes de 6 francs, majorés de 2 décimes, qu'il y a de donataires acceptants.

581. *Dispense de notification.* — Lorsque le donateur intervient à un acte

(1) L. 29 juin 1918, art. 15.
(2) L. 22 mars 1924.
(3) Maguéro, V° Part. d'asc., 195.
(4) Maguéro, 193.
(5) Sol., octobre et novembre 1873, août et décembre 1875.
(6) Sol. 25 novembre 1874, *J. E.*, 20577.
(7) L. 13 juillet 1925, art. 41 ; — Inst. 3860 du 15 juillet 1925.
(8) Bourgoin, 27 décembre 1879.

d'acceptation séparé pour dispenser de la notification, son intervention ne donne pas lieu à la perception d'un droit quelconque, car elle concourt à la formation du contrat et ne constitue pas une disposition indépendante.

Si la dispense de notification a lieu, au contraire par un acte distinct, il est dû un droit fixe de 6 francs, plus 2 décimes.

582. *Quittances et décharges.* — En principe, les quittances et décharges contenues dans l'acte de partage sont exemptes de tout droit d'enregistrement. Toutefois, la quittance donnée par un copartageant créancier personnel de l'ascendant donateur ou de la succession du conjoint donne ouverture au droit de 0,50 pour 100 en principal, soit de 0,75 pour 100 décimes compris.

583. — Si les quittances sont données par acte séparé, il est dû le droit proportionnel de libération. Il en est ainsi notamment de l'acte qui constate le paiement d'une soulte due en vertu d'un partage.

584. *Conversion d'usufruit en rente viagère.* — Lorsque dans un partage anticipé, le donateur s'est réservé un usufruit avec stipulation qu'il pourra, s'il le juge à propos, le convertir en une rente viagère, cette conversion lorsqu'elle se réalise, constitue un complément de l'acte primitif et donne ouverture au droit proportionnel sur la valeur de l'usufruit abandonné (1).

585. *Ratification.* — L'acte contenant ratification ou confirmation d'une donation à titre de partage anticipé est tarifé au droit fixe de 6 francs, majoré de 2 décimes, et il n'est dû qu'un seul droit alors même que la ratification est consentie par plusieurs enfants.

586. *Transaction sur action en lésion.* — Lorsque pour arrêter une action en rescision pour cause de lésion, l'un des copartageants verse une somme d'argent, il ne fait que rétablir l'égalité, par suite, c'est le droit de soulte qui est perçu sur cette somme (2).

587. *Notoriété.* — Il est toujours utile de constater par un acte de notoriété que les ascendants n'ont pas laissé d'autres héritiers que les bénéficiaires de la donation-partage. Cet acte est passible du droit fixe de 6 francs, majoré de 2 décimes.

588. *Certificat de propriété.* — Est également tarifé au même droit fixe le certificat de propriété qu'il y a lieu d'établir pour faire opérer le transfert des titres de rente nominatifs, le cas échéant.

§ 3. — Formalités hypothécaires.

589. *Taxe de transcription.* — La transcription des actes de donation entre vifs à titre de partage anticipé donne lieu à la perception d'une taxe proportionnelle de 0 fr. 20 pour 100 (3), majorée de deux décimes (4), qui se liquide sur la valeur des immeubles déterminée suivant les règles applicables à la perception des droits d'enregistrement.

590. *Inscription.* — L'inscription du privilège de copartageant ou d'une hypothèque conventionnelle est soumise au droit proportionnel de 0 fr. 40 pour 100 (5), plus le double décime (4), avec minimum de 0 fr. 50 (6). Ce droit est

(1) Maguéro, V° Part. d'asc., 259.
(2) Maguéro, *ibid.*, 304.
(3) L. 30 avril 1921, art. 5.
(4) L. 22 mars 1924.
(5) L. 30 avril 1921, art 5.
(6) L. 30 avril 1921, art. 4.

payable d'avance et est liquidé sur le capital de la créance inscrite, mais non sur les accessoires, à moins qu'ils ne soient mentionnés comme dus au moment de la formalité.

591. — Si une inscription est requise dans plusieurs bureaux, la taxe est perçue seulement sur celle qui est prise en premier lieu ; pour les autres, il n'est dû que le salaire du conservateur, à charge de justifier du paiement de l'impôt. A cet effet, le conservateur du premier bureau est tenu de délivrer autant de duplicata de la quittance des droits qu'il lui en est demandé, moyennant 0 fr. 25 par duplicata. Le plus souvent, la quittance par duplicata est mise sur l'un des bordereaux (1).

592. *Radiation. Subrogation.* — Les radiations d'inscriptions et les mentions de subrogation sont passibles du droit proportionnel de 0 fr. 16 pour 100 (2), augmenté de deux décimes (3). Chaque perception ne peut être inférieure à 0 fr. 50 (4).

593. — Le droit se liquide sur la somme exprimée dans l'acte. Toutefois, en cas de réduction hypothécaire, il est perçu sur la valeur de l'immeuble affranchi, si cette somme est moindre que la somme conservée.

594. — Si la même mention de subrogation ou de radiation est requise dans plusieurs bureaux, le droit est acquitté en totalité au premier bureau qui délivre autant de duplicata qu'il lui en est demandé, moyennant 0 fr. 25 par duplicata, et, sur leur représentation, il n'est payé à chacun des autres bureaux que le salaire du conservateur.

595. *Salaires du conservateur.* — Le conservateur a droit aux salaires fixes suivants :

0 fr. 25 pour chaque duplicata de quittance qui lui est demandé ;

0 fr. 50 pour l'enregistrement sur les deux registres et par la reconnaissance des dépôts d'actes ou bordereaux à transcrire, mentionner ou inscrire ;

1 franc par rôle de l'expédition ou de l'extrait de l'acte présenté à la formalité pour les transcriptions d'actes de mutation, lorsque le salaire proportionnel est inférieur à ce chiffre ;

2 francs par créancier subrogé, pour toute déclaration de subrogation, lorsque le salaire gradué est inférieur à ce chiffre ;

3 francs pour chaque radiation d'inscription lorsque le salaire proportionnel est inférieur à ce chiffre.

596. — La transcription des donations à titre de partage anticipé donne ouverture à son profit, à un salaire proportionnel fixé ainsi qu'il suit :

0,10 pour 100 jusqu'à 50.000 francs·
0,05 pour 100 de 50.001 à 100.000 francs ;
0,025 pour 100 de 100.001 à 500.000 francs ;
0,01 pour 100 de 500.001 à 1.000.000 de francs ;
et 0,005 pour 100 au-dessus ;

— sauf application du minimum de 1 franc par rôle de l'expédition ou de l'extrait présenté par l'accomplissement de la formalité.

597. — Les radiations d'inscriptions sont soumises à un salaire propor-

(1) L. 21 ventôse an VII, art. 22 ; — L. 27 juillet 1900, art. 6.
(2) L. 30 avril 1921, art. 5.
(3) L. 22 mars 1924.
(4) L. 30 avril 1921, art. 4.

tionnel calculé sur les sommes faisant l'objet de la radiation, sauf application du minimum de 3 francs par radiation. Le taux de ce salaire est de :

0,05 pour 100 jusqu'à 50.000 francs ;
0,03 pour 100 de 50.001 à 100.000 francs ;
0,02 pour 100 de 100.001 à 500.000 francs ;
0,01 pour 100 au-dessus.

598. — Les inscriptions de privilège ou d'hypothèque et les subrogations donnent lieu à un salaire gradué fixé à :

2 francs pour les sommes n'excédant pas 10.000 francs ;

3 francs pour les sommes supérieures à 10.000 francs, mais n'excédant pas 50.000 francs ;

4 francs pour les sommes supérieures à 50.000 francs, mais n'excédant pas 100.000 francs ;

5 francs pour les sommes supérieures à 100.000 francs, mais n'excédant pas 500.000 francs ;

10 francs pour les sommes supérieures à 500.000 francs.

Ce tarif est établi, pour les inscriptions, sur les sommes énoncées au bordereau, et pour les subrogations, sur l'importance des sommes faisant l'objet de la formalité requise, sauf application du minimum de 2 francs.

§ 4. — Honoraires des Notaires.

599. *Taux*. — Le partage d'ascendant fait par acte entre vifs est soumis à l'honoraire proportionnel suivant :

Agen, Paris, Rennes, Toulouse : 1,25 pour 100 de 1 à 200.000 francs ; 0,625 pour 100 de 200.000 à 500.000 francs ; 0,3125 pour 100 de 500.000 à 5 millions ; 0,15625 pour 100 au-dessus ;

Aix, Bourges, Chambéry, Grenoble, Limoges, Nîmes, Orléans, Poitiers, Rouen : 1,25 pour 100 de 1 à 100.000 francs ; 0,625 pour 100 de 100.000 à 500.000 fr. ; 0,3125 pour 100 de 500.000 à 5 millions ; 0,15625 pour 100 au-dessus ;

Alsace-Lorraine, Alger ; 1,25 pour 100 de 1 à 200.000 francs ; 0,625 pour 100 de 200.000 à 400.000 francs ; 0,3125 pour 100 de 400.000 à 800.000 francs ; 0,15625 pour 100 au-dessus ;

Amiens, Dijon, Montpellier : 1,25 pour 100 de 1 à 100.000 francs ; 0,625 pour 100 de 100.000 à 300.000 francs ; 0,3125 pour 100 de 300.000 à 5 millions ; 0,15625 pour 100 au-dessus ;

Angers : 1,25 pour 100 de 1 à 50.000 francs ; 0,625 de 50.000 à 500.000 francs ; 0,3125 pour 100 de 500.000 à 5 millions ; 0,15625 au-dessus ;

Bastia : 1,25 pour 100 de 1 à 10.000 francs ; 0,9375 pour 100 de 10.000 à 20.000 francs ; 0,625 pour 100 de 20.000 à 50.000 francs ; 0,3125 pour 100 au-dessus ;

Besançon, Douai : 1,25 pour 100 de 1 à 100.000 francs ; 0,625 pour 100 de 100.000 à 200.000 francs ; 0,3125 pour 100 de 200.000 à 5 millions ; 0,15625 pour 100 au-dessus ;

Bordeaux : 1,25 pour 100 de 1 à 500.000 francs ; 0,9375 pour 100 de 500.000 à 1 million ; 0,625 pour 100 de 1 à 2 millions ; 0,3125 pour 100 de 2 à 5 millions ; 0,15625 pour 100 au-dessus.

Caen: 1,25 pour 100 de 1 à 50.000 francs; 0,625 pour 100 de 50.000 à 200.000 fr; 0,3125 pour 100 de 200.000 à 5 millions; 0,15625 pour 100 au-dessus;

Lyon: 1,25 pour 100 de 1 à 300.000 francs, 0,625 pour 100 de 300.000 à 600.000 francs, 0,3525 pour 100 de 600.000 à 5 millions; 0,15625 pour 100 au-dessus;

Nancy, Riom: 1,25 pour 100 de 1 à 50.000 francs; 0,9375 pour 100 de 50.000 à 100.000 francs, 0,625 pour 100 de 100.000 à 300.000 francs; 0,3125 pour 100 de 300.000 à 5 millions; 0,15625 pour 100 au-dessus;

Pau: 1,25 pour 100 de 1 à 150.000 francs; 0,625 pour 100 de 150.000 à 500.000 francs, 0,3125 pour 100 de 500.000 à 5 millions; 0,15625 pour 100 au-dessus;

Seine: 1,10 pour 100 de 1 à 500.000 francs; 0,55 pour 100 de 500.000 à 1 million; 0,275 pour 100 de 1 à 3 millions; 0,1375 pour 100 de 3 à 20 millions; 0,06875 pour 100 au-dessus;

Avec minimum de 24 francs, sauf Angers, Bordeaux, Dijon, Montpellier, Nancy, Poitiers, Rouen: 20 francs; Aix, Amiens, Besançon, Paris, Pau, Rennes: 30 francs. — Seine: pas de minimum (1).

600. *Perception.* — Cet honoraire se perçoit sur l'actif brut des biens et valeurs compris dans l'acte, même les rétablissements de sommes dues par les enfants. Mais il y a lieu de déduire, comme en matière de partage ordinaire, les biens donnés antérieurement en avancement d'hoirie et dont il serait effectué le rapport, à moins que ces biens ne soient attribués à un autre descendant que celui qui en était déjà en possession (2).

601. *Base de calcul.* — L'honoraire se calcule sur l'estimation en capital de biens, donnée dans l'acte, ou, à défaut, sur l'évaluation faite pour la perception du droit d'enregistrement. Les notaires, à la différence du fixe, n'ont pas la faculté de rechercher, en dehors des énonciations de l'acte qui mesurent leur responsabilité, les bases de l'émolument auquel ils prétendraient (3).

602. *Réserve d'usufruit.* — L'honoraire est dû sur la pleine propriété des biens donnés, même lorsque le donateur s'en réserve l'usufruit, car le droit à cet usufruit en faveur du nu propriétaire résulte aussi de l'acte (4).

603. *Attribution des biens à un seul enfant.* — La soulte mise à la charge de l'enfant seul attributaire des biens donnés ne constitue pas une convention indépendante, assortie d'une rétribution particulière; il ne peut être perçu de ce chef un honoraire distinct (5).

604. *Charges.* — Il en est de même pour les charges imposées aux donataires, telles que rentes viagères, pensions alimentaires, passif à acquitter, car elles sont de simples clauses du partage, et les dispositions dépendantes d'un acte ne donnent pas ouverture à une rémunération spéciale (6).

605. *Partage par acte séparé.* — Lorsqu'il est procédé par deux actes distincts à la donation et au partage, il faut distinguer selon que les deux opérations sont effectuées à la même date ou à une date rapprochée, ou qu'elles le sont à un certain intervalle,

(1) Décrets, 25 août 1898 et 29 décembre 1919.
(2) Amiaud et Voland, 481, 482, 501; — Defrénois, *Tr. du tarif légal*, 620; — V. cep. Bertheau, p. 218.
(3) Aubusson, 9 février 1905, *J. N.*, 28490, *Rev. not.*, 12352.
(4) Décret, 25 août 1898, art. 16.
(5) Aubusson, 9 février 1905, précité; — Defrénois, 693.
(6) Amiaud et Voland, 502; — Defrénois, 693; — V. cep. Bertheau, p. 218.

Dans le premier cas, la donation et le partage, encore, qu'ils sont constatés par des actes distincts, constituent un tout qui est rémunéré seulement par l'honoraire proportionnel alloué pour les partages d'ascendants. Il en est ainsi surtout lorsque la division des biens a lieu en présence et avec le concours du donateur, ou même sous son influence et son inspiration (1).

Au contraire, il y a réellement deux opérations distinctes, lorsque les donataires sont restés dans l'indivision pendant quelque temps; il serait arbitraire de les considérer alors comme les deux parties d'une même donation-partage (2). Par suite, le notaire a droit, dans ce cas, à l'honoraire de partage anticipé sur l'acte de donation, et à l'honoraire de partage ordinaire, paragraphe C, sur l'acte contenant la division matérielle des biens (3).

606. — L'émolument prévu pour le partage de biens indivis par suite d'une donation (paragraphe C du tarif légal) est le suivant:

Agen, Chambéry, Grenoble : 0,9375 p. 100 de 1 à 50.000 fr.; 0,625 p. 100 de 50.000 à 500.000 fr.; 0,3125 p. 100 au-dessus;

Aix : 0,9395 p. 100 de 1 à 100.000 fr. ; 0,625 p. 100 de 100.000 à 500.000 fr. ; 0,3125 p. 100 au-dessus ;

Alger, Alsace-Lorraine, Bastia, Lyon, Paris, Riom, Rouen : les trois quarts des honoraires perçus en matière de partage ordinaire (V. n° 608 ci-après) ;

Amiens, Besançon : 0,9375 p. 100 de 1 à 100.000 fr.; 0,625 p. 100 de 100.000 à 200.000 fr. ; 0,3125 p. 100 au-dessus;

Angers, Limoges, Montpellier: 0,9375 p. 100 de 1 à 100.000 fr.; 0,46875 p. 100 au-dessus;

Bordeaux : 0,9375 p. 100 de 1 à 300.000 fr.; 0,625 p. 100 de 300.000 à 1 million ; 0,3125 p. 100 au-dessus ;

Bourges : 0,9375 p. 100 de 1 à 50.000 fr. ; 0,46875 p. 100 au-dessus;

Caen, Nancy, Orléans : 0,9375 p. 100 de 1 à 100.000 fr. ; 0,625 p. 100 de 100.000 à 300.000 fr. ; 0,3125 p. 100 au-dessus ;

Dijon : 0,9375 p. 100 de 1 à 100.000 fr. ; 0,625 p. 100 de 100.000 à 200.000 fr. ; 0,46875 p. 100 au-dessus ;

Douai: 0,9375 p. 100 de 1 à 100.000 fr.; 0,46875 p. 100 de 100.000 à 400.000 fr.; 0,25 p. 100 au-dessus ;

Nîmes : 1 p. 100 de 1 à 50.000 fr.; 0,625 p. 100 de 50.000 à 100 000 fr. ; 0,3125 p. 100 au-dessus ;

Pau, Rennes : 0,9375 p. 100 de 1 à 150.000 fr. ; 0,46875 p. 100 au-dessus;

Poitiers : 1,25 p. 100 de 1 à 5.000 fr. ; 0,9375 p. 100 de 5.000 à 50.000 fr. ; 0,625 p.100 de 50.000 à 500.000 fr; 0,3125 p. 100 au-dessus;

Seine : les trois quarts des honoraires perçus en matière de partage volontaire (V. n° 608 ci-après), sur l'actif brut;

Toulouse : 1,25 p. 100 de 1 à 20.000 fr. ; 0,9375 p.100 de 20.000 à 100.000 fr. ; 0,625 p. 100 au-dessus ;

Avec minimum de 20 fr., — sauf Alger, Alsace-Lorraine : 8 fr. ; — Orléans : 16 fr. ; — Douai, Paris : 24 fr. ; — Angers, Besançon : 30 fr. ; — Seine : pas de minimum (4).

607. *Partage cumulatif par époux survivant.* — Fréquemment l'époux sur-

(1) Aubusson, 9 février 1905, précité; — Defrénois, 691.
(2) Bourges, 21 janvier 1903 *Rev. not* ,11209. *J.*, *du not.*, 1903, p.341.
(3) Defrenois. 691 ; — Cass. civ., 28 juillet 1908
(4) Décrets 25 août 1898 et 29 décembre 1919.

vivant donne ses biens à condition qu'ils soient réunis à ceux provenant de la succession de son conjoint et que le tout soit partagé en même temps. L'acte qui réalise ces conventions contient deux dispositions distinctes qui donnent ouverture chacune à un honoraire particulier. Il est dû l'honoraire de partage d'ascendant sur les biens donnés et l'honoraire de partage ordinaire, paragraphe A, sur les biens provenant de la succession de l'époux prédécédé (1).

608. — Le taux de l'honoraire de partage ordinaire (biens dépendant d'une communauté, d'une succession ou d'une société), prévu par le paragraphe A du tarif légal est fixé comme suit :

Agen, Besançon, Bourges, Chambéry, Grenoble, Paris, Rennes : 1,25 p. 100 de 1 à 200 000 fr. ; 0,625 p. 100 de 200.000 à 500.000 fr. ; 0,3125 p. 100 de 500.000 à 5 millions; 0,15625 p. 100 au-dessus ;

Aix, Angers, Limoges, Orléans, Poitiers, Rouen : 1,25 p. 100 de 1 à 100.000 fr. ; 0,625 p. 100 de 100.000 à 500.000 fr. ; 0,3125 p. 100 de 500.000 à 5 millions ; 0,15625 p. 100 au-dessus ;

Alger, Alsace-Lorraine : 1,25 p. 100 de 1 à 200.000 fr. ; 0,625 p. 100 de 200.000 à 400.000 fr. ; 0,3125 p. 100 de 400.000 à 800.000 fr. ; 0,15625 p. 100 au-dessus ;

Amiens, Dijon : 1,25 p. 100 de 1 à 100.000 fr. ; 0,9375 p. 100 de 100.000 à 200.000 fr. ; 0,625 p. 100 de 200.000 à 500.000 fr. ; 0,3125 p. 100 de 500.000 à 5 millions ; 0,15625 p. 100 au-dessus ;

Bastia : 1,25 p. 100 de 1 à 20.000 fr. ; 0,625 p. 100 de 20.000 à 50.000 fr. ; 0,3125 p. 100 de 50.000 à 5 millions ; 0,15625 p. 100 au-dessus ;

Bordeaux : 1,25 p. 100 de 1 à 500.000 fr. ; 0,9375 p. 100 de 500.000 à 1 million ; 0,625 p. 100 de 1 à 2 millions ; 0,3125 p. 100 de 2 à 5 millions ; 0,15625 p. 100 au-dessus ;

Caen, Montpellier, Nancy : 1,25 p. 100 de 1 à 100.000 fr. ; 0,625 p. 100 de 100.000 à 300.000 fr. ; 0,3125 p. 100 de 300.000 à 5 millions ; 0,15625 p. 100 au-dessus ;

Douai : 1,25 p. 100 de 1 à 100.000 fr. ; 0,625 p. 100 de 100.000 à 400.000 fr. ; 0,3125 p. 100 de 400.000 à 5 millions ; 0,15625 p. 100 au-dessus ;

Lyon : 1,25 p. 100 de 1 à 300.000 fr. ; 0,9375 p. 100 de 300.000 à 600.000 fr. ; 0,625 p. 100 de 600.000 à 1 million ; 0,3125 p. 100 de 1 million à 5 millions ; 0,15625 p. 100 au-dessus ;

Nîmes : 1,25 p. 100 de 1 à 50.000 fr. ; 0,75 p. 100 de 50.000 à 100.000 fr. ; 0,375 p. 100 de 100.000 à 5 millions ; 0,15625 p. 100 au-dessus ;

Pau : 1,25 p. 100 de 1 à 150.000 fr. ; 0, 625 p. 100 de 150.000 à 500.000 fr. ; 0,3125 p. 100 de 500.000 fr. à 5 millions ; 0,15625 p. 100 au-dessus ;

Riom : 1,25 p. 100 de 1 à 50.000 fr. ; 0,9375 p. 100 de 50.000 à 100.000 fr. ; 0,625 p. 100 de 100.000 à 300.000 fr. ; 0,3125 p. 100 de 300.000 à 5 millions ; 0,15625 p. 100 au-dessus ;

Toulouse : 1,25 p. 100 de 1 à 300.000 fr. ; 0,625 p. 100 de 300.000 à 600.000 fr. ; 0,3125 p. 100 de 600.000 à 5 millions ; 0,15625 p. 100 au-dessus ;

Le tout sur l'actif brut, rapports non compris, et avec minimum de 30 fr. ; — sauf Alger, Alsace-Lorraine : 8 fr. ; — Bordeaux : 20 fr. ; Montpellier, Nîmes, Orléans : 24 fr. ; — Poitiers : 40 fr.

Seine : 1,10 p. 100 de 1 à 500.000 fr. ; 0,55 p. 100 de 500.000 à 1 million ;

(1) Amiaud et Voland, 503 ; — Defrénois, 692 ; — Bertheau, p. 218.

0,275 p. 100 de 1 à 3 millions; 0,1375 p. 100 de 3 à 20 millions ; 0,06875 p. 100 au-dessus, si le partage est volontaire, ou : 1,10 p. 100 de 1 à 300.000 fr. ; 0,55 p. 100 de 300.000 à 600.000 fr. ; 0,275 p. 100 de 600.000 fr. à 1 million ; 0,1375 p. 100 de 1 à 20 millions ; 0,06875 p. 100 au-dessus, si le partage est judiciaire, le tout sur l'actif attribué, déduction faite des rapports dus par les héritiers et de tout le passif autre que les frais (1).

609. *Ouverture d'usufruit ou de rente réversible.* — Il est actuellement admis que la clause de réversibilité d'usufruit ou de rente viagère a le caractère d'une libéralité. Par suite, il est logique qu'elle donne droit, lorsqu'elle produit effet, à l'honoraire d'ouverture de donation entre époux sur la valeur de l'usufruit ou de la rente viagère ainsi recueillie par l'ascendant survivant (2).

610. *Acte nul.* — Aucune rémunération ne saurait être réclamée pour l'acte dont la nullité est prononcée par la faute du notaire, par exemple pour défaut d'acceptation régulière par l'un des donataires qui était dans un état d'imbécillité habituel et bien connu, car l'acte est alors inutile et sans efficacité (3).

611. *Acte confirmatif.* — L'acte portant confirmation, ratification ou approbation de la disposition après le décès du donateur donne lieu seulement à un honoraire fixe qui est de 5 francs si l'acte est en brevet et de 7 fr. 50 si l'acte est en minute, sauf pour Alger et l'Alsace-Lorraine où l'honoraire est de 5 fr. pour le brevet et de 10 fr. pour la minute, et pour la Seine où l'honoraire est respectivement de 4 fr. 95 ou de 9 fr. 90 (4).

Si la ratification est consentie par plusieurs personnes ayant un intérêt distinct, il est alloué un honoraire supplémentaire de 2 fr. 20 pour la Seine et de 2 fr. 50 partout ailleurs pour chaque personne (4).

612. *Inscription de privilège ou d'hypothèque.* — Les bordereaux nécessaires pour l'inscription des privilèges ou hypothèques à prendre en exécution d'un partage anticipé donnent droit à un honoraire de 0,125 p. 100, sauf pour Angers, Bordeaux, Pau où l'honoraire est de 0,0625 p. 100, Orléans, Paris, Riom où il est de 0,125 p. 100 de 1 à 20.000 fr. et 0,0625 p. 100 au-dessus, — avec minimum de 8 francs, sauf pour Agen, Aix et Besançon où le minimum est de 10 francs (4).

Toutefois, il n'est dû qu'un honoraire fixe de 5 francs pour Alger et l'Alsace-Lorraine, et un honoraire par rôle de minute pour le département de la Seine (4).

613. — Si le privilège ou l'hypothèque est à inscrire dans plusieurs bureaux, il est alloué un honoraire supplémentaire de 5 francs par bureau en sus du premier, sauf pour le département de la Seine où l'honoraire reste fixé par rôles de minute (5).

614. *Certificat de propriété.* — Il est dû pour le certificat de propriété délivré pour l'exécution de la donation-partage, un honoraire fixe qui est de 5 francs, sauf pour Alger et l'Alsace-Lorraine où l'honoraire est de 10 francs, et pour le département de la Seine où il est de 9 fr. 90 (6).

615. *Grosse. Expéditions. Extraits.* — Quelle que soit la forme de la copie de l'acte, grosse, expédition ou extrait, il est alloué, pour tous les notaires, sans dis-

(1) Décret, 25 août 1898 et 29 décembre 1919.
(2) Laval, 14 mars 1912.
(3) Décret, 25 août 1898, art. 5 ; — Cass. req., 12 décembre 1908, S.08.1.315, *Rev. not.* 12992.
(4) Décrets, 25 août 1898 et 29 décembre 1919.
(5) Décrets, 25 août 1898 et 29 décembre 1919.
(6) Décrets, 25 août 1898 et 29 décembre 1919.

tinction de classe ni de résidence, un honoraire de 4 francs par rôle de 25 lignes à la page et de 15 syllabes à la ligne. Le rôle commencé est dû en entier, s'il est seul; par fraction non inférieure à la moitié, s'il y a plusieurs rôles (1).

616. — La copie spéciale destinée à la transcription de l'acte au bureau des hypothèques est tarifée à raison de 1 fr. 65 pour le premier rôle contenant 36 lignes à la première page, 45 lignes à la deuxième et 12 syllabes à la ligne et à raison de 2 fr. 70 pour les rôles suivants contenant 45 lignes à la page et 18 syllabes à la ligne (2).

617. *Extrait pour les mutations cadastrales.* — Afin de faciliter les mutations cadastrales, les notaires sont tenus de déposer au bureau de l'enregistrement, au moment où ils soumettent la minute des actes reçus par eux à la formalité de l'enregistrement, un extrait sommaire de ces actes, établi sur une formule fournie par l'administration, lorsqu'il en résulte à un titre quelconque translation ou attribution de propriété immobilière. Il leur est alloué 0 fr. 07 par extrait (3).

618. *Formalités hypothécaires.* — La réquisition de transcription de la donation et de délivrance des états d'inscription, de saisies et autres empêchements donne lieu à la perception d'un honoraire gradué d'après l'importance de l'acte, savoir:

Acte représentant un capital de moins de 500 fr.	1,875
— — — — 1.000 fr.	3,125
— — — — 2.000 fr.	4,375
— — — — 5.000 fr.	7,50
Au-dessus de 5.000 francs	10 »

Les réquisitions d'état d'inscriptions et de radiation sont soumises à un honoraire fixe de 2 fr. 50 pour les notaires qui résident au siège de la conservation des hypothèques ou du greffe du tribunal de commerce, et de 3 fr. 75 pour les notaires qui n'y résident pas.

Les autres réquisitions donnent lieu à une rémunération de 1 fr. 25 ou de 1 fr. 875 suivant que le notaire réside ou ne réside pas au siège de la conservation des hypothèques ou du greffe.

Les frais de correspondance ne sont pas compris dans les rémunérations ci-dessus indiquées. Il est alloué 1 fr. 25 pour port de chaque envoi.

En ce qui concerne les notaires de Paris, aucun honoraire ne leur est dû pour les formalités remplies dans l'un des bureaux ou au greffe du tribunal de commerce de cette ville (4).

619. *Notaire en second.* — Le concours d'un second notaire n'augmente pas la rémunération exigible; les honoraires restent les mêmes que si l'acte est reçu par un seul notaire (5).

Dans ce cas, les honoraires se partagent entre les deux notaires de la manière prévue par le règlement intérieur de la Compagnie, ou, à défaut, par moitié; mais l'émolument par rôle revient en totalité au notaire en premier (6).

620. — Lorsque le notaire en premier et le notaire en second n'appartiennent pas à la même compagnie, chacun d'eux a droit alors à la moitié des honoraires,

(1) Décret, 25 août 1898, art. 21, et décret. 29 décembre 1919.
(2) L. 24 juillet 1921 et décret, 26 novembre 1921.
(3) L. 20 mai 1915; décret, 11 juin 1915.
(4) Décrets, 25 août 1898 et 29 décembre 1919.
(5) Décret, 25 août 1898, art. 10.
(6) Décret, 25 août 1898, art. 11.

quelles que soient les prescriptions spéciales à ce sujet de leurs règlements respectifs, car chacun de ces règlements n'a de force que dans l'étendue du ressort de la compagnie qui l'a édicté et ne peut être opposé à d'autres notaires étrangers à ladite compagnie (1).

621. Il peut arriver, dans le même cas, que les deux notaires instrumentaires soient soumis à des tarifs différents, par exemple l'un au tarif du ressort de la Cour d'appel de Paris et l'autre au tarif du département de la Seine. Il a été jugé que dans ce cas, c'est le tarif du notaire en premier qui s'applique (2). Mais cette décision est critiquée. Une autre opinion enseigne que chacun des notaires a droit à la moitié des honoraires auxquels il aurait droit, s'il était seul, c'est-à-dire à la moitié des honoraires que lui alloue le tarif de son ressort (3).

622. *Etat des frais*. — Comme pour les autres actes notariés, les parties peuvent réclamer, avant tout règlement, le compte des sommes dont elles sont redevables. Le notaire doit leur remettre alors un état établi sur deux colonnes consacrées, l'une aux déboursés, l'autre aux honoraires (4). Si les frais incombent à plusieurs personnes, chacune d'elles est en droit de demander cet état (5).

623. *Recouvrement des frais*. — Les notaires ont, pour le recouvrement de leurs frais et honoraires, une action personnelle et solidaire contre toutes les parties qui ont concouru à l'acte. (6). Les clauses particulières contenant répartition inégale des frais entre les contractants ne modifient en rien les effets de la solidarité envers l'officier ministériel qui a instrumenté.

624. — En cas de concours de deux notaires, le notaire en premier a seul le droit de requérir la taxe et de poursuivre le recouvrement des frais et honoraires dus par les parties. Le notaire en second n'a qu'une action contre son confrère pour le paiement de la part lui revenant (7).

(1) Angers, 4 août 1903, *J. N.*, 28304.
(2) Meaux, 29 décembre 1899, *J. N.*, 27037.
(3) *J. N.*, art. 30545.
(4) Décret, 25 août 1898, art. 9.
(5) Amiaud et Voland, 101; — Defrénois, 125; — Bertheau, 52092.
(6) Cass. civ., 17 juin 1890, *J. N.*, 24507; — Seine, 2 décembre 1904. *J. N.*, 28417.
(7) Cass. civ., 24 novembre 1913, *Rev. not.*, 15549, *J. N.*, 30789 et 30800.

FORMULES

I. — Préambules et clôtures.

1. *Acte reçu par deux notaires.*

Pardevant Me. . ., notaire à. . ., et Me. . ., notaire à . . ., tous deux soussignés,

. . . .

Et lecture faite, les parties ont signé avec les notaires.

La lecture des présentes par Me. . ., notaire en premier, et leur signature par les parties ont eu lieu en la présence réelle de Me. . ., notaire en second.

2. *Acte reçu en présence de deux témoins.*

Pardevant Me. . ., notaire à . . ., soussigné, en présence des témoins instrumentaires ci-après nommés,

. . . .

Dont acte. — Fait et passé à. . ., l'an. . ., le. . .,

En présence de : 1° M. . ., 2° et M. . ., témoins instrumentaires requis et réunissant les qualités voulues par la loi, ainsi qu'ils le déclarent et que les parties le déclarent elles-mêmes.

Et lecture faite, les parties ont signé avec les témoins et le notaire.

La lecture des présentes par Me. . ., notaire, et leur signature par les parties ont eu lieu en la présence réelle des deux témoins instrumentaires.

3. *Personne ne sachant pas signer.*

Et après lecture faite, les parties ont signé avec les notaires (*ou* : avec les témoins et le notaire), à l'exception de M. . . qui, requis de signer, a déclaré ne savoir le faire (*ou* : ne pouvoir le faire pour cause de. . .).

La lecture des présentes par Me. . ., leur signature par MM. . . et la déclaration par M. . . de ne savoir (*ou* : pouvoir) signer ont eu lieu en la présence réelle de Me. . ., notaire en second (*ou* : en la présence réelle des deux témoins instrumentaires).

4. *Partie atteinte de surdité.*

Et après lecture faite par le notaire soussigné aux parties et après lecture prise personnellement par M. . ., atteint de surdité, les parties ont signé avec les témoins et le notaire (*ou* : avec les notaires).

La lecture des présentes par Me. . ., notaire, celle prise par M. . ., et la signature par les parties ont eu lieu en la présence réelle des deux témoins instrumentaires (*ou* : de Me. . ., notaire en second).

II. — Acceptations.

5. *Enfants présents.*

A :

1° M. Jean Bourgeot, propriétaire cultivateur, demeurant à. . .,

2° Mme Célestine Adèle Bourgeot, épicière, demeurant à. . ., veuve en premières noces non remariée de M. Antoine Figeard,

3° Et Mlle Annie Bourgeot, célibataire majeure, sans profession, demeurant à. . .

Ses trois enfants et seuls présomptifs héritiers chacun pour un tiers, ici présents et qui acceptent.

6. *Enfants dont un représenté par mandataire.*

A ses deux enfants et seuls présomptifs héritiers chacun pour moitié, savoir ;

1° M. Claude Toupinot, architecte, demeurant à. . ., ici présent et qui accepte,

2° Et M. Aristide Toupinot, capitaine au long cours, demeurant à. . ., non présent, mais ce qui est accepté pour lui par M. Maurice Chatelier, clerc d'avoué, demeurant à. . ., à ce présent, son mandataire en vertu de la procuration qu'il lui a donnée suivant acte reçu en présence de deux témoins par Me. . ., notaire à. . ., le. . ., dont une expédition est demeurée ci-annexée après mention.

7. *Enfants dont un institué contractuel.*

A :

1° M. Emmanuel Truchet, entrepreneur, demeurant à. . ., son fils et présomptif héritier pour moitié et en outre institué par le comparant donataire par préciput du quart des biens qui composeront sa succession aux termes du contrat de mariage dudit M. Emmanuel Truchet, reçu par Me. . ., notaire à. . ., le. . .,

A ce présent et qui accepte,

2° Et M. Adolphe Truchet, négociant, demeurant à. . ., son autre fils et présomptif héritier également pour moitié, sauf l'effet de l'institution contractuelle sus-énoncée.

Aussi à ce présent et qui accepte.

8. *Enfant adoptif.*

A

M. Henri Mériault, bijoutier, demeurant à. . ., son fils adoptif ainsi qu'il résulte d'un acte d'adoption dressé par Me. . ., notaire à. . ., le. . ., (*ou :* d'un procès-verbal dressé par M. le Juge de paix du canton de. . ., le. . .), homologué suivant jugement du tribunal civil de. . ., en date du. . ., régulièrement transcrit sur les registres de l'état civil, et en cette qualité présomptif héritier de M. Mériault, donateur pour un tiers,

A ce présent et qui accepte.

9. *Enfant interdit. Tuteur* ad hoc.

M. Sosthène Espinassy, ancien commerçant, domicilié à. . ., interdit suivant jugement rendu par le tribunal civil de. . ., le. . ., signifié, publié et passé en force de chose jugée,

Son fils et présomptif héritier pour. . ., ayant comme tuteur à son interdiction M. Espinassy son père qui a été nommé à cette fonction suivant délibération de son conseil de famille prise sous la présidence de M. le Juge de paix du canton de. . ., le. . .

Ce qui est accepté pour lui par M. Jean-Louis Bourrat, instituteur, demeurant à. . ., à ce présent, en qualité de tuteur *ad hoc*, fonction à laquelle il a été nommé et qu'il a acceptée suivant délibération de son conseil de famille prise le. . ., par suite de l'opposition existant entre ledit M. Sosthène Espinassy et son père, et en outre comme spécialement autorisé à l'effet des présentes par la délibération du conseil de famille du. . ., (*ajouter, le cas échéant :* homologuée par jugement du tribunal civil de. . ., en date du. . ., desquels jugement et délibération une expédition est demeurée ci-annexée après mention).

10. *Enfant mineur. Acceptation par ascendants donateurs.*

M. Félix Boully, encore mineur comme étant né à. . ., le. . ., du mariage de M. et Mme Boully donateurs, chez lesquels il est domicilié,

Ce qui est accepté pour lui par M. Boully, son père, en ce qui concerne les biens donnés par Mme Boully sa mère, et par cette dernière en ce qui concerne les biens donnés par M. Boully.

11. *Enfant mineur. Acceptation par tuteur.*

M. Hilaire Bourgognon, mineur comme étant né à. . ., le. . ., du mariage de M. Prosper Bourgognon, et Mme Elise Derville décédés, et domicilié chez M. Jaurand, son tuteur ci-après nommé,

Son petit-fils et présomptif héritier pour. . ., par représentation de Mme Bourgognon, sa mère, fille de M. Derville comparant,

Ce qui est accepté par M. Antoine Jaurand, confiseur, demeurant à. . ., à ce présent, en qualité de tuteur du mineur Bourgognon, fonction à laquelle il a été nommé et qu'il a acceptée suivant délibération de son conseil de famille prise sous présidence de M. le Juge de paix du canton de. . ., le. . ., et en outre comme spécialement autorisé à l'effet des présentes par autre délibération dudit conseil de famille en date du. . . (*en cas de charges devant atteindre le patrimoine personnel du mineur, ajouter :* homologuée par jugement rendu par le tribunal civil de. . . le. . ., desquels jugement et délibération une expédition est demeurée ci-annexée après mention).

12. *Enfant mineur émancipe acceptant lui-même.*

M. Lucien Bidaut, étudiant, demeurant à . . ., encore mineur comme étant né à . . ., le . . ., mais émancipé par délibération de son conseil de famille prise sous la présidence de M. le Juge de paix du canton de. . ., le . . .,

Son fils et présomptif héritier pour. . ., à ce présent et qui accepte avec l'assistance de M. Simon Grivelle, son oncle, propriétaire demeurant à. . ., ici intervenant, curateur à son émancipation, nommé par la délibération du conseil de famille sus-énoncée (*s'il y a lieu :* homologuée par jugement, etc. . .)

13. *Enfants naturel et légitimes.*

A :

1° M. Paul Leclair, mercier, demeurant à. . .,

2° M. Eugène Leclair, voyageur de commerce, demeurant à . . .,

Ses deux enfants légitimes et présomptifs héritiers conjointement pour cinq sixièmes ou chacun divisément pour cinq douzièmes,

3° Et M. Hilaire Leclair, maréchal-forgeron, demeurant à. . .,

Son enfant naturel qu'il a reconnu suivant acte dressé à la mairie de . . ,le . . ., et son présomptif héritier pour un sixième,

Tous à ce présents et acceptant.

14. *Enfant et petits-enfants.*

A :

1° M. Noël Vercherin, propriétaire cultivateur, demeurant à. . .,

Son fils et présomptif héritier pour moitié, ici présent et qui accepte,

2° M. Jules Brugalière, employé de commerce, demeurant à. . .,

3° Et Mlle Félicie Brugalière, modiste, demeurant à. . .,

M. et Mlle Brugalière, ses petits-enfants et présomptifs héritiers conjointement pour l'autre moitié ou chacun divisément pour un quart, par représentation de Mme Antoinette Vercherin, leur mère, décédée à. . ., le . . ., épouse de M. Daniel Brugalière et fille de M. Vercherin, donateur.

Tous deux aussi à ce présents et acceptant.

15. *Enfant pourvu d'un conseil judiciaire.*

M. Louis Guérin, employé de commerce, demeurant à. . ., pourvu d'un conseil judiciaire en la personne de M. Henri Turmel, avoué honoraire, demeurant à. . ., suivant jugement rendu par le tribunal civil de. . ., le . . .,

Son fils et héritier présomptif pour . . ., ici présent et qui accepte (*s'il y a des charges, ajouter:* avec l'assistance et l'autorisation de M. Turmel, son conseil, aussi à ce présent).

16. *Enfant sourd-muet ne sachant pas écrire.*

M. Paulin Didier, manœuvre, demeurant à. . ., sourd-muet de naissance, ne sachant pas écrire,

Son fils et présomptif héritier pour. . ., ce qui est accepté par M. Henri Dutemps, cultivateur, demeurant à. . ., à ce présent, en qualité de curateur *ad hoc* dudit M. Paulin Didier, fonction à laquelle il a été nommé et qu'il a acceptée suivant délibération de son conseil de famille prise sous la présidence de M. le Juge de paix du canton de. . ., le. . ., dont une expédition est demeurée ci-annexée après mention.

17. *Femme mariée assistée de son mari.*

Mme Henriette Auxion, épouse de M. Georges Rivet, négociant, avec lequel elle demeure à. . .

M. et Mme Rivet mariés sous le régime de la communauté de biens réduite aux acquêts aux termes de leur contrat de mariage reçu par Me . . ., notaire à . . ., le . . ., ne contenant aucune clause prescriptive d'emploi des propres de la femme.

Sa fille et présomptive héritière pour. . ., qui accepte avec l'assistance et l'autorisation de son mari, tous deux à ce présents.

18. *Femme mariée autorisée par justice.*

Mme Henriette Auxion, épouse de M. Georges Rivet, négociant, avec lequel elle demeure à . . .,

Mariée sous le régime de la communauté . . .

Sa fille et présomptive héritière pour. . ., ici présente et qui accepte comme étant spécialement autorisée à l'effet des présentes, sur refus de son mari, par jugement du tribunal civil de. . ., rendu le . . ., signifié et passé en force de chose jugée ainsi qu'il résulte de l'exploit de signification dressé par Me . . ., huissier à . . ., le . . ., et du certificat de non-opposition ni appel délivré par le greffier dudit tribunal le . . ., lesquels exploit et certificat sont demeurés ci-annexés après mention.

19. *Femme mariée encore mineure.*

Mme Jeanne Duplantier, épouse de M. Grégoire Lefort, négociant, avec lequel elle demeure à . . .,

M. et Mme Lefort mariés sous le régime de la communauté légale de biens à défaut de contrat préalable à leur union célébrée à la mairie de . . ., le . . .,

Mme Lefort, encore mineure comme étant née à . . ., le . . ., mais émancipée par son mariage et ayant son mari pour curateur,

Fille du donateur et sa présomptive héritière pour. . ., qui accepte avec l'assistance et l'autorisation de son mari esd. qualité, tous deux à ce présents (*autorisation du conseil de famille et homologation du tribunal nécessaires en cas de charges onéreuses*).

III. — **Donations-partages.**

20. *Partage par père et mère avec réserve d'usufruit réversible.*

Pardevant M^e . . ., notaire à . . ., soussigné, en présence des témoins instrumentaires ci-après nommés.

Ont comparu :

M. Joseph Labrosse, rentier, et Mme Jenny Dumas, son épouse qu'il autorise, demeurant ensemble à . . .,

Lesquels ont, par ces présentes, fait donation entre vifs, à titre de partage anticipé, conformément aux art. 1075 et suivants du Code civil,

A :

1° M. Georges Labrosse, cultivateur, demeurant à. . .;

2° Mme Émilie Labrosse, épouse de M. Jules Lauvernier, négociant, avec lequel elle demeure à. . . et avec lequel elle est mariée sous le régime . . ., etc. . .,

Leurs deux enfants et présomptifs héritiers chacun pour un tiers, ici présents et qui acceptent, Mme. . . avec l'autorisation de son mari aussi à ce présent;

3° Et M. Émile Liodenot, mineur, né à . . ., le . . .;

Son petit-fils et présomptif héritier pour le dernier tiers, par représentation de Mme. . ., sa mère, décédée à. . ., le . . ., épouse de M. . ., demeurant à. . ., ici présent et qui accepte pour le dit mineur, son fils.

De la nue propriété des biens dont la désignation suit :

Désignation.— 1° Un enclos sis à Charolles, lieudit « le Rompoy », comprenant bâtiments d'habitation et d'exploitation, cour et jardin, cadastré sous les n^{os}. . ., de la section. . ., pour une contenance de. . .

2° Un pré dit « Champ Bonniaud », sis même commune, cadastré sous les n^{os}. . . de la section . . . pour une contenance de . . ., et joignant au nord la route, à l'est pré à M. Perreux avec haie entre, mitoyenne, au midi terre à M. Dubuisson avec haie entre, au fonds donné, et à l'ouest pré à M. Comte avec mur entre, mitoyen;

3° Un pré dit « le Breuil », sis commune de. . ., cadastré. . . pour une contenance de. . ., et joignant. . .;

4° Et un autre pré dit « l'Ouche Pitaud », sis même commune, cadastré. . . pour une contenance de. . ., et joignant. . .

Origine de Propriété. — § 1er. Biens propres du mari. . .

§ 2. Biens propres de la femme. . .

§ 3. Biens dépendant de la communauté. . .

Sur les reprises et récompenses des donateurs. — Les donateurs entendent, chacun en ce qui le concerne, faire entrer dans la présente donation-partage, toutes les reprises qu'ils peuvent avoir à exercer jusqu'à ce jour contre leur communauté ainsi que toutes les récompenses qu'ils peuvent lui devoir, sans exception, ni réserve. Par suite, les biens qu'ils se trouveraient posséder lors de la dissolution de ladite communauté ne seront soumis qu'à l'exercice des reprises et récompenses, qui auraient une cause postérieure aux présentes.

Partage. — La masse des biens à partager établie comme il est dit ci-dessus, M. et Mme Labrosse ont fait trois lots de la manière suivante :

Premier lot. — Le premier lot a été composé de l'enclos dit « le Rompoy », sis commune de Charolles (Article 1er de la désignation).

Deuxième lot. — Le deuxième lot a été composé du pré dit « Champ Bonniaud », sis commune de Charolles (Art. 2e de la désignation).

Troisième lot. — Et le troisième lot a été composé :

1° Du pré du Breuil, sis commune de. . . (Art. 3e de la désignation).

2° Et du pré de « l'Ouche Pitaud », sis même commune (Art. 4e de la désignation).

Tirage au sort. — La composition des lots ainsi faite, les parties ont coupé trois morceaux de papier de mêmes forme et dimension sur chacun desquels il a été respectivement écrit « 1er lot », « 2e lot » et « 3e lot ». Après les avoir pliés de façon identique, ils ont été mêlés et tirés au sort.

Par suite de ce tirage, le premier lot est échu à Mme Lauvernier, le second lot à M. Georges Labrosse et le troisième lot au mineur Liodenot.

(Au lieu de tirer les lots au sort, les donateurs pouvaient les attribuer par voie d'autorité. A ce sujet, voir la formule 21 ci-après).

Acceptation. — Les donataires, Mme Lauvernier autorisée de son mari, et M. Liodenot pour son enfant mineur, acceptent les lots à eux échus, chacun en ce qui le concerne.

Propriété. Jouissance. — Chacun des donataires aura la propriété des biens compris dans son lot à compter de ce jour, mais de condition expresse, il n'en prendra la jouissance qu'à partir du décès du survivant des donateurs, chacun de ceux-ci se réservant l'usufruit des biens par lui donnés pendant sa vie et la faculté de disposer de l'usufruit des mêmes biens, comme il avisera, pendant la vie de son conjoint, pour le cas où celui-ci lui survivrait.

Les bénéficiaires de l'usufruit réservé en jouiront aux charges de droit. Toutefois, s'ils louent les immeubles, les baux passés par eux ne pourront excéder l'année courante et les deux années suivantes à partir du décès du survivant des donateurs.

(*Si le partage comprend des valeurs mobilières, on peut mettre :* Ils pourront toucher seuls, sur leurs simples quittances et sans le concours des nus propriétaires, les créances comprises au présent partage, même avant leur exigibilité, ainsi que toutes valeurs de bourse qui viendraient à être amorties et remboursées, mais à charge d'en faire, dans le mois de l'encaissement des fonds, le remploi à leur nom pour l'usufruit et au nom des autres ayants droit pour la nue propriété, soit en placements sur particuliers par privilège ou hypothèque sur des immeubles de rapport situés en France, soit en rentes sur l'État français ou en toutes autres valeurs de bourse figurant parmi celles que la Banque de France accepte en dépôt et sur lesquelles elle consent des avances. Il devra être donné connaissance des remplois ainsi faits à toute demande des nus propriétaires, et en aucun cas, les tiers ne seront responsables de ces emplois et n'auront ni à les surveiller, ni à s'y immiscer).

Conditions. — Le présent partage anticipé est fait aux conditions suivantes que les donataires s'obligent solidairement à exécuter, savoir :

1° Ils prendront les immeubles donnés dans l'état où ils se trouveront au jour fixé pour l'entrée en jouissance, sans pouvoir faire aucune réclamation soit pour mauvais état des constructions, du sol ou sous-sol, soit pour raison de vices même cachés, soit pour cause de déficit dans les contenances ci-dessus énoncées dont le plus ou le moins, quel qu'il soit, fera le profit ou la perte des donataires ;

2° Ils souffriront les servitudes passives, apparentes ou occultes, continues ou discontinues qui peuvent grever les immeubles donnés, sauf aux donataires à s'en défendre et à profiter en retour de celles actives, le tout s'il en existe, à leurs risques et périls ;

A cet égard les donateurs déclarent. . . *(rapporter les servitudes pouvant exister).*

3° Ils acquitteront à compter du décès du survivant des donateurs les primes d'assurances et les contributions de toute nature auxquelles les immeubles pourront être assujettis ;

(S'il y avait lieu de faire des conventions spéciales au sujet de droits d'eau, droits de passage, etc., il faudrait les rapporter ici. Par exemple, en cas de division de fonds, mettre :

La division en deux portions égales et le bornage de la pièce de. . ., entrée dans les premier et deuxième lots seront faits à frais communs entre les attributaires de ces deux lots, dans le délai de deux mois à compter du décès du survivant des donateurs; cette division sera constatée par des bornes plantées sur la ligne de séparation.

Les arbres qui, par suite de ladite division, se trouveraient à une distance de la ligne séparative moindre que celle fixée par la loi, continueront d'exister; mais s'ils viennent à être arrachés ou à périr, pour quelque cause que ce soit, ils ne pourront être remplacés qu'à la distance légale).

Passif à acquitter. — En outre, les donataires payeront, comme charges spéciales de la présente donation, en l'acquit des donateurs, de façon à ce que ceux-ci ne soient jamais inquiétés ni recherchés à ce sujet, savoir :

1°. . . (*détail des dettes chirographaires et hypothécaires*).

Ce payement sera supporté par les donataires par tiers entre eux, sauf compte entre lesdits donataires, s'il y avait lieu, à raison des créances hypothécaires ci-dessus qu'ils auraient payées en l'acquit l'un de l'autre comme grevant leurs lots d'une façon différente ou pour tout autre motif.

(*Dire, s'il y a lieu, que tels ou tels immeubles seront affectés spécialement à l'acquit des dettes*).

Réserve du droit de retour. — M. et Mme Labrosse-Dumas se réservent, chacun en ce qui le concerne, le droit de retour sur les biens par eux donnés ou sur ceux qui en seraient la représentation pour le cas où les donataires ou l'un d'eux décéderaient avant eux sans enfant et pour le cas encore où leurs enfants et descendants viendraient eux-mêmes à décéder avant les donateurs, sans postérité

Toutefois, cette réserve ne fera pas obstacle à l'effet de toutes donations ou legs en usufruit que chacun des donataires pourrait faire en faveur de son conjoint.

Interdiction d'aliéner. — En raison de la réserve d'usufruit ci-dessus stipulée jusqu'au décès du survivant d'eux, les donateurs interdisent formellement aux donataires, qui s'y soumettent, de vendre, aliéner ou hypothéquer, pendant la vie des donateurs et celle du survivant d'eux, tout ou partie des biens donnés, à peine de nullité des ventes, aliénations ou hypothèques, et de révocation des présentes.

Donation éventuelle d'excédent de lots. — Pour le cas où l'un ou plusieurs des lots seraient d'une valeur supérieure aux autres, M. et Mme Labrosse font donation, par préciput et hors part, des excédents à ceux des donataires dans les lots desquels ils se trouveraient exister, ce qui est expressément accepté par chacun d'eux, M. . . pour son fils mineur.

Condition de ne pas attaquer le partage. — Les donateurs imposent expressément aux donataires qui s'y soumettent, la condition de ne pas attaquer le présent partage. Si cependant ce partage vient à l'être, pour quelque motif que ce soit, par l'un des donataires, M. et Mme Labrosse déclarent priver de toute part dans la quotité disponible sur les biens ci-dessus désignés, celui qui se refusera à son exécution, et, pour ce cas, ils font donation, par préciput et hors part, de ladite portion dans la quotité disponible, à celui ou ceux des donataires contre lesquels l'action sera intentée, ce qui est accepté par les donataires, M. . . au nom de son fils mineur.

Règlement au décès des donateurs. — Les donateurs entendent que le calcul de la quotité disponible qu'il pourrait y avoir lieu d'établir lors de leurs décès s'effectue uniquement sur les biens qu'ils posséderaient alors, en dehors de ceux compris en la présente donation.

Désistement d'hypothèque légale. — Mme Labrosse-Dumas déclare se désister purement et simplement en faveur des donataires des droits que lui confère son hypothèque légale contre son mari sur les immeubles ci-dessus donnés par celui-ci.

Transcription. — Une expédition des présentes sera transcrite au bureau des hypothèques de. . . et les donataires rempliront en outre, si bon leur semble, les formalités prescrites par la loi pour la purge des hypothèques légales, le tout à leurs frais.

S'il est alors révélé des inscriptions autres que celles garantissant les dettes ci-dessus mises à la charge des donataires, les donateurs s'obligent d'en rapporter les mainlevées et certificats de radiation dans le mois de la dénonciation qui leur en sera faite amiablement au domicile ci-après élu.

Déclarations d'état civil. — Les donateurs déclarent :

Qu'ils sont nés, le mari à. . ., le. . ., et la femme à. . ., le. . .,

Qu'ils sont mariés en premières noces sous le régime de. . ., etc.

Et qu'ils ne remplissent pas et n'ont jamais rempli de fonction emportant hypothèque légale sur leurs biens.

De leur côté, M. Georges Labrosse et M. et Mme Lauvernier déclarent, savoir :

M. Georges Labrosse, qu'il est né à. . ., le. . .

M. et Mme Lauvernier, qu'ils sont nés, le mari à. . ., le. . ., et la femme à. . ., le. . .

Titres. — Les copartagés feront entre eux, lors de l'extinction de l'usufruit réservé par les donateurs, la division des titres de propriété des biens donnés, conformément aux dispositions de l'article 842 du Code civil.

Ou : Il a été à l'instant remis aux donataires, chacun en ce qui le concerne, les titres de propriété des biens compris dans la présente donation, à charge de les communiquer et remettre contre simple récépissé aux donateurs au cas où ceux-ci estimeraient en avoir besoin.

Enregistrement. — Pour la perception des droits, les parties déclarent que les biens donnés sont d'une valeur vénale de. . ., et que les lots ci-dessus sont égaux entre eux.

Frais. — Les frais et honoraires des présentes et ceux qui en seront la suite seront supportés par les donataires qui s'y obligent.

Domicile. — Pour l'exécution des présentes, les parties font élection de domicile à. . .

Affirmations. — A l'instant, Me. . ., notaire soussigné, a donné lecture aux parties de l'article 13 de la loi du 23 août 1871, de l'article 7 de la loi du 27 février 1912, des articles 7 et 8 de la loi du 18 avril 1918 et de l'article 366 du Code pénal.

Les parties ont affirmé, sous les peines édictées par l'article 8 de la loi du 18 avril 1918, qu'il n'existe aucune soulte de partage (*ou :* que le présent acte exprime l'intégralité de la soulte convenue).

Et Me. . . soussigné affirme en outre qu'à sa connaissance cet acte n'est modifié ni contredit par aucune contre-lettre contenant stipulation de soulte (*ou :* une augmentation de la soulte ci-dessus indiquée).

Dont acte (*en présence réelle de deux témoins ou d'un second notaire*).

21. *Donation par père et mère avec stipulation de rente viagère réversible. Rapport. Soulte.*

Pardevant Me. . . et Me. . ., tous deux notaires à. . ., soussignés,

Ont comparu :

M. Francis Barsoulet, propriétaire, et Mme Sidonie Milon, son épouse qu'il autorise, demeurant ensemble à. . .,

Lesquels ont, par ces présentes, fait donation entre vifs à titre de partage anticipé, conformément aux articles 1075 et suivants du Code civil,

A :

1° Mme Claudine-Barsoulet, épouse de M. François Tardif, cultivateur, avec lequel elle demeure à. . .;

M. et Mme Barsoulet mariés sous le régime de. . .

2° M. Louis Barsoulet, cultivateur, demeurant à. . .;

3° Et M. Marius Barsoulet, marchand de bois, demeurant à. . .

Leurs trois enfants et seuls présomptifs héritiers, chacun pour un tiers, ici présents et qui acceptent, Mme Tardif avec l'autorisation de son mari aussi à ce présent,

Des biens dont la désignation suit :

Désignation. — 1° Les objets mobiliers et instruments agricoles décrits et estimés à la somme de 8.000 francs en un état dressé par les parties à la date de ce jour et qui est demeuré ci-annexé après avoir été certifié véritable par elles et après mention du tout, pour être enregistré avec les présentes (*ou :* les objets mobiliers et instruments agricoles ci-après. . . *les décrire et estimer article par article*). . ., ci. . . . . 8.000 fr. »

2° La somme de 10.000 francs montant en principal d'une obligation souscrite au profit de M. Barsoulet donateur par M. Jacques Bourgier, négociant, demeurant à. . ., suivant acte reçu par Me. . ., notaire à. . ., le. . ., laquelle somme stipulée exigible le. . ., et productive d'intérêts au taux de 6 pour 100 par an payables annuellement le. . ., est garantie par une inscription prise au bureau des hypothèques de. . ., le. . ., volume. . ., n°. . ., sur une maison sise à. . ., ci. . 10.000 »

3° La somme de 160 francs formant le prorata d'intérêts de cette créance, couru depuis le. . . date de la dernière échéance, jusqu'à ce jour, ci. . . . . 160 »

4° Celle de 9.000 francs formant le solde du prix moyennant lequel a été vendu à M. Félix Roucit, cultivateur, demeurant à. . ., un pré sis à. . ., qui dépendait de la communauté existant entre les donateurs, suivant contrat reçu par Me. . ., notaire à. . ., le. . . ; laquelle somme exigible le. . ., et productive d'intérêts au taux de. . ., payables. . ., est garantie par l'inscription qui a été prise d'office au bureau des hypothèques de. . ., le. . ., vol. . ., n°. . ., lors de la transcription dudit contrat opérée le même jour, vol. . ., n°. . ., ci. . . 9.000 »

5° Celle de 140 francs pour prorata d'intérêts du. . . au. . ., ci. . . 140 »

6° Un titre de 300 francs de rente 3 pour 100 sur l'Etat français, n°. . ., section. . ., immatriculé au nom de M. Barsoulet donateur,

Représentant, au cours de la bourse de Paris d'hier étant de. . ., une valeur de 5.200 francs, ci. . . . . 5.200 »

7° Soixante francs de rente russe consolidée 4 pour 100, première émission, en trois titres au porteur de chacun 20 francs de rente portant les nos . . ., et la mention de timbre suivante : « Titre étrangers. Plein tarif 2 p. 100. Paris 10.2. 1910 ».

Représentant au cours de la bourse de Paris d'hier étant de. . ., une valeur de 300 francs, ci. . . . . 300 »

8° Un domaine dit « Les Petits Merles », sis commune de. . ., consistant en bâtiments d'habitation et d'exploitation, cour, jardin, terres et prés, cadastré. . . pour une contenance de 10 hectares 16 ares 31 centiares et estimé 35.000 francs, ci. . . . . 35.000 »

9° Une prairie dite « La Grande Ouche », sise commune de. . ., cadastrée. . . pour une contenance de. . ., et joignant au nord, etc. . .

Estimée douze mille deux cents francs ci. . . . . 12.200 »

10° Un pré dit « Pré des Essarts », sis commune de. . ., cadastré, etc. . ., estimé 15.000 francs, ci. . . . . 15.000 »

11° Et la somme de 13.000 francs, montant de la dot constituée par M. et Mme Barsoulet donateurs, à Mme Tardif, par imputation par moitié sur la succession de chacun d'eux, aux termes du contrat de mariage précité de ladite dame, ci. . . . . 13.000 »

Observation faite que MM. Louis et Marius Barsoulet n'ont reçu de leurs parents aucune somme sujette à rapport.

Ensemble : 108.000 francs, ci. . . . . 108.000 fr. »

1/3

Dont le tiers est de. . . . . 36.000 fr. »

Origine de propriété des immeubles donnés, etc.

Stipulation sur les reprises et récompenses des donateurs. — Les donateurs entendent, chacun en ce qui le concerne, faire entrer dans la présente donation toutes les reprises qu'ils peuvent avoir à exercer jusqu'à ce jour contre leur communauté, ainsi que toutes les récompenses qu'ils peuvent lui devoir, sans exception, en sorte que les biens qui pourront exister lors de la dissolution de ladite communauté ne seront soumis qu'à l'exercice des reprises et récompenses ayant une cause postérieure aux présentes.

Sur le Passif. — Les donateurs déclarent n'avoir actuellement aucune dette ; par suite, aucune charge n'est imposée à cet égard aux donataires.

Partage. — Pour fournir à chacun des donataires la part lui revenant dans les biens ci-dessus désignés, M. et Mme Barsoulet ont fait les lotissements et attributions qui suivent :

1er lot. Mme Tardif. — Le premier lot attribué à Mme Tardif, qui accepte avec l'autorisation de son mari, a été composé de ;

1° La somme de 9.140 francs formant le solde en principal et intérêts du prix de vente dû par M. Roncit (articles 4e et 5e de la désignation) ci	9.140 fr. »
2° Vingt francs de rente russe consolidée n°. . . (art. 7e de la désignation), pour leur valeur de 100 francs, ci	100 »
3° La prairie de la Grande-Ouche (art. 9e de la désignation), évaluée 12.200 francs, ci	12.200 »
4° La somme de 13.000 francs montant du rapport de dot de Mme Tardif (art. 11e), ci.	13.000 »
5° Et celle de 1.560 francs à recevoir à titre de soulte de M. Louis Barsoulet, ainsi qu'il sera dit ci-après, ci.	1.560 »
Total égal : 36.000 francs, ci	36.000 fr. »

2e lot. M. Louis Barsoulet. — Le deuxième lot attribué à M. Louis Barsoulet qui accepte, a été composé de :

1° Le mobilier (article 1er de la désignation), pour sa valeur de 8.000 francs, ci.		8.000 fr. »
2° Le titre n°. . ., de 20 francs de rente russe consolidée (art. 7e de la désignation), pour sa valeur de 100 francs, ci.		100 »
3° Et le domaine des Petits-Merles (art. 8e de la désignation), évalué 35.000 francs, ci.		35.000 »
Total.		43.000 fr. »
A charge par lui de payer à titre de soulte :		
A Mme Tardif, la somme de 1.560 francs, ci.	1.560 »	
Et à M. Louis Barsoulet, celle de 5.540 francs, ci. . .	5.540 »	
Ensemble	7.100 »	7.100 »
De sorte que la valeur de son lot se trouve ramenée à 36.000 fr., ci.		36.000 fr. »

3e lot. M. Marius Barsoulet. — Le troisième lot attribué à M. Marius Barsoulet qui accepte, a été composé de :

1° La somme de 10.160 francs montant en principal et intérêts de la créance sur M. Bourgier (art. 2e et 3e de la désignation), ci	10.160 fr. »
2° Le titre de 300 francs de rente 3 pour 100, n°. . ., (art. 6e de la désignation) pour sa valeur de 5.200 francs, ci.	5.200 »
3° Le titre n°. . ., de 20 francs de rente russe (art. 7e de la désignation) pour sa valeur de 100 francs, ci	100 »
4° Le pré des Essarts (art. 10e de la désignation) évalué 15.000 fr., ci.	15.000 »
5° Et la somme de 5.540 francs à recevoir à titre de soulte de M. Louis Barsoulet, ainsi qu'il vient d'être dit, ci	5.540 »
Total égal à sa part : 36.000 francs, ci.	36.000 fr. »

Propriété. Jouissance. — Les donataires auront la propriété et jouissance des biens à eux donnés à compter de ce jour.

A cet égard, il est ici déclaré :

Que le domaine des Petits-Merles est libre de toute location ;

Que le pré des Essarts est affermé à M. . ., pour un temps expirant le. . ., moyennant un fermage annuel de. . ., payable les. . ., suivant bail reçu par Me. . ., notaire à. . ., le. . .

Et que le pré dit « la Grande-Ouche » est affermé verbalement et selon l'usage du pays à M. . ., moyennant un fermage annuel de. . ., payable. . .

Rente viagère. — Comme condition essentielle de la donation qui précède, les donateurs imposent aux donataires qui s'y obligent solidairement entre eux (*ou :* sans solidarité entre eux), Mme Tardif avec l'autorisation de son mari, de servir à chacun de M. et Mme Barsoulet-Milon, sa vie durant : une rente annuelle et viagère de 1.200 francs qui sera payable en leur demeure en deux termes égaux de six mois en six mois à partir du. . . Toutefois cette rente de 1.200 francs sera réduite de moitié soit à 600 francs par an pour chacun des donateurs jusqu'au décès du premier mourant d'eux.

(*Ou :* Les donateurs imposent aux donataires qui s'y obligent solidairement entre eux à servir à M. et Mme Barsoulet-Milon une rente annuelle et viagère de 1.600 francs qui sera payable en leur demeure en deux termes égaux de six mois en six mois à partir de ce jour jusqu'au décès du premier mourant d'eux, époque à laquelle ladite rente sera réduite de plein droit à la somme de 1.200 francs par an au profit du survivant, sa vie durant).

Il est expressément convenu :

1o Que M. et Mme Barsoulet-Milon ne seront pas tenus de justifier de certificats de vie pour percevoir les arrérages de la rente ci-dessus constituée, tant qu'ils la toucheront par eux-mêmes ou la feront toucher sur leurs simples quittances.

2o Que les arrérages courus au jour du décès du premier mourant d'eux appartiendront en entier au survivant et que ceux courus au décès de ce dernier appartiendront de plein droit aux débirentiers ;

3o Qu'à défaut de payement d'un seul terme d'arrérages à son échéance de ladite rente et trente jours après une simple mise en demeure de payer restée infructueuse, les donateurs pourront, chacun en ce qui concerne les biens par lui donnés, faire prononcer la révocation de la présente donation contre celui ou ceux des donataires en faute, et que dans ce cas, les attributions faites aux autres donataires continueront à produire leur effet à titre de donation irrévocable, d'abord par préciput à concurrence de la quotité disponible et pour le surplus à charge de rapport en moins prenant ;

(*Ou :* Qu'au cas où pour un motif quelconque, l'un ou l'autre des donataires n assurerait pas le service exact de sa part dans ladite rente viagère, les donateurs auraient la faculté, si bon leur semblait, de reprendre immédiatement et de plein droit la jouissance des biens compris dans le lot du donataire en faute, trente jours après une mise en demeure restée infructueuse ; que cette reprise aurait lieu, en ce qui concerne les immeubles, par la prise de possession immédiate pour ceux non loués et par la perception des loyers ou fermages à compter du jour de la mise en demeure pour les autres, à charge d'en supporter les impôts et autres charges y relatives ; et qu'en aucun cas, il n'y aurait compte à faire de part et d'autre à raison de la différence qui existerait entre le montant de la rente et le montant des fruits et revenus dont les biens ainsi repris seraient susceptibles);

4o Qu'en cas de sinistre total ou partiel des constructions comprises dans le lot de M. Louis Barsoulet, avant le décès des crédirentiers ou du survivant d'eux, le débirentier aura la faculté d'employer l'indemnité qui lui sera allouée par la compagnie d'assurances, soit à la reconstruction des bâtiments incendiés, soit à l'acquisition d'un titre de rente 3 pour 100 sur l'État français, dont les arrérages seront affectés au service de la rente viagère dont il s'agit, soit en un versement à l'une des grandes compagnies d'assurances françaises pour l'achat d'une rente égale au montant de celle due par lui ;

5° Qu'en cas de décès de l'un ou l'autre des débirentiers avant les donateurs, il y aura solidarité et indivisibilité entre ses héritiers et représentants pour le service de sa part de rente;

6° Et que les inscriptions qui pourront être prises pour sûreté de la rente dont il s'agit, seront radiées sur la seule représentation de l'acte de décès des crédirentiers, sans qu'il soit besoin d'aucune autre justification.

A la garantie du service de la part de rente viagère lui incombant, ainsi que du paiement de tous frais de poursuite et de mise à exécution, s'il y a lieu, chacun des donataires affecte au profit des donateurs et du survivant d'eux, ce qui est accepté par M. et Mme Barsoulet-Milon, les immeubles compris dans son lot. (*Si MM. Louis et Marius Barsoulet sont mariés, leurs femmes devraient subroger les donateurs dans l'effet de leur hypothèque légale soit en intervenant à la donation, soit par acte séparé*).

M. et Mme Barsoulet-Milon dispensent le notaire soussigné de prendre pour l'instant inscription contre Mme Tardif et contre MM. Louis et Marius Barsoulet, se réservant de le faire eux-mêmes par la suite, s'ils le jugent à propos.

Conditions. — En outre, le présent partage anticipé a lieu sous les conditions suivantes que les donataires s'obligent solidairement à exécuter, savoir :

1° Ils seront garants les uns envers les autres dans les termes de droit commun. En ce qui concerne les créances sur MM. Roncit et Bourgier, attribuées respectivement à Mme Tardif et à M. Marius Barsoulet, ils seront simplement garants de la solvabilité actuelle des débiteurs; cette garantie cessera dans les trois mois après la date d'exigibilité de chacune des dites créances, à moins que l'attributaire ne justifie avoir fait les diligences nécessaires pour arriver au remboursement.

2° Chacun des donataires prendra les immeubles entrés dans son lot tels qu'ils existent actuellement, sans recours contre les autres pour raison soit de mauvais état des constructions, du sol ou du sous-sol, soit d'erreur dans la désignation ou dans l'indication des contenances, quelle que soit la différence entre ces contenances et celles réelles;

3° Il supportera les servitudes passives apparentes ou occultes, continues ou discontinues pouvant grever lesdits immeubles, sauf à s'en défendre et à profiter en retour de celles actives, le tout s'il en existe, à ses risques et périls.

A ce sujet, M. et Mme Barsoulet-Milon déclarent :

Que le domaine des Petits-Merles est grevé. . .

4° Les donataires exécuteront, chacun en ce qui le concerne, les baux et locations susénoncés, aux lieu et place des donateurs dans les droits actifs et passifs desquels ils sont subrogés ;

5° Ils acquitteront, à compter de ce jour, les contributions de toute nature auxquelles les immeubles donnés peuvent et pourront être assujettis ;

6° M. Louis Barsoulet continuera l'assurance contre l'incendie des bâtiments du domaine des Petits-Merles souscrite à la compagnie. . ., dont le siége est à. . ., pour un temps expirant le. . ., moyennant une prime annuelle de. . ., suivant police n°. . ., en date à. . . du. . . Il devra maintenir et renouveler cette assurance jusqu'à l'extinction de la rente viagère ci-dessus créée au profit des donateurs et du survivant d'eux, en payer exactement les primes à leur échéance et justifier du tout à toute demande desdits donateurs;

7° Chacun de Mme Tardif et de M. Marius Barsoulet est subrogé dans les droits, actions, privilèges ou hypothèques attachés à la créance comprise dans son lot et spécialement dans le bénéfice de l'inscription, vol. . ., n°. . ., contre M. Roncit en ce qui concerne Mme Tardif, et de l'inscription vol. . ., n°. . ., contre M. Bourgier en ce qui concerne M. Barsoulet.

(*S'il y avait des valeurs de bourse non entièrement libérées, ajouter :* 8° Enfin chacun des donataires effectuera aux lieu et place des donateurs tous versements de fonds restant dus sur les valeurs de bourse entrées dans son lot).

Réserve du droit de retour. — Les donateurs se réservent, chacun en ce qui le concerne, le droit de retour sur les biens donnés ou sur ceux qui en seraient la représentation, pour le cas où l'un ou l'autre des donataires décéderait avant eux sans enfant, et pour le cas encore où ses enfants et descendants viendraient eux-mêmes à décéder avant les donateurs sans postérité.

Toutefois, cette réserve n'empêchera pas l'effet de toutes donations ou legs en usufruit que chacun des donataires pourrait faire en faveur de son conjoint.

Elle ne mettra pas non plus obstacle à l'aliénation totale ou partielle des créances et valeurs de bourse ci-dessus données, sans le concours des donateurs qui dispensent expressément qu'il soit fait mention de ce droit de retour.

Interdiction d'aliéner. Condition de ne pas attaquer le partage. Donation éventuelle d'excédent de lots. Règlement au décès des donateurs. — V. formule 20 ci-dessus.

Payement de la soulte. — A l'instant, M. Louis Barsoulet a payé en bonnes espèces de monnaie comptées et délivrées à la vue du notaire soussigné,

A Mme Tardif la somme de 1.560 francs, ci	1.560 fr. »
Et à M. Marius Barsoulet celle de 5.540 francs, ci.	5.540 »
Soit ensemble 7.100 francs, montant de la soulte mise à sa charge, ci.	7.100 fr. »

De laquelle somme les recevants, Mme Tardif avec l'autorisation de son mari, lui consentent, chacun en ce qui le concerne, bonne et valable quittance.

Ou, selon le cas :

La soulte de 7.100 francs ci-dessus mise à la charge de M. Louis Barsoulet et revenant à Mme Tardif à concurrence de 1.560 francs et à M. Marius Barsoulet pour les 5.540 fr. de surplus, sera exigible le. . . et, jusqu'à son entier payement, productive d'intérêts au taux de. . . pour cent par an, à compter de ce jour, payables. . .

Il est expressément convenu :

Que tous payements en principal et intérêts auront lieu à. . . ;

Que M. Louis Barsoulet pourra se libérer par anticipation à charge de prévenir les créanciers au moins. . . mois d'avance et par écrit, au domicile ci-après élu, de son intention à cet égard,

Et qu'au cas où il viendrait à décéder avant sa complète libération, ses héritiers et représentants seraient tous tenus solidairement et sans divisibilité entre eux à l'acquit de ladite dette et de ses accessoires.

A la garantie du payement de cette soulte en principal, intérêts, frais et accessoires, le domaine des Petits-Merles attribué à M. Louis Barsoulet est et demeurera affecté du privilège de copartageant expressément réservé.

Transcription. Déclarations d'état civil. Titres. — V. formule 20.

Certificat de propriété. Mention. — Les parties requièrent le notaire soussigné de délivrer le certificat de propriété et les extraits nécessaires pour faire immatriculer le titre de rente au nom de M. Marius Barsoulet et faire mentionner les présentes en marge des inscriptions conservant les créances dues par MM. Roncit et Bourgier (*V. aussi formule 27 ci-après*).

Frais. — Les frais et honoraires des présentes et de leur suite seront supportés par tiers entre les donataires, à l'exception seulement des frais de soulte et d'inscription du privilège de copartage qui seront supportés exclusivement par M. Louis Barsoulet.

Domicile. Affirmations. Dont Acte. — V. formule 20.

22. *Donation, par père et mère, d'immeuble impartageable. Réserve d'usufruit partiel.*

Pardevant M[e] . . ., en présence des deux témoins instrumentaires ci-après nommés,

Ont comparu :

M. André Vinet, cultivateur, et Mme Gabrielle Aublanc, son épouse qu'il autorise, demeurant ensemble à. . .,

Lesquels ont, par ces présentes, fait donation entre vifs à titre de partage anticipé, conformément aux articles 1075 et suivants du Code civil,

A :

1° M. Antoine Vinet, cultivateur, demeurant à. . .,

2° Et M. Claude Vinet, forgeron, demeurant à. . .

Leurs deux enfants et seuls présomptifs héritiers, chacun pour moitié,

Ici présents et qui acceptent,

Désignation.— Une petite locaterie dite « La Naule », sise au lieu de ce nom, commune de. . ., comprenant une maison de deux pièces au rez-de-chaussée, avec grenier au-dessus et cave au-dessous, écurie et remise à la suite, cour devant, jardin derrière, puis un pré et une terre, le tout d'un seul tènement, cadastré section. . . nos. . ., pour une contenance de. . . et joignant. . .

Origine de propriété. — La locaterie ci-dessus désignée dépend de la communauté existant entre M. et Mme Vinet-Aublanc par suite de l'acquisition. . .

Propriété. Jouissance. — Chacun des donateurs fait réserve expresse, pendant sa vie et celle de son conjoint au cas où celui-ci survivrait, de l'usufruit de la chambre dépendant de la maison ci-dessus donnée et ayant une entrée indépendante par le jardin, ainsi que de la moitié sise au nord-est dudit jardin, ensemble tous droits de passage et droit en commun avec les donataires au puits qui se trouve dans la cour.

En conséquence, les donataires auront la propriété et jouissance des biens donnés à compter de ce jour, sauf pour les parties réservées dont ils ne prendront la jouissance qu'à partir du décès du survivant de M. et Mme Vinet-Aublanc.

Conditions. — V. formule 20.

Attribution. Soulte. — Les parties déclarent que les donateurs ne possèdent pas d'autres immeubles que la propriété ci-dessus désignée et que cette propriété est impartageable. Par suite, les donateurs l'ont à l'instant, du consentement des donataires, attribuée en totalité à M. Antoine Vinet seul.

Cette attribution est faite et acceptée à la charge par ledit M. Antoine Vinet qui s'y oblige, de payer à M. Claude Vinet, à titre de soulte, une somme de. . . francs qui sera exigible le. . . et produira des intérêts, etc. . . (*V. formule 21*).

A la garantie du paiement de cette soulte en principal, intérêts, frais et accessoires, la locaterie dont il s'agit est affectée du privilège de copartageant expressément réservé.

Transcription. Déclarations d'état civil. Titres. Frais. Domicile. Affirmations. — V. formules 20 et 21.

23. *Donation par mandataire de père et mère. Réserve d'usufruit. Rente viagère au profit du survivant. Stipulation d'indivision.*

Pardevant Mes. . . et. . ., tous deux notaires à. . ., soussignés,

A comparu :

M. Ernest Gateau, propriétaire, demeurant à. . .,

Agissant au nom et comme mandataire de M. François Larue, rentier, et Mme Louise Brissot, son épouse, demeurant ensemble à. . ., en vertu de la procuration qu'ils lui ont donnée, la femme avec l'autorisation du mari, suivant acte reçu en minute par Me. . ., l'un des notaires soussignés, le. . ., et dont une expédition est demeurée ci-annexée après mention,

Lequel esd. noms a, par ces présentes, fait donation entre vifs à titre de partage anticipé, conformément aux articles 1075 et suivants du Code civil,

A :

M. Frédéric Larue, employé de commerce, demeurant à. . .,

Et M. Désiré Larue, mercier, demeurant à. . .,

Les deux enfants et seuls présomptifs héritiers de M. et Mme Larue-Brissot, chacun pour moitié,

Ici présents et qui acceptent,

Des biens dont la désignation suit :

Désignation. — 1° Une maison. . .

2 Un pré. . .

3° . . .

Origine de propriété. — . . .

Propriété. Jouissance. — Les donataires auront la propriété des biens donnés à compter de ce jour et ils en auront la jouissance aussi à compter de ce jour pour les biens compris sous les articles. . . de la désignation, et à partir seulement du décès du premier mourant des donateurs pour les autres biens.

Rente viagère. — La donation ci-dessus est faite, à charge par les donataires qui s'y obligent, de servir au survivant des donateurs pendant sa vie, à compter du décès de son conjoint, une rente annuelle et viagère de. . ., qui sera payable au domicile du crédirentier, en deux termes égaux, les onze mai et onze novembre de chaque année, et dont le premier paiement, comprenant le prorata alors couru, devra avoir lieu à la première des deux échéances ci-dessus indiquées qui suivra le décès du prémourant des donateurs.

Il est expressément convenu :

1° Que le crédirentier ne sera pas obligé de justifier de son existence pour toucher les arrérages de cette rente ;

2° Que les donataires seront tous tenus solidairement du service de ladite rente, mais que néanmoins le crédirentier devra demander à chacun le versement de sa quote-part, et que ce n'est qu'à défaut par l'un d'eux de satisfaire à sa demande et quinze jours après une simple mise en demeure par lettre recommandée, restée infructueuse, qu'il pourra s'adresser à l'un des autres donataires, à son choix, sauf recours de ce dernier contre celui de ses codonataires pour lequel il aura exécuté le paiement en souffrance ;

3° Que la rente sera également et de la même manière solidaire et indivisible entre tous les héritiers et représentants des donataires ;

4° Qu'en cas de sinistre total ou partiel des constructions ci-après hypothéquées avant l'extinction de la rente ci-dessus, le débirentier aura la faculté d'employer l'indemnité qu'il touchera alors, soit à la reconstitution des bâtiments incendiés, soit à l'acquisition d'un titre de rente française dont les arrérages seront affectés au service de la part de rente viagère par lui due ;

5° Et que les inscriptions qui pourront être prises au profit du crédirentier contre les donataires, ainsi que toutes autres qui les renouvelleraient, devront être radiées sur la seule représentation d'une copie de l'acte de décès dudit crédirentier.

Pour garantir le service exact de cette rente viagère, ainsi que tous les frais de poursuite et de mise à exécution à faire, s'il y a lieu, les donataires, chacun en ce qui le concerne, affectent au profit de celui des donateurs qui survivra à l'autre, les immeubles ci-après faisant partie de ceux qui leur ont été attribués, à l'exclusion de tous autres, savoir : . . . (indication succincte des immeubles affectés par chaque débirentier).

Inscription sera prise sur ces immeubles au profit du crédirentier seulement lors du décès du prémourant desdits donateurs.

Conditions. — (Etat des immeubles et contenances ; — servitudes, impôts, assurances, etc.). — V. formules précédentes.

Convention d'indivision. — MM. Frédéric et Désiré Larue conviennent, d'accord avec les donateurs, de suspendre le partage des biens ci-dessus donnés pendant une durée de. . ., années (*cinq ans au maximum*) à compter de ce jour.

En conséquence, ils s'interdisent de former, pendant ce temps, aucune demande en partage ou licitation desdits biens. Et, durant cette indivision, les immeubles ci-dessus donnés en pleine propriété seront gérés et administrés par M. Désiré Larue qui pourra notamment : . . . (*rapporter les principaux pouvoirs conférés*).

De convention expresse, les pouvoirs ainsi consentis, ne pourront être révoqués pendant toute la durée de l'indivision, comme étant une dépendance du présent acte. Mais M. Désiré Larue devra rendre compte de son mandat à M. Frédéric Larue, chaque année, le. . .

Interdiction d'aliéner, etc. . .

24. *Donation par père et mère à titre d'égalisation de dot.*

Pardevant Me. . .

Ont comparu :

M. Gaston Amodrut, propriétaire, et Mme Angèle Laubépin, son épouse qu'il autorise, demeurant ensemble à. . .

Lesquels ont, par ces présentes, fait donation entre vifs à titre de partage anticipé, conformément aux articles 1075 et suivants du Code civil,

A leurs trois enfants et seuls présomptifs héritiers, chacun pour un tiers, savoir :

1° M. Gaspard Amodrut, bijoutier, demeurant à. . .,

2° Mme Charlotte Amodrut, épouse de M. Henri Lucas, garagiste avec lequel elle demeure à. . .,

> M. et Mme Lucas mariés en premières noces sous le régime de la communauté de biens réduite aux acquêts aux termes de leur contrat de mariage reçu par Me. . ., notaire à. . ., le. . ., ne contenant aucune clause prescriptive d'emploi ou de remploi des propres de la femme,

3° Et M. Lucien Amodrut, négociant en vins, demeurant à. . .,

Tous les trois ici présents et qui acceptent, Mme Lucas avec l'autorisation de son mari aussi à ce présent,

De la somme de 64.000 francs en espèces et billets de banque comptés et délivrés à l'instant même, à la vue des notaires soussignés.

Mais cette donation est faite à charge par les donataires qui s'y obligent d'effectuer immédiatement le rapport des sommes qu'ils ont précédemment reçues des donateurs en avancement d'hoirie et de procéder, sous leur médiation, tant au partage des sommes ainsi rapportées que de celle faisant l'objet de la présente donation,

Ce qui a eu lieu de la manière suivante :

Masse des biens à partager : 1° La somme de 64.000 francs, montant de la donation qui précède.	64.000 fr. »
2° Celle de 50.000 francs qui a été constituée en dot par M. et Mme Amodrut-Laubépin, à Mme Lucas, par imputation d'abord sur les droits de ladite dame dans la succession du premier mourant des donateurs et subsidiairement, le cas échéant, dans celle du survivant, aux termes de son contrat de mariage précité, ci.	50.000 fr. »
3° Celle de 26.000 francs qui a été constituée en dot par les mêmes et avec la même imputation à M. Gaspard Amodrut aux termes de son contrat de mariage reçu par Me. . ., notaire à. . ., le. . ., ci. . .	26.000 fr. »
4° Et celle de 10.000 francs qui a été constituée en dot par les mêmes également avec la même imputation, à M. Lucien Amodrut aux termes de son contrat de mariage reçu par Me. . ., notaire à. . ., le. . ., ci.	10.000 fr. »
Total de la masse : 150.000 francs, ci.	150.000 fr. »
	1/3
Dont le tiers est de 50.000 francs, ci.	50.000 fr. »

Attributions. — Pour fournir à chacun d'eux la part lui revenant dans les biens à partager, les donataires se sont réciproquement fait, en présence et avec le concours des donateurs, les attributions suivantes :

1ent A M. Gaspard Amodrut,

1° La somme de 26.000 francs, montant de son rapport de dot, ci. .	26.000 fr. »
2° Et celle de 24.000 francs à prendre sur celle de 64.000 francs présentement donnée, ci.	24.000 »
Total égal à ses drois, ci.	50.000 fr. »

2ent A Mme Lucas,

La somme de 50.000 francs montant de son rapport de dot, ci. . .	50.000 »
3ent Et à M. Lucien Amodrut,	
1° La somme de 10.000 francs montant de son rapport de dot, ci. .	10.000 »
2° Et celle de 40.000 francs à prendre sur celle de 64.000 francs présentement donnée, ci.	40.000 »
Total égal à ses droits, ci.	50 000 fr. »

Acceptation. — Chacun des donataires, Mme Lucas avec l'autorisation de son mari, accepte le lot à lui attribué et consent en faveur des autres tous abandonnements nécessaires.

Réserve du droit de retour. — M. et Mme Amodrut-Laubépin, chacun en ce qui le concerne, se réservent expressément le droit de retour, tant sur la somme de 64.000 francs présentement donnée que sur les sommes rapportées par Mme Lucas et MM. Gaspard et Lucien Amodrut, pour le cas où les donataires ou l'un d'eux viendraient à décéder avant eux sans enfants et pour le cas encore où leurs enfants et descendants viendraient eux-mêmes à décéder avant les donateurs, sans postérité.

Toutefois, cette réserve ne fera pas obstacle à l'effet de toutes donations ou legs en usufruit que chacun des donataires pourrait faire en faveur de son conjoint.

Règlement au décès des donateurs. Imputation. — De convention expresse, les donataires devront rétablir, lors du décès du premier mourant des donateurs, la somme totale de 150.000 francs, chacun par tiers, à la masse active de la communauté qui existe entre M. et Mme Amodrut-Laubépin et qui a fourni ladite somme, afin de calculer, s'il y lieu, la quotité disponible.

Le montant de ce rétablissement s'imputera d'abord sur les droits des donataires dans la succession du premier mourant des donateurs et subsidiairement, le cas échéant, dans celle du survivant, de façon qu'en aucun cas, les donataires ne puissent être tenus de ce chef à un rapport réel à la succession dudit premier mourant.

Frais. Domicile. Affirmations. — V. formule 20.

25. *Donation par père et mère. Biens dotaux.*

Pardevant Me. . .,

Ont comparu :

M. César Droux, propriétaire, et Mme Marcelle Boulin, son épouse qu'il autorise, demeurant ensemble à. . .,

Lesquels ont, préalablement à la donation à titre de partage anticipé qu'ils vont faire ci-après, déclaré ce qui suit :

Exposé. — Suivant contrat reçu par Me. . ., notaire à. . ., le. . ., M. et Mme Droux ont adopté pour base de leur union le régime dotal, avec constitution en dot par la femme de partie des biens qu'elle possédait alors et de tous ses biens à venir.

A défaut de réserve par Mme Droux de la faculté de procéder à un partage anticipé de ses biens dotaux, cette disposition ne lui est permise que si elle a lieu pour l'établissement de tous ses enfants, en conformité de l'article 1556 du Code civil.

Néanmoins, les comparants estiment qu'il est de l'intérêt de leurs enfants qu'ils fassent, de leur vivant, l'abandon et la répartition de tous leurs biens, afin de prévenir les contestations qui pourraient s'élever à ce sujet après leur décès et d'éviter les frais d'un partage judiciaire que nécessiterait la minorité de ceux de leurs enfants qui n'auraient pas atteint leur majorité, d'autant que cette disposition aura en outre pour effet de faciliter l'établissement de chacun des donataires.

Donation. — Ceci exposé, les comparants ont, par ces présentes, fait donation entre vifs à titre de partage anticipé, conformément aux articles 1075 et suivants du Code civil,

A leurs trois enfants et seuls présomptifs héritiers, chacun pour un tiers, savoir :

1° M. Jacques Droux, cultivateur, demeurant à. . .,

2° M. Octave Droux, mineur, comme étant né à. . ., le. . .,

3° Et M. Célestin Droux, mineur comme étant né à. . ., le. . .,

Ce qui est accepté :

Pour M. Jacques Droux, par lui-même à ce présent,

Et pour les deux mineurs Droux, par M. Droux donateur en ce qui concerne la donation faite par Mme Droux et par celle-ci en ce qui concerne la donation faite par son mari,

Des biens dont la désignation suit :

Désignation. — I. Propres de M. Droux. . . .

II. Biens paraphernaux de Mme Droux. . .

III. Biens dotaux de ladite dame. . .

Origine de propriété. . .

Attributions. — Pour fournir à chacun des donataires le tiers lui revenant dans les biens donnés, M. et Mme Droux-Boulin leur attribuent, savoir :

1ent A M. Jacques Droux,

1° La maison sise à. ., article 1er de la désignation,

2°. . . (*répartir autant que possible les biens dotaux de façon égale*).

2ent Au mineur Octave Droux,

1°. . ., 2°. . .

3ent Au mineur Célestin Droux,

1°. . ., 2°. . .

Acceptation. — Les attributions ci-dessus faites sont respectivement acceptées comme il est dit ci-dessus, c'est-à-dire, par M. Jacques Droux en ce qui le concerne, et par M. et Mme Droux donateurs à l'égard des deux mineurs.

Propriété et jouissance. Conditions. Interdiction d'aliéner. Donation d'excédent de lots.— V. les formules qui précèdent.

Condition de ne pas attaquer le présent partage. — M. et Mme Droux donateurs imposent formellement aux donataires la condition de ne pas attaquer le présent partage. Si cependant ce partage vient à l'être pour quelque motif que ce soit, spécialement parce qu'il comprend les biens dotaux de Mme Droux, les donateurs déclarent priver de toute part dans la quotité disponible sur les biens ci-dessus désignés celui ou ceux des donataires qui se refuseraient à son exécution, et, pour ce cas, ils font donation par préciput et hors part, de ladite portion dans la quotité disponible aux donataires contre lesquels l'action serait intentée.

Transcription. Déclarations d'état civil. Titres. — V. formules précédentes.

Déclaration d'ordre. — Les parties déclarent que le notaire soussigné leur a donné connaissance des prescriptions légales qui régissent les donations de biens dotaux et leur a expliqué les conséquences possibles du fait que des biens de cette nature sont compris aux présentes, mais qu'elles ont persisté à passer outre.

Enregistrement. Frais. Domicile. Affirmations.

26. *Donation par père et mère. Enfants de plusieurs lits.*

Pardevant Me. . .,

Ont comparu :

M. Théodore Chevalier, propriétaire, et Mme Martine Rebois, son épouse qu'il autorise, demeurant ensemble à. . .,

Lesquels ont, préalablement à la donation faisant l'objet des présentes, déclaré ce qui suit :

Exposé. — I. M. Chevalier est veuf en premières noces de Mme Reine Arnaud. De cette union sont issus

1° M. Félix Chevalier, cultivateur, demeurant à. . .

2° Et Mme Julie Chevalier, épouse de M. Victor Chaput, cultivateur, avec lequel elle demeure à. . . et avec lequel elle est mariée sous le régime. . .

II. Mme Chevalier, née Rebois, est elle-même veuve en premières noces de M. Henri Renaud, et de ce mariage est né M. Charles Renaud, boucher, demeurant à. . .

III. M. et Mme Chevalier-Rebois ont adopté pour base de leur union le régime de la communauté de biens réduite aux acquêts aux termes de leur contrat de mariage reçu par Me. . ., notaire à. . ., le. . .

De cette union est né M. Paul Chevalier, négociant, demeurant à. . .

IV. Les comparants voulant prévenir les difficultés et contestations que pourrait faire naître après eux le partage de leurs biens propres et communs, ont proposé à leurs enfants de procéder dès maintenant à la répartition desdits biens entre eux. Ceux-ci ayant accepté, il a été procédé ainsi qu'il suit :

Donation. — M. et Mme Chevalier-Rebois ont, par ces présentes, fait donation entre vifs à titre de partage anticipé, conformément aux articles 1075 et suivants du Code civil, en s'obligeant solidairement à la garantie de la donation, savoir :

1ent M. Chevalier,

A M. Félix Chevalier, Mme Chaput et M. Paul Chevalier susnommés,

Ses trois enfants et seuls présomptifs héritiers, chacun pour un tiers,

Ici présents et qui acceptent, Mme Chaput avec l'autorisation de son mari aussi à ce présent;

2ent et Mme Chevalier,

A M. Charles Renaud et M. Paul Chevalier, ses deux enfants et seuls présomptifs héritiers, chacun pour moitié,

Ici présents et qui acceptent,

Des biens dont la désignation suit :

Désignation. — I. Propres de M. Chevalier. . .

II. Propres de Mme Chevalier. . .

III. Biens de communauté (avec estimation, article par article).

Origine de propriété. —. . .

Sur le passif. — Les donateurs déclarent qu'ils n'ont actuellement aucune dette.

Liquidation des droit des donateurs. — Préalablement aux attributions et pour y parvenir, il est nécessaire d'établir les reprises en deniers que chacun des donateurs a actuellement à exercer et les récompenses qu'il peut devoir à la communauté, puis de calculer ses droits sur les biens de ladite communauté.

I. M. Chevalier a droit aux reprises suivantes :

1° . . ., 2° . . .

Ensemble.	» »
Mais il doit récompense à la communauté de :	
1° . . ., 2° . . .	
Ensemble.	» »
Balance faite, il reste un excédent de reprises de	6.500 fr. »
II. De son côté, Mme Chevalier a droit aux reprises suivantes :	» »
1° . . ., 2° . . .	
Mais elle doit récompense de. . .	» »
Balance faite en sens inverse, elle reste devoir à la communauté	1.600 fr. »
III. Les biens de communauté compris en la présente donation présentent, ainsi qu'il résulte des estimations ci-dessus indiquées, une valeur de 60.000 francs, ci	60.000 fr. »
Il y a lieu d'y ajouter l'excédent de récompenses dû par Mme Chevalier	1.600 »
Ce qui donne un total de.	61.600 »
Mais M. Chevalier a le droit de prélever le montant de l'excédent de ses reprises	6.500 »
En sorte qu'il reste net, comme actif de communauté, ...	55.100 »
	1/2
Dont la moitié est de	27.550 fr. »

IV. Les droits des donateurs dans les biens communs sont donc :

1° Pour M. Chevalier,

De la moitié de l'actif net de communauté, ci	27.550 fr.	»
Plus ses reprises	6.500	»
soit ensemble	34.050 fr.	»

2° Et pour Mme Chevalier,

De la moitié de l'actif net de communauté, ci	27.550 fr.	»
Moins l'excédent de récompenses dû par elle	1.600	»
soit	25.950 fr.	»

V. En conséquence, M. Chevalier se trouve donner par les présentes :

Ses biens propres évalués	»	»
Et sa part dans les biens communs	34.030	»
Ensemble	»	»
Dont le tiers pour chacun de ses enfants	1/3	
est de	»	»

Et Mme Chevalier donne de son côté :

Ses biens propres, ci	»	»
Et sa part nette dans les biens communs, ci	25.950 fr.	»
Ensemble	»	»
Dont la moitié pour chacun de ses enfants	1/2	
est de	»	»

Attributions. — Pour fournir à chacun des donataires sa part ci-dessus indiquée dans les biens donnés, M. et Mme Chevalier-Rebois leur attribuent, savoir :

1ent A M. Félix Chevalier,

1° . . ., etc. . .

(*Dans la répartition des biens, ne pas attribuer de propres du mari à l'enfant né du premier mariage de la femme, et réciproquement ne pas faire entrer de propres de la femme dans les lots des enfants nés du premier mariage du mari. Veiller à ce que chaque enfant reçoive une part égale à ses droits héréditaires dans les biens de chaque origine sur lesquels il a une vocation éventuelle*).

Propriété-Jouissance. — Les donataires auront la propriété et jouissance des biens à eux attribués à compter de ce jour.

Rentes viagères au profit des donateurs. — Comme conditions de la donation faite par M. Chevalier père, ce dernier impose à ses trois enfants qui s'y soumettent, l'obligation de lui servir, mais sans solidarité entre eux, une rente annuelle et viagère de 300 francs, laquelle rente sera payable au donateur en sa demeure, ou, à son choix, en l'étude de Me... notaire, tous les six mois pour le premier paiement avoir lieu le..., le second le... et ainsi continuer semestriellement pendant la vie et jusqu'au décès du donateur, époque à laquelle cette pension sera éteinte et les donataires libérés même du terme alors en cours.

De son côté, Mme Chevalier impose aussi comme condition de la donation par elle faite, à ses deux enfants qui s'y soumettent, l'obligation de lui servir, sans solidarité entre eux, une rente annuelle et viagère. . ., etc.

Il est expressément convenu :

Que M. et Mme Chevalier ne seront pas tenus de produire de certificats de vie pour percevoir les arrérages des rentes viagères ci-dessus constituées, tant qu'ils les toucheront par eux-mêmes ou les feront toucher sur leurs simples quittances.

Qu'à défaut de payement. . . (V. formule 21).

Conditions. — V. formules 20 et 21.

Sur les reprises et récompenses des donateurs. — Les donateurs ont entendu, chacun en ce qui le concerne, confondre avec les biens donnés les reprises qu'ils avaient actuellement à exercer sur les biens de la communauté existant entre eux et les récompenses dont ils sont débiteurs envers cette communauté, telles qu'elles ont été ci-dessus liquidées. En conséquence, les biens qui existeraient lors de la dissolution de la communauté ne seront soumis qu'aux reprises et récompenses qui auraient une cause postérieure aux présentes.

Interdiction d'aliéner. Réserve du droit de retour. Donation éventuelle d'excédent de lots. Condition de ne pas attaquer le partage, etc.

Désistement d'hypothèque légale. — Mme Chevalier déclare se désister expressément de tous les droits que son hypothèque légale lui confère contre son mari sur les immeubles par lui donnés par les présentes, voulant que ce désistement vaille purge de ladite hypothèque sur les immeubles en question.

Transcription. Déclarations d'état civil. Titres. Frais. Domicile. Affirmations.

27. *Donation par parent survivant avec partage des biens de son conjoint. Rente viagère. Tirage au sort. Soulte.*

Pardevant Me . . . et Me . . ., tous deux notaires à. . ., soussignés,

A comparu :

M. Jean Buisson, propriétaire, demeurant à . . ., veuf de Mme Françoise Fouillet,

Lequel a, par ces présentes, fait donation entre vifs à titre de partage anticipé, conformément aux articles 1075 et suivants du Code civil,

A ses deux enfants issus de son union avec ladite dame Françoise Fouillet, et ses seuls présomptifs héritiers chacun pour moitié, ici présents et qui acceptent, savoir :

1° M. Auguste Buisson, cultivateur, demeurant à. . .,

2° Et M. Pierre Buisson, cantonnier, demeurant à . . .

Tant des biens lui appartenant en propre et ci-après énoncés que de tous ses droits et parts en toute propriété et en usufruit dans les biens également ci-après énoncés et dépendant de la communauté qui a existé entre lui et sa défunte épouse, et de la succession particulière de cette dernière.

Cette donation est consentie sous les conditions et réserves ci après stipulées et, en outre, à la charge par les donataires de procéder immédiatement et avec le concours du donateur, au partage tant des biens donnés que de ceux provenant de la succession de Mme Buisson, ce qui a eu lieu de la manière suivante.

Désignation. — Les biens à partager comprennent :

§ 1er *Biens propres au donateur. . .*

§ 2e *Biens de communauté . . .*

§ 3e *Biens propres à Mme Buisson. . .*

Partage. — MM. Auguste et Pierre Buisson ont, à l'instant et sous la médiation de leur père, procédé au partage des biens ci-dessus désignés de la manière suivante :

1er *lot.* — Le premier lot a été composé de :

1° La maison de . . ., article . . . de la désignation,

2° etc . . . .

A charge de payer au second lot une soulte de . . . francs, ci . . . . . . » »

2e *lot.* — Le deuxième lot a été composé de :

1° . . ., etc. . . .

4° Et la somme de . . . à recevoir, à titre de soulte, du premier lot.

Tirage au sort. — Les lots ainsi composés, deux bulletins de papier de mêmes couleur et dimensions, sur l'un desquels était écrit : « premier lot », et sur l'autre « deuxième lot », ont été pliés uniformément, puis jetés dans un chapeau, mêlés et enfin tirés au sort, en présence de M. Buisson père.

Par l'effet de ce tirage, le premier lot est échu à M. Auguste Buisson, et le second lot à M. Pierre Buisson.

Abandonnements. — Chacun des copartageants accepte le lot à lui échu et fait en faveur de l'autre tous abandonnements nécessaires.

Jouissance. — Chacun d'eux aura la pleine propriété et jouissance des biens entrés dans son lot à compter de ce jour.

Sur le passif. — Aucune charge n'est imposée aux donataires à ce sujet, M. Buisson donateur déclarant n'avoir aucune dette.

Conditions. — Les donation et partage qui précèdent ont eu lieu sous les conditions suivantes que MM. Auguste et Pierre Buisson s'obligent à exécuter, savoir :

Rente viagère. — Ils serviront sans solidarité entre eux, à M. Jean Buisson, leur père, pendant la vie de ce dernier, une rente annuelle de 1.800 francs, soit 900 francs pour chacun d'eux, laquelle rente sera payable au crédirentier en sa demeure ou, à son choix, en l'étude du notaire soussigné, par trimestre les . . ., et pour la première fois le . . .

Jean Buisson ne sera pas tenu de justifier de son existence pour recevoir les arrérages de cette rente tant qu'il les touchera lui même ou les fera toucher sur ses quittances.

A défaut par l'un ou par l'autre des donataires d'assurer, pour quelque motif que ce soit, le service exact de sa part dans la rente ci-dessus stipulée, le donateur aura le droit de faire prononcer à son encontre la révocation de la donation qui précède trente jours après une simple mise en demeure contenant déclaration de son intention à cet égard et restée sans effet, et cette révocation s'appliquera alors à la totalité des biens entrés dans le lot du donataire en faute, lesquels biens passeront en entier dans le patrimoine de M. Jean Buisson, quelle que soit leur origine (1).

En cas de décès de l'un et l'autre des débirentiers avant le donateur, il y aura solidarité et indivisibilité entre ses héritiers et représentants pour le service de sa part de rente.

Règlement mobilier. — Les donataires ne pourront demander à leur père aucun compte des meubles meublants et objets mobiliers qui existaient au jour du décès de leur mère et qui resteront la propriété personnelle de M. Jean Buisson.

Quant aux reprises que M. et Mme Buisson Fouillet avaient à exercer et les récompenses dues par eux, les parties déclarent s'en être réglées amiablement entre elles; par suite elles se reconnaissent entièrement quittes à ce sujet.

Réserve du droit de retour des biens donnés. Interdiction d'aliéner. Condition de ne pas attaquer le partage. Donation éventuelle de l'excédent de lots. — V. Formules 20 et 21 ci-dessus.

Propriété. Jouissance. — 1° Les donataires auront la propriété et jouissance divises des biens entrés dans leurs lots respectifs à compter de ce jour ;

2° Ils seront garants les uns envers les autres, etc . . . (V. formule 21, n°s 1 et s.).

Affectation hypothécaire. — A la garantie du service de sa part dans la rente viagère ci-dessus stipulée et de l'exécution des charges et conditions de la présente donation, chacun de MM. Auguste et Pierre Buisson affecte spécialement au profit de M. Buisson crédirentier qui accepte, les immeubles entrés dans le lot qui lui est échu et sur lesquels il consent qu'il soit pris inscription.

Les inscriptions qui pourront être prises pour sûreté de ladite rente et tous renouvellements qui en seraient faits, seront rayés sur la seule représentation d'une copie de l'acte de décès de M. Jean Buisson, sans qu'il soit besoin d'aucune autre justification.

M. Jean Buisson déclare dispenser expressément le notaire soussigné de prendre présentement cette inscription, se réservant de le faire lui-même par la suite, s'il le juge nécessaire.

Payement de la soulte. — La soulte de . . . mise à la charge du premier lot échu à M. Auguste Buisson sera exigible le... et, jusqu'à son entier payement productive d'intérêts, au taux de . . . pour cent par an à compter de . . .

Il est convenu à cet égard :

Que tous payements. . . (V. formule 22 ci-dessus).

(1) Les parties pourraient prévoir, au lieu de la révocation, une reprise de l'usufruit des biens. V. formule 21.

A la garantie du payement de cette soulte en principal, intérêts et frais, il est fait réserve du privilège de copartageant au profit de M. Pierre Buisson sur . . . (*indiquer les immeubles qui seront affectés*).

En conséquence, tous les autres immeubles échus à M. Auguste Buisson demeurent dégagés du privilège pour sûreté de ladite soulte, M. Pierre Buisson consentant toute renonciation à cet effet.

Transcription. Déclarations d'état civil. — V. formules 20 et 21.

Subrogation (lorsqu'il y a des créances). — M. . ., auquel a été attribué la créance de . . . francs sur les époux. . ., article. . . de la désignation ci-dessus, se trouve subrogé dans tous les droits, actions et hypothèques de M. Jean Buisson et notamment dans l'effet de l'inscription prise au profit de ce dernier au bureau des hypothèques de. . ., le. . ., vol. . ., n° . . .

Cette subrogation sera mentionnée en marge de ladite inscription, ainsi que la clause d'inaliénabilité ci-dessus stipulée.

Certificat de propriété (s'il y a des titres de rente nominatifs). — Les parties requièrent le notaire soussigné de délivrer le certificat de propriété nécessaire pour faire immatriculer le titre de. . . francs de rente formant l'art. . . de la désignation, conformément aux droits des copartageants.

Titres. — Etc. . .

Enregistrement. — Pour la perception des droits d'enregistrement seulement, les parties déclarent :

que les immeubles donnés sont d'une valeur vénale de. . .,

que les immeubles partagés sont d'une valeur de. . .,

et que l'usufruit abandonné par M. Jean Buisson qui est né à. . ., le. . ., est d'une valeur de. . .

Frais. Domicile. Affirmations. — V. formules 20 et 21.

28. *Donation par parent survivant avec partage des biens du prédécédé (autre formule). Réserve d'usufruit partiel. Renonciation à action révocatoire.*

Pardevant Me. . .

Ont comparu :

1° Madame Marie Marcaud, propriétaire, demeurant à. . ., veuve de M. Honoré Jousselin,

D'une part,

2° M. Germain Jousselin, chirurgien dentiste, demeurant à. . .,

3° Et M. Ludovic Jousselin, ingénieur, demeurant à. . .,

D'autre part,

Lesquels ont, préalablement à la donation et au partage faisant l'objet des présentes, déclaré ce qui suit.

Observations préliminaires. I. Contrat de mariage de M. et Mme Jousselin. — Suivant contrat reçu par Me. . ., notaire à. . ., le. . ., M. et Mme Jousselin-Marcaud ont adopté pour base de leur union alors projetée le régime de la communauté de biens réduite aux acquêts.

M. Jousselin a apporté en mariage ses droits indivis dans la succession de son père dont il sera parlé sous le chiffre III ci-après.

Il a été constitué en dot à Mme Jousselin, par ses père et mère, par imputation sur les droits de ladite dame dans la succession du premier mourant d'eux une somme de 10.000 francs stipulée payable le jour du mariage.

Et il a été convenu que chacun des époux ou ses représentants reprendrait en nature les habits, linges et bijoux à son usage personnel lors de la dissolution de la communauté.

II. *Donation par Mme Marcaud.* — Suivant acte reçu par M. . ., notaire à. . ., le . . ., Mme Ursule Paquet, veuve de M. Jean Marcaud, a fait donation entre vifs à titre de partage anticipé à ses deux enfants et seuls présomptifs héritiers, dont Mme Jousselin comparante, tant des biens lui appartenant en propre que de ses droits dans la communauté ayant existé entre elle et son défunt mari, et les donataires ont procédé entre eux au partage des biens donnés et de ceux provenant de la succession de leur père.

Par cet acte, il a été attribué à Mme Jousselin :

La somme de 10.000 francs, montant de son rapport de dot,

Et un domaine dit « les Pertuis-Froids », sis commune de . . ., d'une contenance de . . ., dont il sera ci-après parlé.

Cette donation a eu lieu sous diverses réserves usufructuaires qui se sont éteintes au décès de la donatrice arrivé à . . ., le . . ., et elle est devenue définitive, Mme Marcaud ayant laissé pour seuls héritiers les bénéficiaires de cet acte, ainsi qu'il est constaté par un acte de notoriété dressé après son décès par Me . . ., le . . .

Les parties déclarent que les droits de succession après le décès de M. Marcaud et les frais de la donation-partage ont été acquittés avec les deniers comptants existant au décès dudit M. Marcaud, en sorte que la communauté d'entre M. et Mme Jousselin n'a rien recueilli en plus des somme et domaine sus-indiqués et n'a rien eu à payer.

III. *Partage entre MM. Jousselin.* — Suivant acte reçu par Me. . ., notaire à . . ., le . . ., M. Honoré Jousselin et M. Antoine Jousselin, son frère, propriétaire, demeurant à . . ., ont procédé entre eux au partage des biens dépendant des successions confondues de leurs père et mère.

Par cet acte, il a été attribué à M. Honoré Jousselin :

1° Une propriété dite « La Renaudière » sise. . .,

2°. . .

Ce partage a eu lieu sans soulte ni retour à la charge ou au profit de M. Honoré Jousselin.

Les parties déclarent que la communauté d'entre M. et Mme Jousselin a payé :

pour frais dudit partage, la somme de. . .,

et pour frais et droits de succession après le décès des père et mère de M. Jousselin, celle de. . .

IV. *Acquisitions de communauté.* — 1ent. Suivant acte reçu par Me. . ., notaire à. . ., le. . ., M. Honoré Jousselin a acquis de M. . ., un pré dit. . ., sis commune de. . ., moyennant le prix principal de. . ., qui a été payé comptant.

Une expédition de cet acte a été transcrite au bureau des hypothèques de. . ., le. . ., vol. . . n°. . ., et un certificat délivré le même jour constate que cet immeuble n'était grevé d'aucune inscription.

2ent Suivant. . ., etc.

V. *Etablissement des enfants.* — Suivant contrat reçu par Me. . ., notaire à. . ., le. . ., M. Germain Jousselin et Mme. . ., son épouse, ont adopté pour base de leur union le régime. . ., et M. et Mme Jousselin-Marcaud ont constitué en dot à leur fils, en avancement d'hoirie par imputation d'abord sur les droits de ce dernier dans la succession du premier mourant et subsidiairement sur celle du survivant, une somme de 25.000 francs stipulée payable le jour du mariage.

Et suivant contrat reçu par Me. . ., notaire à. . ., le. . ., M. et Mme Jousselin ont constitué en dot à M. Ludovic Jousselin, avec stipulation de la même imputation, une somme de 18.000 francs payable le jour du mariage et une rente annuelle de. . ., payable semestriellement les. . ., jusqu'au décès du premier mourant des donateurs.

Les parties déclarent que cette rente ayant été prise sur les fruits et revenus des donateurs ne donne lieu à aucun rapport.

VI. *Décès de M. Jousselin.* — M. Honoré Jousselin est décédé en son domicile à. . ., le. . ., laissant :

Mme Marie Marcaud, son épouse restée sa veuve, pour commune en biens acquêts aux termes de leur contrat de mariage précité et usufruitière du quart des biens composant sa succession en vertu de l'article 767 du Code civil, auquel usufruit ladite dame a renoncé suivant déclaration passée au greffe du tribunal civil de. . ., le. . .,

Et MM. Germain et Ludovic Jousselin, ses deux enfants issus de son union avec ladite dame, pour seuls héritiers chacun pour moitié,

Ainsi que ces qualités sont constatées par un acte de notoriété dressé par le notaire soussigné le. . .

VI. *Reprises et récompenses. Actif de communauté.* — Des déclarations qui précèdent ainsi que des renseignements fournis par les parties, il résulte :

1ent Que Mme Jousselin a le droit d'exercer les reprises en deniers suivantes :

1°. . ., 2°. . ., ci. . . . . » »

Mais qu'elle doit récompense à la communauté de :

1° . . ., 2°. . ., ci. . . . . » »

En sorte qu'il existe un excédent de reprises de. . . . . » »

2ent Que la succession de M. Jousselin a le droit d'exercer les reprises en deniers, etc. . .

3ent Et que la communauté ayant existé entre eux comprenait, outre les immeubles ci-dessus indiqués :

1° Un mobilier d'une valeur de. . ., dont Mme Jousselin entend se réserver la propriété par imputation sur ses reprises ;

2° Une somme de. . ., en espèces, qui a servi à acquitter le passif courant au jour du décès de M. Jousselin ainsi que les frais funéraires et de dernière maladie ;

3° Et une créance hypothécaire de la somme de. . . en principal, due par M. . ., en vertu d'un acte. . ., mais encaissée depuis ledit décès et que les parties déclarent s'être partagée selon leurs droits,

Et qu'elle n'est grevée d'aucun passif.

Donation. — Ces faits exposés,

Mme Jousselin a, par ces présentes, fait donation entre vifs à titre de partage anticipé, conformément aux articles 1075 et suivants du Code civil.

A MM. Germain et Ludovic Jousselin, ses deux fils et seuls présomptifs héritiers chacun pour moitié, qui acceptent.

Tant des biens qui lui appartiennent en propre que de sa part dans les biens dépendant de la communauté qui a existé entre elle et son défunt mari, tel que le tout résulte de l'exposé qui précède,

Cette donation est faite sous les charges et réserves ci-après exprimées et, en outre, sous la condition que les donataires procèdent immédiatement, en présence et avec le concours de la donatrice, au partage tant des biens donnés que de ceux recueillis par eux dans la succession de leur père.

Partage. — Ce partage a eu lieu de la manière suivante :

Premier lot. — Le premier lot attribué à M. Germain Jousselin qui accepte, a été composé de :

1° Le domaine de la Renaudière, sis commune de. . ., comprenant maison d'habitation, bâtiments d'exploitation, cour, jardin, terres, pré et bois, cadastré. . . pour une contenance de. . .

2°. . ., 3°. . .,

4° Et la somme de 25.000 francs, montant de son rapport de dot.

Deuxième lot. — Le second attribué à M. Ludovic Jousselin qui accepte, a été composé de :

1°. . ., 2°. . ., etc.

Conditions. — La donation et le partage qui précèdent ont eu lieu sous les conditions suivantes que les donataires s'obligent à exécuter, savoir :

1. *Interdiction de demander compte.* — Mme Jousselin impose aux donataires qui s'y soumettent, l'obligation de ne lui demander aucun compte au sujet :

Des meubles meublants et objets mobiliers qui existaient au décès de son mari.

Et des fruits et revenus échus depuis ledit décès et encaissés par elle,

Desquels biens et sommes la donatrice entend être définitivement propriétaire.

II. *Réserve d'usufruit.* — Mme Jousselin se réserve en outre la jouissance sa vie durant :

1° Du logement dépendant de la maison sise à. . . et faisant partie du premier lot, lequel logement comprend. . .

2° du jardin sis. . ., 3°. . .

4° Et des soixante obligations de la compagnie de chemin de fer Paris-Lyon-Méditerranée, faisant partie du second lot.

Il est entendu à cet égard :

Que Mme Jousselin jouira de cet usufruit aux charges de droit ;

Qu'elle ne sera pas tenue de faire dresser état des immeubles, mais qu'elle devra habiter la maison par elle-même ;

Qu'elle fera immatriculer les valeurs soumises à son usufruit à son nom pour la jouissance et aux noms respectifs des donataires pour la nue propriété ;

Qu'en cas de remboursement de l'une ou de l'autre de ces valeurs au cours de l'usufruit, Mme Jousselin, aura le droit d'en toucher le montant, sur ses simples quittances, hors la présence et sous le concours des nus propriétaires, à charge d'en faire immédiatement le remploi en valeurs de même nature qui demeureront soumises à l'usufruit viager de ladite dame ;

Que si le remboursement était insuffisant pour permettre le remploi en valeur identique, il serait acheté de la rente. . . pour 100 sur l'Etat Français qui serait immatriculée comme il vient d'être indiqué,

Et que pareil remploi serait encore fait, le cas échéant, de l'excédent de tous remboursements après un premier remploi en valeurs semblables à celles amorties.

III. *Propriété. Jouissance.* — 1° Chacun de MM. Honoré et Ludovic Jousselin aura la propriété des biens entrés dans son lot à compter de ce jour et il en aura la jouissance par la perception des fermages pour les immeubles loués et par la prise de possession réelle pour les autres biens aussi à compter de ce jour, sauf en ce qui concerne les immeubles et valeurs dont Mme Jousselin s'est réservé l'usufruit et dont les donataires ne prendront la jouissance qu'à compter du décès de ladite dame.

Il est ici déclaré :

Que le domaine de la Renaudière est affermé, etc. . .

2° Chacun de MM. Honoré et Ludovic Jousselin prendra les biens à lui attribués. . . (V. formules 20 et 21).

3°. . . 4°. . ., etc. (*id.*).

IV. *Renonciation à action révocatoire.* — Mme Jousselin déclare se désister purement et simplement de l'action révocatoire et des droits réels de toute nature qui pourraient résulter à son profit de l'inexécution des charges et conditions de la donation ci-dessus consentie par elle, mais seulement en ce qui concerne les biens donnés dont elle ne s'est pas réservé la jouissance,

Voulant ainsi que les donataires puissent disposer librement de tout ou partie de ceux desdits biens, dont ils ont la jouissance immédiate, et que les acquéreurs ou tiers détenteurs de ces biens ne puissent être inquiétés au sujet des conditions susénoncées.

Condition de ne pas attaquer le partage. Donation éventuelle d'excédent de lots. Transcriptions. Déclarations d'état civil. Titres. — V. formules 20 et 21.

Enregistrement. — Pour la perception des droits, les parties déclarent :

Que les biens donnés sont d'une valeur de. . . ;

Que les biens partagés sont d'une valeur de. . . ;

Et qu'elles ont tenu compte, pour la composition des lots, des réserves d'usufruit faites par Mme Jousselin, de manière à ne pas nuire à l'égalité desdits lots.

Frais. Domicile. Affirmations.

29. *Donation par parent survivant. Donataires incapables. Partage judiciaire imposé.*

Pardevant Me. . .,

A comparu :

M. Lucien Deschamps, propriétaire, demeurant à. . ., veuf de Mme Edine Cortet,

Lequel a, préalablement à la donation-partage faisant l'objet des présentes, déclaré ce qui suit :

Déclarations préliminaires. — I. Mme Edine Cortet, en son vivant épouse de M. Lucien Deschamps comparant, est décédée en son domicile à. . ., le. . ., laissant :

1ent Son mari, notamment comme commun en biens acquêts aux termes de leur contrat de mariage reçu par Me. . ., notaire à. . ., le. . ., et usufruitier du quart des biens composant sa succession en vertu de l'article 767 du Code civil ;

2ent Et pour seuls héritiers, chacun pour moitié :

1° M. Julien Deschamps, son fils, interdit suivant jugement rendu par le tribunal civil de. . ., le. . ., signifié, publié et passé en force de chose jugée, et ayant pour tuteur à son interdiction M. Deschamps, son père comparant, fonction à laquelle ce dernier a été nommé et qu'il a acceptée suivant délibération du conseil de famille prise sous la présidence de M. le Juge de paix du canton de. . ., le. . .,

2° Et Mlle Mélanie Dupré, née à. . ., le. . ., du mariage de Mme Henriette Deschamps, décédée à. . . le. . ., avec M. Camille Dupré, prédécédé,

Sa petite-fille, par représentation de Mme Dupré née Deschamps, sa mère, sœur germaine de M. Julien Deschamps.

Ainsi que ces qualités sont constatées par l'intitulé de l'inventaire dressé après le décès de Mme Deschamps, par le notaire soussigné suivant procès-verbal en date au commencement du. . .

De cet inventaire, il résulte :

1ent Que M. Deschamps n'avait pas de reprises en deniers à exercer et qu'il ne devait pas de récompenses à la communauté ;

2ent Que la succession de Mme Deschamps avait le droit d'exercer la reprise en deniers de la somme de. . . et ne devait aucune récompense ;

3ent Que la communauté comprenait activement :

1°. . ., 2°. . ., etc. ;

Qu'i était dû par la communauté. . . ;

4ent Que l'actif propre de la succession de Mme Deschamps comprenait :

1°. . ., 2°. . .,

Et que ladite succession n'était grevée que des frais funéraires qui ont été payés par les parties, chacune en ce qui la concernait.

II. A raison de la minorité de Mlle Dupré et de l'état d'interdiction de M. Julien Deschamps, la liquidation de la communauté d'entre M. et Mme Deschamps-Cortet et le partage de la succession de Mme Deschamps doivent être faits en la forme judiciaire.

Afin d'éviter les frais des formalités judiciaires qui seraient à recommencer lors de son décès et de prévenir les difficultés qui pourraient s'élever alors au sujet du règlement de sa succession, le comparant a résolu de faire l'abandon de ses biens, de manière qu'il soit procédé en même temps au partage des biens abandonnés par lui et de ceux dépendant de la succession de Mme Deschamps, ce qui a lieu de la manière suivante.

Donation. — M. Deschamps a, par ces présentes, fait donation entre vifs, à titre de partage anticipé, conformément aux articles 1075 et suivants du Code civil,

A :

1° M. Julien Deschamps susnommé, son fils et présomptif héritier pour moitié,

2° Et à Mlle Mélanie Dupré, sa petite-fille et présomptive héritière pour l'autre moitié par représentation de Mme Dupré née Deschamps, sa mère susnommée,

Ce qui est accepté :

Pour M. Julien Deschamps, par M. Claudius Verrière, négociant, demeurant à. . ., à ce présent, en qualité de tuteur *ad hoc*, fonction à laquelle il a été nommé et qu'il a acceptée suivant délibération du conseil de famille dudit M. Julien Deschamps, prise sous la présidence de M. le Juge de paix du canton de. . ., le. . ., par suite de l'opposition d'intérêts existant entre lui et son père, et en outre, comme spécialement autorisé à l'effet des présentes par la délibération du conseil précitée, homologuée suivant jugement du tribunal civil de. . ., en date du. . .,

desquels jugement et délibération une expédition est demeurée ci-annexée après mention.

Et pour la mineure Dupré, par M. Sosthène Lelong, propriétaire demeurant à. . ., son tuteur datif, fonction à laquelle il a été nommé et qu'il a acceptée suivant délibération du conseil de famille de ladite mineure, prise sous la présidence de M. le Juge de paix du canton de. . ., le. . ., et en outre spécialement autorisé à l'effet des présentes par une autre délibération du conseil de famille prise le. . ., homologuée suivant jugement du tribunal civil de. . ., en date du. . .,

desquels délibération du. . . et jugement du. . . une expédition est demeurée ci-annexée après mention,

1° De la nue propriété des immeubles lui appartenant en propre et ci-après désignés,

2° Et des droits et parts lui revenant tant en toute propriété qu'en usufruit dans les biens dépendant de la communauté qui a existé entre lui et sa défunte épouse et dans les biens dépendant de la succession particulière de celle-ci ;

Le tout, sauf l'effet des réserves ci-après stipulées.

Désignation. — § 1er. Biens propres de M. Deschamps. . .

§ 2. Biens propres de la succession. . .

§ 3. Biens dépendant de la communauté. . .

Origine de propriété. — . . .

Conditions. — La présente donation est consentie sous les conditions suivantes, sans lesquelles elle n'aurait pas eu lieu :

Réserve d'usufruit. — M. Deschamps donateur se réserve l'usufruit pendant sa vie, en plus des immeubles propres par lui donnés, des biens ci-après :

1° Une maison sise à. . . ;

Dépendant de la communauté ayant existé entre lui et Mme Deschamps,

2°. . ., 3°. . .

Lesquels biens dépendent de la succession particulière de Mme Deschamps,

Propriété. Jouissance. Garantie. Servitudes. Impôts. Assurance. Passif à acquitter. — V. Formules précédentes.

Réunion des biens et partage. — Les biens présentement donnés devront être réunis à ceux que les donataires ont recueillis dans la succession de Mme Deschamps, leur mère et grand'mère, et il sera procédé au partage du tout par un seul et même acte, en la forme judiciaire, conformément aux prescriptions de la loi.

Transcription. Titres. Enregistrement. Frais. Domicile. Affirmations.

30. *Donation par parent survivant à charge de le nourrir, loger et soigner.*

Pardevant Me. . .

Ont comparu :

M. Mathieu Daviot, propriétaire-cultivateur, demeurant à. . ., veuf de Mme Justine Dégut,

D'une part.

M. François Daviot, cultivateur, demeurant à. . .,

Et M. Simon Daviot, cultivateur, demeurant à. . .,

D'autre part.

Lesquels ont, préalablement à la donation et au partage faisant l'objet des présentes, déclaré ce qui suit :

Déclarations préliminaires.— Mme Daviot, née Dégut, est décédée à. . ., le. . ., laissant :

1° M. Daviot, son mari, notamment comme commun en biens légalement à défaut de contrat de mariage préalable à leur union célébrée à la mairie de. . ., le. . ., et pour donataire de moitié en usufruit en vertu d'un acte reçu par M^e. . ., notaire à. . ., le. . .,

2° Et pour seuls héritiers, chacun pour moitié, MM. François et Simon Daviot, susnommés, ses deux enfants issus de son union avec M. Mathieu Daviot,

Ainsi que ces qualités sont constatées par l'intitulé de l'inventaire dressé après son décès par M^e. . ., notaire soussigné, suivant procès-verbal en date au commencement du. . .

M. David père est resté en possession de tous les biens qui dépendaient tant de la communauté d'entre lui et sa défunte épouse que de la succession de cette dernière ; il les a gérés et administrés et a acquitté les dettes et charges qui les grevaient.

Pour n'avoir pas à établir le compte de cette administration, il a proposé à ses deux enfants de leur abandonner immédiatement ses biens propres sous diverses conditions, de manière à pouvoir les réunir à ceux qui leur proviennent de la succession de leur mère et partager le tout en même temps.

MM. François et Simon Daviot ayant accepté, il a été procédé comme suit :

Donation. — M. Mathieu Daviot a, par ces présentes, fait donation entre vifs à titre de partage anticipé, conformément aux articles 1075 et suivants du Code civil,

A MM. François et Simon Daviot, ses deux fils et seuls présomptifs héritiers chacun pour moitié, qui acceptent,

Tant de ses biens propres que de ses droits et parts en usufruit et en toute propriété dans les biens qui restent dépendre de la communauté qui a existé entre lui et Mme Daviot et de la succession de cette dernière, le tout ci-après désigné.

Conditions de la donation. — Cette donation a lieu sous les conditions suivantes que les donataires s'obligent formellement à exécuter, savoir :

1° Ils ne pourront demander au donateur aucun compte de la gestion et de l'administration qu'il a eues desdits biens depuis le décès de leur mère, quelles que soient les sommes en capital, fruits ou revenus qu'il ait encaissés.

2° Ils logeront chez eux, à tour de rôle pendant trois mois consécutifs, nourriront à leur table, entretiendront, blanchiront, chaufferont, éclaireront et soigneront le donateur tant en maladie qu'en santé, étant entendu que M. François Daviot le prend à partir d'aujourd'hui jusqu'au. . ., et que M. Simon Daviot le recevra du. . ., au. . ., époque à laquelle M. François Daviot le prendra à nouveau, pour continuer ainsi jusqu'au décès de M. Mathieu Daviot.

Ils lui verseront en outre, chaque mois et d'avance le. . ., une somme de. . . francs pour ses menus besoins, mais sans qu'en aucun cas il puisse être élevé de réclamation à raison du payement des sommes que le donateur aurait négligé de réclamer avant son décès.

Les frais de maladie, honoraires de médecin, notes de pharmacien et de garde seront supportés par moitié par les donateurs, alors même qu'un seul en aurait fait l'avance.

Toutefois, le donateur aura la faculté de transformer à toute époque et à sa volonté exclusive, cette condition de vie commune avec les donataires ou l'un d'eux seulement en une rente annuelle et viagère de. . . francs pour chacun desdits donataires, à charge de notifier sa décision à cet égard un mois d'avance, par lettre recommandée. Dans ce cas, cette rente viagère sera payable à M. Mathieu Daviot sa vie durant, soit en son domicile, soit en l'étude du notaire soussigné, à son choix, d'avance et par quart, pour le premier payement avoir lieu trente jours après la remise à la poste de la lettre recommandée dont il est ci-dessus question.

Il est convenu à cet égard :

Que le crédirentier ne sera pas tenu de produire de certificat de vie. . . (V. formules 21 et 27).

3° Enfin les donataires réuniront aux biens présentement donnés ceux qui leur proviennent de la succession de leur mère et ils procéderont immédiatement et sous la médiation du donateur, au partage de la masse de biens ainsi obtenue.

Désignation des biens à partager. — § 1. Biens propres de M. Daviot. . .

§ 2. Biens propres de la succession. . .

§ 3. Biens de la communauté. . .

Origine de propriété. — . . .

Partage. Conditions du partage, etc. — V. formules précédentes.

31. *Donation par parent survivant à fille grevée de dotalité et fils grevé de restitution.*

Pardevant Me. . .

A comparu :

M. Louis Blandin, propriétaire, demeurant à. . ., veuf en premières noces non remarié de Mme Suzanne Audoux,

Lequel a, par ces présentes, fait donation entre vifs à titre de partage anticipé, conformément aux dispositions des articles 1075 et suivants du Code civil,

A :

1° M. Eugène Blandin, capitaine d'artillerie, demeurant à. . .,

2° Et Mme Estelle Blandin, épouse de M. Arthur de Lherbin, propriétaire, avec lequel elle demeure à. . .,

> M. et Mme de Lherbin, mariés sous le régime de la communauté de biens réduite aux acquêts avec dotalisation d'une somme de 120.000 francs à prendre sur les biens qui seraient recueillis par Mme Lherbin dans la succession de M. Blandin, son père, aux termes de leur contrat de mariage reçu par Me. . ., notaire à. . ., le. . .,

Ses deux enfants et seuls présomptifs héritiers, chacun pour moitié, sous réserve de la charge de conserver et de rendre qui sera imposée à M. Eugène Blandin,

Ici présents et qui acceptent, Mme de Lherbin avec l'autorisation de son mari, et M. Eugène Blandin tant pour lui que pour ses enfants légitimes nés et à naître,

De la nue propriété des biens ci-après désignés :

Désignation. — . . .

Origine de propriété. — . . .

Partage. — M. Blandin donateur a procédé au partage des biens et à leur attribution de la manière suivante :

1ent Eugène Blandin.

§ 1er Biens libres.

Pour fournir à M. Eugène Blandin le montant de sa réserve dans la moitié formant sa part virile dans les biens donnés, M. Louis Blandin lui attribue:

1° . . ., 2°. . .

§ 2° Biens grevés de restitution.

Pour lui fournir le montant de sa part virile dans la quotité disponible, son père lui attribue sous la charge de conserver et de rendre ci-après stipulée :

1°. . ., 2°. . .

2ent Mme de Lherbin.

Pour fournir à Mme de Lherbin sa moitié dans les biens donnés, M. Blandin père lui attribue :

1°. . ., 2°. . .

Acceptation.— M. Eugène Blandin et Mme de Lherbin, avec l'autorisation de son mari, déclarent accepter expressément les attributions ci-dessus faites à leur profit.

Propriété-Jouissance. — Chacun des donataires aura la propriété des biens entrés en son lot à compter de ce jour et il en prendra la jouissance seulement à compter du jour du décès de M. Blandin donateur qui se réserve l'usufruit desdits biens sa vie durant.

Il est convenu à cet égard :

Que M. Blandin père jouira de cet usufruit aux charges de droit. . . (V. formules 20 et 28).

Conditions. — (Etat des bâtiments; contenances. Servitudes. Impôts, etc.).

Réserve du droit de retour. Donation éventuelle d'excédent de lot. Condition de ne pas attaquer le partage, etc.

Charge de conserver et de rendre imposée à M. Eugène Blandin. — M. Louis Blandin impose expressément à M. Eugène Blandin qui déclare s'y soumettre, la charge de conserver jusqu'à son décès et de rendre à ses enfants légitimes nés et à naître au premier degré les biens et valeurs qui lui ont été ci-dessus attribués sous le paragraphe deuxième de son lot, comme formant la quotité disponible de sa part virile dans les biens donnés.

Toutefois il pourra, après le décès du donateur, vendre, céder et transférer tous les biens grevés de restitution, en toucher les prix et recevoir le remboursement de toutes créances même avant leur exigibilité, avec le seul concours du tuteur à substitution, sans avoir à remplir aucune formalité judiciaire.

Tous capitaux grevés de restitution devront, lors de leur payement ou remboursement, être employés à l'acquisition de rentes sur l'État Français ou d'obligations entièrement libérées de la Ville de Paris, du Crédit Foncier de France, des grandes Compagnies des chemins de fer français, immatriculées au nom de M. Eugène Blandin avec mention de la charge de rendre. Ils pourront encore être employés, avec le consentement exprès du tuteur à substitution soit en acquisitions d'immeubles de rapport situés en France, soit en créances hypothécaires ou privilégiées sur particuliers.

Les frais et honoraires auxquels donneront ouverture les remboursements, aliénations et acquisitions en remploi seront prélevés sur les fonds frappés de restitution, à l'exception seulement des frais d'acquisition d'un immeuble en remploi du prix d'un autre immeuble ayant été lui-même acquis à titre d'emploi ou de remploi.

Tous les biens soumis à restitution en feront mention. En outre, les valeurs mobilières ci-dessus attribuées à M. Eugène Blandin devront être mises au nom du donateur pour l'usufruit sa vie durant avec indication de la réserve du droit de retour et de l'interdiction d'aliéner stipulées plus haut.

Dans tous les cas, les acquéreurs et débiteurs de biens grevés de la charge de rendre, de même que les notaires ou agents de change ne seront tenus que de la matérialité des emplois ou remplois; ils n'auront à s'occuper ni de leur utilité ni de leur suffisance.

M. Blandin donateur nomme pour tuteur à ladite charge de conserver et de rendre M. . ., ou, à défaut d'acceptation par ce dernier, M. . .

Dotalisation de partie des biens attribués à Mme de Lherbin. — Aux termes du contrat de mariage précité de M. et Mme de Lherbin, il a été stipulé notamment la clause ci-après littéralement rapportée :

« Par dérogation au régime adopté, il est expressément convenu que la somme de 120.000 francs à prendre sur les biens et valeurs que la future épouse recueillerait dans la succession de M. Eugène Blandin, son père, sera soumise au régime dotal et assujettie aux conditions d'emploi et de remploi ci-après.

« Pour le règlement de la succession dudit M. Blandin, la valeur des biens en dépendant résultera suffisamment de l'estimation amiable qui leur sera donnée par la future épouse contradictoirement avec ses cohéritiers, et le choix des biens frappés de totalité sera fait par ladite future épouse soit dans les actes de partage ou de règlement, soit par acte authentique séparé, sans qu'il soit besoin d'aucune formalité ni d'aucune expertise judiciaire. »

Comme les biens ci-dessus attribués à Mme Lherbin représentent par anticipation ceux pouvant composer la succession de son père, ladite dame assistée et autorisée de son mari entend que soient dotaux, conformément aux stipulations de son contrat de mariage, savoir :

1° La propriété dite. . ., sise à. . ., pour la valeur qui lui a été ci-dessus donnée, ci.	» »
2°. . ., 3°.	» »
Total égal à la somme qui doit être frappée de dotalité dans les biens de la succession, de M. Blandin père.	120.000 fr. »

En conséquence, les biens et valeurs ci-dessus ne seront recouvrables et aliénables qu'aux conditions d'emploi et de remploi stipulées dans le contrat de mariage de M. et Mme de Lherbin.

Au contraire, les autres biens qui composent le lot de Mme Lherbin se trouvent affranchis de toute dotalité.

Déclaration d'ordre. — Les parties déclarent ici à titre de renseignement :

Que M. Eugène Blandin et Mme de Lherbin ont reçu chacun la même dot de M. Blandin père, en sorte qu'il n'y avait pas lieu de leur en faire effectuer le rapport même fictif aux présentes,

Et qu'ils ont été entièrement réglés de leurs droits dans la succession de Mme Blandin leur mère, ainsi qu'il résulte de la liquidation de la communauté ayant existé entre M. et Mme Blandin-Audoux et du partage de la succession de ladite dame dressés par Me. . ., notaire soussigné, le. . .

Transcription. Déclarations d'état civil. Frais. Domicile. Affirmations.

32. *Donation non acceptée par tous les donataires. Condition suspensive.*

Pardevant Me. . .

A comparu :

M. Louis Blandin. . .

Lequel a, par ces présentes, fait donation entre vifs à titre de partage anticipé, conformément aux articles 1075 et suivants du Code civil,

A ses deux enfants et seuls présomptifs héritiers, chacun pour moitié, savoir :

M. Henri Blandin, propriétaire, demeurant à. . ., ici présent et qui accepte,

Et M. Prosper Blandin, capitaine au long cours, demeurant à. . .,

Ce qui sera accepté ultérieurement par ce dernier à ce non présent,

Des biens dont la désignation suit.

Désignation. Origine de propriété, etc.

Condition suspensive. — Il est formellement convenu que la présente donation-partage ne produira effet qu'à partir du jour où M. Prosper Blandin l'aura acceptée et aura notifié son acceptation au donateur. Par suite, tant que cette acceptation n'aura pas eu lieu, cette donation n'entraînera aucune mutation de propriété et ne constituera qu'un simple projet à l'égard de toutes les parties.

33. *Donation non acceptée par tous les donataires (autre formule). Porte-fort. Préciput conditionnel.*

Pardevant Me. . .

A comparu :

M. Louis Boulanger, propriétaire-cultivateur, demeurant à. . .,

Lequel a, par ces présentes, fait donation entre vifs à titre de partage anticipé, conformément aux articles 1075 et suivants du Code civil,

A ses trois enfants et seuls présomptifs héritiers, chacun pour un tiers, savoir :

M. André Boulanger, cultivateur, demeurant à. . .,

M. Georges Boulanger, charcutier, demeurant à. . .,

Et M. Francis Boulanger, voyageur de commerce, demeurant à. . .,

Ce qui est accepté :

Par MM. André et Georges Boulanger, ici présents, chacun en ce qui le concerne,

Et pour M. Francis Boulanger à ce non présent, conjointement par MM. Louis Boulanger, André Boulanger et Georges Boulanger qui se portent solidairement fort pour lui avec promesse de rapporter ultérieurement sa ratification,

Des biens dont la désignation suit :

Désignation. Origine de propriété. Partage. Conditions, etc. . .

Donation préciputaire sous condition. — Il est formellement convenu que si M. Louis Boulanger donateur vient à décéder avant que M. Francis Boulanger ait accepté la présente donation à titre de partage anticipé, les biens ci-dessus attribués à MM. André et Georges Boulanger continueront à leur appartenir d'abord par imputation sur la quotité disponible dans la succession du donateur et pour le surplus, le cas échéant, à charge de rapport en moins prenant. A cet effet, M. Louis Boulanger déclare faire à chacun de ces derniers donation expresse, à titre irrévocable et par préciput, dans le sens et de la manière susindiqués, des biens compris dans son lot, sous la condition suspensive de l'acceptation de M. Louis Boulanger.

Transcription. Déclarations d'état civil, etc. . .

34. *Donation par sourd-muet ne sachant ni lire ni écrire.*

Pardevant Mes. . . et . . ., tous deux notaires à. . ., soussignés,

A comparu :

M. Pierre Bertrin, propriétaire, demeurant à. . ., veuf de. . .,

Sourd-muet de naissance, ne sachant ni lire ni écrire, mais assisté de M. Ernest Latraite, professeur à l'institution des sourds-muets de. . ., demeurant à. . ., à ce présent comme interprète choisi par les parties pour recueillir et transmettre les volontés de M. Pierre Bertrin.

Lequel a, par ces présentes, déclaré faire donation entre vifs à titre de partage anticipé, etc. . .

. . . .

Dont acte. — Fait et passé. . ., l'an. . ., le. . .

Et après lecture des présentes donnée en signes mimiques par M. Latraite à M. Pierre Bertrin et après lecture faite par Me. . ., notaire, à M. Latraite et aux autres parties, celles-ci et l'interprète ont seuls signé avec les notaires, M. Latraite ayant réitéré au nom du comparant que celui-ci ne sait ni lire ni écrire.

La lecture des présentes par M. Latraite à M. Pierre Bertrin, la lecture par Me. . ., notaire à M. Latraite et aux autres parties, et la déclaration que M. Pierre Bertrin ne sait ni lire ni écrire ont eu lieu en la présence réelle de Me. . ., notaire en second.

35. *Donation par sourd-muet sachant lire et écrire.*

Pardevant Mes. . .

A comparu :

M. Pierre Bertrin, propriétaire, demeurant à. . ., veuf en premières noces non remarié de Mme. . .,

Sourd-muet de naissance, mais possédant une instruction suffisante pour faire connaître ses volontés, ainsi qu'il résulte de la réquisition des présentes personnellement écrite par lui sur une feuille de papier au timbre de. . . et demeurée ci-annexée après avoir été certifiée véritable et après mention du tout,

Lequel a, par ces présentes, fait donation. . .

. . . .

Dont acte. — Fait et passé à. . ., l'an. . ., le. . .,

Et après lecture par Me. . ., notaire soussigné, aux parties, et après lecture prise personnellement par M. Pierre Bertrin, les parties ont signé avec les notaires.

La lecture des présentes par Me. . ., notaire, aux parties, la lecture prise par M. Pierre Bertrin lui-même, et la signature par les parties ont eu lieu en la présence réelle de Me. . ., notaire en second.

IV. — Donations. — Clauses diverses

36. *Autorisation d'aliéner à charge de remploi.*

Il est formellement convenu que les donataires pourront, à toute époque, vendre et échanger, comme bon leur semblera, les immeubles compris dans le présent partage, à la charge par eux d'employer les prix des ventes et les soultes des échanges à l'acquisition d'autres immeubles.

Une hypothèque spéciale sera conférée par eux au profit des donateurs, pour sûreté de l'exécution entière des charges et conditions de la présente donation, sur les immeubles reçus en échange et sur ceux acquis avec les prix des biens aliénés et les soultes des échanges.

Ces nouveaux immeubles pourront être successivement vendus et échangés aux mêmes conditions.

Au moyen de la nouvelle affectation hypothécaire qui leur sera fournie, les donateurs seront tenus de se désister expressément de l'action révocatoire et des droits de toute nature leur appartenant sur les immeubles aliénés, de manière à rendre les échangistes et acquéreurs propriétaires incommutables des biens par eux acquis.

Les affectations hypothécaires et désistements auront toujours lieu aux frais des donataires.

37. *Biens impartageables. Clause d'attribution à un seul donataire.*

Toutes les parties ayant reconnu que la maison donnée est impartageable (*ou :* que la propriété donnée ne saurait être divisée en plusieurs lots sans subir une dépréciation considérable) et que les donateurs ne possèdent pas d'autres biens, ceux-ci, avec l'assentiment des donataires, ont attribué cette maison en totalité à M. A. . ., seul, qui accepte, pour en avoir la propriété et jouissance comme il vient d'être dit.

Cette attribution est faite et acceptée à la charge par M. A. . . de payer à ses deux frères, qui acceptent également, une somme de. . . francs, soit pour chacun. . . francs, à titre de soulte.

Cette somme sera exigible le. . ., et produira des intérêts au taux de. . . pour cent par an à compter du. . ., payables. . ., etc.

Tous les payements auront lieu à. . ., en l'étude de Me X. . ., notaire soussigné, en bonnes espèces de monnaie.

En cas de décès de M. A. . ., avant sa libération, la dette sera indivisible entre ses héritiers et représentants.

Et à la garantie du payement de la soulte, non seulement la maison demeurera grevée du privilège établi par la loi, mais M. A. . . hypothèque en outre, etc. . .

38. *Limitation du privilège de copartageant pour une soulte.*

A la garantie du paiement de la soulte due par Mme. . . à M. . ., en principal, intérêts, frais et accessoires, il est convenu que le privilège de ce dernier portera seulement sur. . . (*indiquer les biens qui seront grevés*).

En conséquence, les autres immeubles attribués à Mme. . . demeurent entièrement libres de tout privilège pour sûreté de ce payement. Au surplus, M. . . déclare en tant que de besoin consentir tous désistements à cet effet.

39. *Action révocatoire. Donation préciputaire.*

A défaut par l'un ou l'autre des donataires d'exécuter les charges lui incombant en vertu de la présente donation, le donateur ne pourra en poursuivre la révocation à l'encontre du donataire en faute que trente jours après une mise en demeure restée sans effet. La révocation aura lieu alors de plein droit, à moins que l'inexécution des charges ne soit due à des événements fortuits ou de force majeure, non imputables audit donataire.

Mais il est formellement convenu qu'au cas où la révocation serait prononcée, les attributions profitant aux autres donataires continueraient à produire leur effet à titre de donation irrévocable, d'abord par préciput sur la quotité disponible dans la succession du donateur et pour le surplus à charge de rapport en moins prenant. A cet effet, M. . . donateur déclare faire, pour ledit cas, donation expresse dans le sens et de la manière susindiqués, aux donateurs qui auraient respecté leurs engagements et satisfait aux charges ci-dessus stipulées.

40. *Renonciation à action révocatoire.*

Malgré la rente viagère ci-dessus constituée à son profit, M[e]. . ., donateur, déclare se désister purement et simplement de l'action révocatoire et des droits réels de toute nature qui pourraient résulter à son profit de l'inexécution des charges et conditions de la donation, voulant ainsi que les donataires disposent en pleine propriété, à titre gratuit ou à titre onéreux, comme bon leur semblera, de tout ou partie des immeubles donnés, et que les acquéreurs et tiers détenteurs de ces immeubles ne puissent jamais être inquiétés ni recherchés au sujet des conditions ci-dessus énoncées.

ou :

Renonciation à action révocatoire. — Le donateur déclare renoncer purement et simplement à l'action révocatoire pouvant résulter à son profit de l'inexécution des charges et conditions du présent partage anticipé, voulant ainsi que les donataires aient la libre disposition des biens à eux donnés.

Stipulation de solidarité. — De convention expresse, les donataires seront tous tenus solidairement entre eux de l'exécution des charges et conditions ci-dessus stipulées. Néanmoins le donateur devra demander à chacun l'exécution de ses obligations personnelles, mais à défaut par l'un d'eux de satisfaire à ses engagements et quinze jours après une simple mise en demeure par lettre recommandée restée sans effet, il pourra s'adresser à l'un des autres donataires, à son choix, sauf le recours de ce dernier contre celui de ses codonataires pour lequel il aura exécuté la charge ou condition en souffrance.

ou encore :

Renonciation à action révocatoire. — Le donateur déclare renoncer purement et simplement à l'action révocatoire pouvant résulter à son profit de l'inexécution des charges et conditions de la présente donation à titre de partage anticipé, mais seulement en ce qui concerne la propriété dite. . . comprenant, etc. . .

Affectation hypothécaire. — Pour garantir l'entière exécution des charges et conditions ci dessus stipulées, ainsi que tous les frais de poursuite et de mise à exécution à faire, s'il y a lieu, chacun des donataires affecte expressément, au profit du donateur qui accepte, les immeubles compris dans son lot et sur lesquels il consent qu'il soit pris inscription à cet effet (ou : tels immeubles à l'exclusion des autres).

41. *Imputation des biens donnés sur la succession du prémourant des donateurs.*

La valeur des biens présentement donnés s'imputera d'abord sur les droits des donataires dans la succession du premier mourant des donateurs et subsidiairement, en cas d'insuffisance, sur leurs droits dans la succession du survivant ; mais il est formellement convenu que l'attribution des immeubles en nature est néanmoins faite à titre définitif et incommutable, en sorte que les donataires ne seront jamais tenus qu'à un rapport fictif à la succession du prémourant desdits donateurs.

42. *Préciput.*

Avant le partage des biens ci-dessus désignés, M. . . déclare prélever la maison sise à. . ., rue. . ., n°. . ., figurant sous le n°. . . de la désignation, et la donner par préciput et hors part à M. . . qui accepte.

43. *Exclusion de communauté.*

M. . . donateur déclare que la somme de. . . faisant partie du lot ci-dessus attribué à Mme. . ., sa fille, est donnée à celle-ci par imputation sur la quotité disponible de sa part, et il stipule expressément que cette somme n'entrera pas dans la communauté légale de biens qui existe entre ladite dame et son mari, mais au contraire en sera exclue par application de l'article 1401, § 1er, du Code civil.

V. — Actes divers.

44. *Autorisation par le mari à sa femme d'accepter.*

Pardevant, Me. . ., en la présence des témoins instrumentaires ci-après nommés,

A comparu :

M. Paul Billot, propriétaire, demeurant à. . .,

Lequel a, par ces présentes, déclaré donner toutes autorisations nécessaires,

A Mme Léontine Niguet, son épouse, demeurant avec lui, avec laquelle il est marié sous le régime. . .

A l'effet de :

Accepter la donation à titre de partage anticipé que M. Auguste Niguet, son père, propriétaire, demeurant à. . ., se propose de faire à ses enfants parmi lesquels se trouve Mme Billot, de. . . (*désignation sommaire des biens*) ;

Obliger ladite dame solidairement avec ses codonataires à l'exécution des charges et conditions qui seront imposées et notamment de celles suivantes. . .

Accepter le lot qui écherra ou sera attribué à Mme Billot ; convenir du mode et des époques de payement des soultes, les recevoir ou payer, en donner ou retirer quittance ;

Consentir toutes affectations hypothécaires des immeubles qui entreront dans le lot de Mme Billot, à la garantie des charges devant profiter au donateur ; faire toutes déclarations d'état civil et autres ainsi que toutes affirmations prescrites par la loi sur la sincérité des soultes qui seront stipulées.

Aux effets ci-dessus, passer et signer tous actes, élire domicile, et généralement faire le nécessaire.

Dont acte (*en minute, en présence réelle des témoins*).

45. *Acceptation par acte séparé. Dispense de notification.*

Pardevant Me. . . et Me. . ., tous deux notaires à. . ., soussignés,

Ont comparu :

M. Louis Gamard, propriétaire, demeurant à. . .,

Et M. Gustave Gamard, négociant, demeurant à. . .,

Lesquels ont, préalablement à l'acte faisant l'objet des présentes, exposé ce qui suit :

Exposé. — Suivant acte reçu par Me. . ., l'un des notaires soussignés, en présence de deux témoins, le. . ., M. Louis Gamard a fait donation entre vifs, à titre de partage anticipé, de divers biens lui appartenant, à ses trois enfants et seuls présomptifs héritiers : 1° M. André Gamard, bijoutier, demeurant à. . ., qui a accepté ; 2° M. Ludovic Gamard, entrepreneur, demeurant à. . ., qui a également accepté, et M. Gustave Gamard comparant, qui n'était pas présent et pour lequel ses deux frères se sont portés fort. Et pour fournir audit M. Gustave Gamard sa part dans les biens donnés, il lui a été attribué : 1°. . ., 2°. . ., etc.

Cette donation-partage a eu lieu sous diverses charges et conditions, et notamment sous les suivantes :

1°. . ., 2°. . ., etc.

Acceptation. — Ces faits exposés, M. Gustave Gamard, après avoir pris connaissance de l'acte susrappelé par la lecture que Me. . ., notaire soussigné, lui en a donnée,

A, par ces présentes, déclaré accepter expressément la donation à titre de partage anticipé dont l'énonciation précède, et en particulier l'attribution des biens qui composent son lot, et s'obliger à l'exécution pure et simple des charges et conditions stipulées,

Voulant que cet acte reçoive, en ce qui le concerne, son entière exécution comme s'il y eût été présent et l'eût signé.

De son côté, M. Louis Gamard a déclaré avoir cette acceptation pour agréable et dispenser M. Gustave Gamard de la lui notifier.

Mention des présentes est consentie partout où besoin sera.

Dont acte (*présence réelle du second notaire ou des témoins*).

46. *Certificat de propriété après donation-partage.*

Dette publique
Trois pour cent
Inscription au Grand-Livre
N° 1.263.154. — Section 2. — Rente : 200 francs.

Au nom de : Larue (Sophie), veuve de Jules-Charles Gamard.

Je soussigné. . ., notaire à. . .,

Vu :

1ent L'extrait d'inscription de rente dont l'immatricule précède,

2ent Et la minute d'un acte reçu par moi, en présence de deux témoins, le. . ., aux termes duquel Mme Sophie Larue, propriétaire, demeurant à. . ., veuve en premières noces non remariée de M. Jules-Charles Gamard, a fait donation entre vifs à titre de partage anticipé, de ses biens parmi lesquels figure le titre de rente susvisé, à ses deux enfants et seuls présomptifs héritiers, chacun pour moitié, 1° M. André Gamard, négociant, demeurant à. . ., 2° et M. Cyprien Gamard, agriculteur, demeurant à. . ., qui ont accepté ;

par lequel acte, le titre de 200 francs de rente 3 pour cent dont il s'agit a été attribué à M. André Gamard en nue propriété, pour en avoir la jouissance à compter du décès de la donatrice qui s'en est réservé l'usufruit sa vie durant ;

Certifie et atteste :

Que les 200 francs de rente faisant l'objet du titre ci-dessus visé appartiennent avec tous arrérages échus et à échoir aux ci-après nommés et doivent être immatriculés comme suit :

« Larue (Sophie) veuve de Jules-Charles Gamard, pour l'usufruit ; la nue-propriété à Cyprien Gamard. »

En foi de quoi j'ai délivré le présent certificat à. . ., en mon étude, le . . .

47. *Cession de part indivise par un donataire par acte ultérieur.*

Pardevant Me. . .

Ont comparu :

M. André Gamard, négociant, demeurant à . . .,

Et M. Cyprien Gamard, agriculteur, demeurant à . . . ,

Lesquels ont, préalablement à la licitation faisant l'objet des présentes, exposé ce qui suit :

Exposé. — Suivant acte reçu par le notaire soussigné le . . ., M. Louis Gamard, propriétaire, demeurant à . . ., a fait donation entre vifs à titre de partage anticipé aux comparants, ses deux enfants et seuls présomptifs héritiers chacun pour moitié, de divers biens parmi lesquels figurait l'immeuble ci-après désigné, sous diverses charges et notamment sous l'obligation de servir au donateur une rente viagère de . . ., à partir du . . ., payable en deux termes égaux les . . .

Il a été dit que les donataires feraient ultérieurement, sans le concours ni la participation du donateur, le partage de l'immeuble ci-après désigné, laissé dans l'indivision entre eux.

Licitation. — Ces faits exposés, M. André Gamard a, par ces présentes, cédé à titre de licitation faisant cesser l'indivision,

A M. Cyprien Gamard qui accepte.

Tous ses droits et portions étant de moitié et lui appartenant indivisément avec ce dernier dans une maison, etc. . .

Propriété-Jouissance. — Au moyen des présentes, M. Cyprien Gamard sera seul propriétaire de la totalité de la maison ci-dessus désignée, et il en aura la jouissance, le tout à compter de ce jour.

Conditions. — La présente cession est faite sous les charges et conditions suivantes que l'acquéreur s'oblige à exécuter, savoir :

1° Il prendra l'immeuble cédé dans l'état où il se trouve actuellement avec toutes ses aisances et dépendances, sans aucune exception, comme aussi sans garantie tant de l'état des bâtiments que de la contenance indiquée, quelle que soit la différence en plus ou en moins entre cette contenance et celle réelle ;

2° Il souffrira les servitudes passives, apparentes ou occultes, continues ou discontinues pouvant grever l'immeuble dont il s'agit, sauf à s'en défendre et à profiter en retour de celles actives, le tout s'il en existe, à ses risques et périls ;

3° Il acquittera les contributions et autres charges de toute nature auxquelles ledit immeuble peut et pourra être assujetti, à compter du jour ci-dessus fixé pour son entrée en jouissance ;

4° Il continuera et maintiendra jusqu'au paiement intégral de son prix l'assurance contre l'incendie souscrite à la Compagnie . . ., dont le siège est à . . ., pour un temps expirant le . . ., et moyennant une prime annuelle de . . ., suivant police en date du . . . ; il en paiera exactement les primes et justifiera du tout à première réquisition ;

5° Enfin il paiera les frais et honoraires des présentes et de leur suite, y compris le coût de la grosse à remettre au cédant.

Prix. — En outre, la présente cession est consentie et acceptée moyennant le prix principal de . . . que M. Cyprien Gamard s'oblige à payer à M. André Gamard ou pour lui à son mandataire porteur de ses titres et pouvoirs, dans le mois qui suivra le décès de M. Louis Gamard susnommé, et, jusqu'au payement intégral, à en servir les intérêts au taux de . . . pour cent par an, lesquels seront payables . . .

Il est expressément convenu :

Que les intérêts dont ce prix est productif seront versés directement à M. Louis Gamard, en payement d'autant de la part de M. André Gamard dans la rente viagère due audit M. Louis Gamard en vertu de l'acte de partage anticipé précité ;

Qu'à défaut de payement à son échéance d'un seul terme d'intérêts, le prix ci-dessus stipulé deviendrait immédiatement et de plein droit exigible, si bon semblait au cédant, trente jours après une simple mise en demeure restée sans effet.

Et qu'en cas de décès de M. Cyprien Gamard, il y aura solidarité et indivisibilité entre ses héritiers et représentants pour le payement tant des intérêts que du prix de la présente cession.

Réserve de privilège. — A la garantie du payement de ce prix en principal, intérêts et accessoires, l'immeuble ci-dessus désigné sera, comme de droit, grevé du privilège de colicitant au profit de M. André Gamard.

Ce privilège sera inscrit au bureau des hypothèques de . . .

Remise de titres. Déclarations d'état civil. Domicile. Affirmations.

Dont acte.

48. *Confirmation du partage après le décès du donateur.*

Pardevant Me . . .

Ont comparu :

M. André Gamard, négociant, demeurant à . . .,

Et M. Cyprien Gamard, agriculteur, demeurant à . . .,

Lesquels ont, préalablement à l'acte faisant l'objet des présentes, déclaré ce qui suit :

Exposé. — I. Suivant acte reçu par le notaire soussigné. . . (*rappeler le partage d'ascendant en indiquant sommairement la composition des lots*).

La donation a été transcrite au bureau des hypothèques de . . ., le . . ., vol . . ., n° . . .

II. M. Gamard donateur est décédé à . . ., le . . ., veuf non remarié de Mme . . .,

Et il a laissé pour seuls héritiers, chacun pour moitié, MM. André et Cyprien Gamard, comparants aux présentes,

Ainsi qu'il est constaté par un acte de notoriété dressé par le notaire soussigné le . . .

Confirmation. — Ces faits exposés, les comparants ont déclaré avoir examiné depuis le décès de M. Gamard leur père, la valeur des biens compris dans les attributions faites à chacun d'eux et reconnaître que le partage a été établi de façon judicieuse et équitable, et qu'il y a parfaite égalité dans les lotissements.

En conséquence, ils confirment purement et simplement le partage d'ascendant susénoncé, voulant qu'il reçoive son entière exécution, selon sa forme et teneur, sans aucune réserve.

Mention des présentes est consentie partout où besoin sera.

Les frais et honoraires des présentes seront supportés par moitié entre les comparants.

Dont acte.

49. *Confirmation du partage par femme dotale devenue veuve.*

Pardevant Me. . ., notaire à. . ., soussigné, en présence des témoins instrumentaires ci-après nommés.

A comparu :

Mme Marie Janvier, propriétaire, demeurant à . . ., veuve en premières noces non remariée de M. Prosper Mirvallet,

Laquelle a, préalablement à l'acte faisant l'objet des présentes, déclaré ce qui suit :

Exposé. — I. Elle était mariée avec M. Prosper Mirvallet sous le régime dotal aux termes de leur contrat de mariage reçu par Me . . ., notaire à . . ., le . . . contenant une stipulation de dotalisation de tous ses biens présents et à venir.

II. Malgré l'incapacité dont la comparante se trouvait frappée à cet égard, elle et son défunt mari ont procédé, suivant acte reçu par Me . . ., notaire à. . ., le . . ., au partage anticipé des biens qui leur appartenaient, entre leurs trois enfants et seuls présomptifs héritiers, savoir : 1° M . . ., 2° . . ., 3° . . .

Les biens dotaux de la comparante ainsi partagés comprenaient :

1° . . ., 2°. . ., etc.

L'acte dont il s'agit a été transcrit au bureau des hypothèques de . . ., le . . ., vol . . ., n° . . .

III. M. Prosper Mirvallet est décédé à . . ., le . . ., laissant pour seuls héritiers ses trois enfants susnommés, bénéficiaires de la donation précitée.

Par suite de ce décès, la comparante se trouve avoir recouvré l'entière disposition de ssbiens.

Confirmation. — Ces faits exposés, Mme veuve Mirvallet déclare confirmer purement et simplement le partage anticipé du . . . et consentir à son entière exécution, selon sa forme et teneur, comme si elle l'eût signé en ayant la capacité de disposer librement de ses biens dotaux,

Voulant que les donataires soient et demeurent propriétaires incommutables des biens attribués à chacun d'eux par cet acte.

Mention des présentes est consentie partout où besoin sera.

Dont acte (*Présence réelle du notaire en second ou des témoins*).

50. *Confirmation par femme dotale par testament.*

Je soussignée Marie Janvier épouse de Prosper Mirvallet, propriétaire avec lequel je demeure à . . .

Ai fait mon testament ainsi qu'il suit:

Je déclare confirmer purement et simplement, selon sa forme et teneur, sans réserve, le partage anticipé auquel mon mari et moi avons procédé suivant acte reçu par Me . . ., notaire à . . ., le. . ., car il a été établi de façon judicieuse et équitable, dans l'intérêt même des donataires.

Et je lègue en tant que de besoin, à titre de partage testamentaire, à chacun de mes trois enfants les biens dotaux qui ont été compris dans leurs attributions respectives en vertu du partage anticipé susénoncé, savoir :

1ent à M. Gustave Mirvallet,

1° une maison sise... (*désignation succincte*).

2° etc...

2ent à M. Antoine Mirvallet,

1°. . ., 2° . . .,

3ent Et à Mlle Andrée Mirvallet,

1° . . ., 2° . . .

En cas de prédécès de l'un d'eux, ses enfants et descendants recueilleront sa part en ses lieu et place, selon les règles de la représentation ; à défaut de postérité, cette part fera partie de ma succession et reviendra à mes héritiers.

J'impose expressément à mes enfants la condition de ne pas attaquer les attributions à eux faites. Je déclare priver de toute part dans la quotité disponible celui ou ceux de mes héritiers qui passeraient outre à cette défense et, pour ce cas, je lègue par préciput ladite quotité disponible à ceux qui respecteront mes intentions à cet égard.

Fait à. . ., le. . . (*signature.*)

51. *Confirmation de partage en cas d'inégale répartition de biens.*

Pardevant Me...

Ont comparu :

1° M. Charles Jollivet, cultivateur, demeurant à. . .,

2° Et M. Désiré Jollivet, huissier, demeurant à. . .,

Lesquels ont, préalablement à l'acte faisant l'objet des présentes, exposé ce qui suit :

Exposé. — I. Suivant acte reçu par Me . . ., notaire soussigné, le . . ., M. Antoine Jollivet, en son vivant propriétaire demeurant à. . ., veuf de Mme . . ., a fait le partage anticipé de ses biens immeubles entre ses deux enfants comparants et leur a attribué :

1ent A M. Charles Jollivet,

1° . . ., 2° . . . (*désignation succincte*);

2ent Et à M. Désiré Jollivet,

1° . . ., 2°. . .

En faisant ces attributions, M. Antoine Jollivet n'a pas composé les lots également de biens de même nature et valeur comme le prescrit la loi, mais selon ce qui lui a semblé le plus judicieux en tenant compte de la nature et de la situation des biens qui étaient à partager, ainsi que des besoins et de la position de ses enfants.

II. M. Antoine Jollivet est décédé en son domicile à . . ., le . . ., laissant pour seuls héritiers, chacun pour moitié, les deux comparants, ses enfants, ainsi qu'il est constaté par un acte de notoriété dressé par le notaire soussigné le . . .

Confirmation. — Ces faits exposés, les comparants ont déclaré ratifier purement et simplement le partage du . . . susénoncé, dans toutes ses dispositions. reconnaissant qu'il a été établi de façon judicieuse et équitable.

En conséquence, ils s'engagent à l'exécuter selon sa forme et teneur, comme s'il avait été fait par eux depuis le décès de leur père.

Mention des présentes est consentie partout où besoin sera.

Dont acte.

52. *Confirmation de partage sujet à rescision pour lésion.*

Pardevant Me . . .

A comparu :

M. Désiré Jollivet, huissier, demeurant à. . .,

Lequel a dit :

I. Que suivant acte reçu par Me . . ., notaire à . . ., le . . ., M. Antoine Jollivet, son père, en son vivant propriétaire, demeurant à . . ., veuf de Mme . . ., a fait donation entre vifs à titre de partage anticipé de ses biens à lui et à M. Charles Jollivet, son frère, cultivateur, demeurant à . . ., et leur a attribué :

1ent à M. Charles Jollivet,

1° . . ., 2° . . . (*désignation succincte*).

2ent Et à lui même,

1° . . ., 2°. . .

II. Que M. Antoine Jollivet est décédé en son domicile à . . ., le . . ., laissant ses deux enfants susnommés pour seuls héritiers, chacun pour moitié.

III. Et que depuis ce décès, le comparant et son frère ayant fait expertiser les biens qui leur avaient été respectivement attribués, il a été révélé que le lot du comparant représentait une lésion de plus du quart.

Ces faits exposés,

M. Désiré Jollivet, voulant respecter les volontés de son père, a, par ces présentes déclaré approuver et confirmer purement et simplement le partage du. . . susénoncé, renonçant à exercer aucune réclamation à l'encontre de M. Charles Jollivet pour quoi que ce soit relativement au dit acte et notamment à raison de la lésion de plus du quart dont est atteinte la part du comparant.

Mention des présentes est consentie partout où besoin.

Dont acte.

53. *Partage portant atteinte à la réserve. Règlement.*

Pardevant Me . . .

Ont comparu :

M. Charles Jollivet, cultivateur, demeurant à . . .,

Et M. Désiré Jollivet, huissier, demeurant à . . .,

Lesquels ont, préalablement à l'acte faisant l'objet des présentes, exposé ce qui suit :

Exposé. — I. Par le contrat de mariage de M. Désiré Jollivet, reçu par Me . . ., notaire à . . ., le . . ., M. Antoine Jollivet, son père, en son vivant propriétaire, demeurant à . . ., veuf de Mme . . ., lui a constitué en dot par préciput et hors part la somme de 16.000 francs qui a été stipulée payable le jour du mariage.

II. Suivant acte reçu par Me. . ., notaire à . . ., M. Antoine Jollivet a fait donation entre vifs à titre de partage anticipé à MM. Charles et Désiré Jollivet comparants, ses deux fils et présomptifs héritiers, chacun pour moitié, des biens qu'il possédait alors, et il a attribué :

1ent A M. Charles Jollivet,

1° . . ., 2° . . . (*désignation succincte*) ;

2ent Et à M. Désiré Jollivet,

1° . . ., 2° . . .

III. M. Antoine Jollivet est décédé en son domicile à . . ., le . . ., laissant les comparants, ses deux enfants, pour seuls héritiers, chacun pour moitié, ainsi qu'il est constaté par un acte de notoriété dressé par le notaire soussigné le . . .

Il ne possédait aucun bien au jour de son décès.

IV. M. Charles Jollivet a prétendu alors qu'il résultait tant de la constitution de dot faite par préciput au profit de M. Désiré Jollivet que des attributions au profit du même contenues dans le partage anticipé ci-dessus énoncé, un avantage excédant la quotité disponible.

Afin d'éviter toute action judiciaire à ce sujet, les parties ont convenu entre elles de faire expertiser leurs lots respectifs, et que, s'il y avait lieu, M. Désiré Jollivet ferait état à M. Charles Jollivet de la somme nécessaire pour lui assurer sa part réservataire.

V. Cette expertise a été faite par MM. . . et il en résulte que :

Le lot attribué à M. Charles Jollivet présentait, au décès de M. Antoine Jollivet, une valeur de 24.000 francs, ci	24.000 fr.	»
Et celui attribué à M. Désiré Jolivet une valeur de 35.000 francs, ci.	35.000	»
A quoi il a lieu d'ajouter la somme constituée en dot à M. Désiré Jollivet, ci	16.000	»
Ensemble.	75.000	»
Dont le tiers formant la réserve légale de M. Charles Jollivet est de	1/3 25.000	»
Comme il n'a reçu que 24.000 francs, ci.	24.000	»
Il se trouve avoir reçu en moins 1.000 francs, ci	1.000 fr.	»

Paiement. — Ces faits exposés, M. Désiré Jollivet a à l'instant remis en bonnes espèces de monnaie comptées à la vue du notaire soussigné,

A M. Charles Jollivet qui le reconnait et lui en consent quittance,

La somme de mille francs pour complément de la réserve à laquelle il a droit.

Ratification. — Par suite, les comparants se reconnaissent remplis de leurs droits dans la succession de leur père et approuvent et ratifient purement et simplement le partage anticipé du . . ., voulant qu'il conserve tous ses effets et reçoive son entière exécution, selon sa forme et teneur.

Mention des présentes est consentie partout où besoin sera.

Les frais des présentes seront supportés par M. Désiré Jollivet qui s'y oblige.

Dont acte.

54. *Dispense de notification d'acceptation.*

Pardevant Me . . .

A comparu :

M. Prosper Mirvallet, propriétaire, demeurant à. . .

Lequel, après avoir pris connaissance par la lecture que lui en a donnée Me . . ., notaire soussigné, d'un acte reçu par ce dernier le . . ., aux termes duquel M. Gustave Mirvallet, propriétaire, demeurant à . . ., a déclaré accepter expressément le partage anticipé consenti par le comparant à ses trois enfants et seuls présomptifs héritiers dont ledit M. Gustave Mirvallet, suivant acte reçu par le notaire soussigné le . . ., et s'obliger à l'exécution pure et simple des charges imposées par le donateur.

A, par ces présentes, déclaré avoir cette acceptation pour agréable et dispenser M. Gustave Mirvallet de la lui notifier par huissier.

Mention des présentes est consentie partout où besoin sera.

Dont acte.

55. *Inscription du privilège de copartageant.*

Inscription du privilège de copartageant à inscrire au bureau des hypothèques de . . .

Au profit de M. Arthur Raymond, propriétaire demeurant à . . .,

Pour lequel domicile est élu à . . .,

Contre M. Jacques Raymond, propriétaire, demeurant à. . ., né à. . ., le . . .

En vertu :

D'un acte reçu par Me. . ., notaire à. . ., le. . ., contenant :

1° donation à titre de partage anticipé par M. Daniel Raymond, propriétaire, demeurant à. . ., de tous ses immeubles entre MM. Arthur et Jacques Raymond susnommés, ses deux enfants et seuls présomptifs héritiers ; 2° et partage entre les donataires tant des biens donnés que de ceux dépendant de la succession de Mme Elise Dudaut, leur mère, épouse de M. Daniel Raymond.

Pour sûreté :

1° De la somme de. . ., montant de la soulte mise à la charge de M. Jacques Raymond et au profit de M. Arthur Raymond aux termes de l'acte susénoncé, laquelle somme a été stipulée exigible le. . . et productive d'intérêts à compter du. . ., au taux de. . ., payables. . ., ci . . . . » »

2° Des intérêts dont la loi conserve le rang, ci. . . . . mémoire

3° Et des frais de poursuite et de mise à exécution, s'il y avait lieu, évalués approximativement à. . ., ci . . . . » »

Total, sauf mémoire. » »

Sur : (*les immeubles composant le lot de M. Jacques Raymond*).

56. *Inscription d'hypothèque pour sûreté d'une rente viagère.*

Inscription d'hypothèque conventionnelle est requise au bureau des hypothèques de. . .,

Au profit de :

M. Adolphe Grandin, propriétaire, demeurant à. . .,

Contre :

1° M. Emile Grandin, agriculteur, demeurant à. . ., né à. . ., le. . .

2° Et M. Joseph Grandin, négociant, demeurant à. . ., né à. . ., le. . .,

Débiteurs solidaires.

En vertu :

D'un acte reçu par Me. . ., notaire à. . ., le. . ., aux termes duquel M. Adolphe Grandin requérant a fait donation entre vifs à titre de partage anticipé à MM. Emile et Joseph Grandin, ses deux enfants et seuls présomptifs héritiers, de divers biens meubles et immeubles lui appartenant, à charge par les donataires de servir au donateur une rente annuelle et viagère de. . . payable semestriellement et à terme échu les. . ., par moitié entre lesdits donataires mais avec solidarité entre eux,

Avec stipulation :

1°. . . (*rappeler les clauses modifiant l'exigibilité et le chiffre de la créance*),

Pour sûreté :

1° De la somme de. . ., non exigible, mais jugée nécessaire pour assurer le service de la rente susénoncée, ci	» »
2° Des arrérages échus et à échoir, dont la loi conserve le rang, ci.	mémoire
3° Et des frais de poursuite et de mise à exécution, s'il y avait lieu, évalués approximativement à . . ., ci.	» »
Total, sauf mémoire.	» »

Sur :

§ 1er Immeubles appartenant à M. Emile Grandin,

1°. . ., 2°. . .

§ 2e Immeubles appartenant à M. Joseph Grandin,

1°. . ., 2°. . .,

57. *Quittance de soulte.*

Pardevant Me. . .,

Ont comparu :

Mme Eudoxie Richou, propriétaire, demeurant à. . ., veuve en premières noces non remariée de M. Benoît Cartier,

Et M. Maurice Richou, propriétaire, demeurant à. . .,

Lesquels ont exposé ce qui suit :

I. Suivant acte reçu par Me. . . notaire soussigné, le. . ., M. Augustin Richou, propriétaire, demeurant à. . ., a fait donation de ses biens à ses trois enfants et seuls présomptifs héritiers dont les comparants, et les donataires ont procédé au partage entre eux tant des biens donnés que de ceux dépendant de la succession de Mme Sidonie Bernard, leur mère décédée, épouse de M. Augustin Richou. Par cet acte, il a été mis à la charge de M. Maurice Richou et au profit de Mme Cartier une soulte de. . . francs qui a été stipulée payable dans le mois du décès du donateur, sans intérêts jusque-là.

II. Inscription a été prise au bureau des hypothèques de. . ., le. . ., vol. . . n°. . ., au profit de Mme Cartier contre M. Richou, pour sûreté de cette soulte.

III. M. Augustin Richou est décédé en son domicile à. . ., le. . ., laissant pour seuls héritiers les bénéficiaires de la donation du. . . ci-dessus énoncée.

Quittance. — Ces faits exposés, Mme Cartier a, par ces présentes, reconnu avoir reçu en bonnes espèces de monnaie comptées et délivrées à (*ou* : hors) la vue du notaire soussigné,

De M. Maurice Richou,

La somme de . . . francs, montant de la soulte mise à la charge de ce dernier ainsi qu'il est rapporté en l'exposé qui précède,

De laquelle somme la recevante lui consent bonne et valable quittance, sans réserve.

Et par suite, Mme Cartier, en se désistant de tous droits de privilège, fait mainlevée pure et simple et consent la radiation définitive de l'inscription précitée, vol. . . n°. . . prise à son profit contre M. Richou.

Décharge est donnée à M. le Conservateur qui opérera cette radiation.

Les frais des présentes et de leur suite seront acquittés par M. Richou qui s'y oblige.

Dont acte.

58. *Procuration pour consentir un partage anticipé.*

Pardevant Me. . ., notaire à. . . soussigné, en présence des témoins instrumentaires ci-après nommés,

A comparu,

M. Grégoire Charléty, propriétaire, demeurant à. . .,

Lequel a, par ces présentes, constitué pour son mandataire spécial,

M. Henri Durillon, négociant, demeurant à. . .

Auquel il donne pouvoir de, pour lui et en son nom :

Faire donation entre vifs à titre de partage anticipé au profit de ses trois enfants et seuls présomptifs héritiers,

1° M. . ., 2° M. . ., 3° et M. . .,

Tant des biens lui appartenant en propre que de tous ses droits et parts dans les biens dépendant de la communauté qui a existé entre lui et Mme. . ., sa défunte épouse, lesquels biens comprennent :

§ 1er Biens propres :

1°. . ., 2°. . . (*désignation succincte*).

§ 2e Biens dépendant de la communauté :

1°. . ., 2°. . .

Stipuler que les biens donnés seront réunis à ceux dépendant de la succession de Mme Charléty et que les donataires procéderont immédiatement au partage de la masse de biens ainsi formée ;

Fixer l'époque d'entrée en jouissance des donataires; réserver au profit du donateur l'usufruit, sa vie durant, de. . . (*indiquer les biens à grever dudit usufruit*) (*ou :* imposer aux donataires avec ou sans solidarité entre eux l'obligation de servir au donateur une rente annuelle et viagère de . . .; convenir du mode et des époques de payement des arrérages; accepter l'affectation hypothécaire qui sera consentie au profit du comparant pour la garantie du service de cette rente) ;

Faire toutes déclarations d'état civil et autres, ainsi que toutes affirmations prescrites relativement aux dissimulations.

Imposer aux donataires de ne pas attaquer le partage qui sera ainsi établi et consentir donation par préciput de la quotité disponible sur les biens donnés au profit de celui ou ceux desdits donataires contre lesquels une action serait intentée au mépris de cette condition ;

Remettre tous titres et pièces ou faire toutes conventions à leur sujet ;

Aux effets ci-dessus passer et signer tous actes, élire domicile, substituer et généralement faire le nécessaire.

Dont acte (*en minute, en présence réelle du notaire en second ou des témoins*).

59. *Procuration pour accepter un partage anticipé.*

Pardevant Me . . ., en présence des témoins instrumentaires ci-après nommés,

A comparu :

M. Honoré Charléty, voyageur de commerce, demeurant à. . .,

Lequel a, par ces présentes, constitué pour son mandataire spécial,

M. Daniel Buisson, propriétaire, demeurant à. . .,

Auquel il donne pouvoir de, pour lui et en son nom :

Accepter la donation à titre de partage de la totalité ou de partie des biens meubles et immeubles, que M. . . se propose de faire à ses enfants, parmi lesquels le constituant ;

Procéder à tous partages, sous la médiation de M. . ., tant des biens donnés que de ceux dépendant de la succession de Mme. . ., mère du comparant; former les lots, les tirer au sort ou les attribuer à l'amiable ; faire et accepter tous abandonnements ; fixer toutes soultes, les recevoir ou payer ; faire toutes affirmations prescrites par la loi relativement aux dissimulations ;

Obliger le constituant solidairement ou non avec tous codonataires à l'exécution des charges et conditions de la donation et du partage, notamment au payement de toute pension alimentaire ou rente viagère au profit du donateur ; consentir toutes affectations hypothécaires à la sûreté de leur service ; requérir l'inscription du privilège de copartageant ou en dispenser le notaire ;

Recevoir toutes les sommes qui pourraient être dues ou revenir au constituant à quelque titre que ce soit; payer celles qu'il pourrait devoir ou qui seraient mises à sa charge;

De toutes sommes reçues ou payées, donner ou retirer quittances et décharges; requérir la transcription de tous actes ; lever tous états ; remettre ou se faire remettre tous titres et pièces, en donner ou retirer décharge ;

Aux effets ci-dessus, etc...

Dont acte (*en minute, en la présence réelle d'un second notaire ou de deux témoins*).

60. *Renonciation à action révocatoire et à retour conventionnel au profit d'un donataire.*

Pardevant Me. . ., en présence des témoins instrumentaires ci-après nommés,

A comparu :

M. Edmond Gaujour, propriétaire, demeurant à. . .,

Lequel a, par ces présentes, déclaré renoncer purement et simplement au profit de M. Daniel Gaujour, négociant, demeurant à. . ., son fils ici présent et qui accepte,

1° A l'action révocatoire que le comparant aurait le droit d'exercer en cas d'inexécution des conditions de la donation entre vifs à titre de partage anticipé qu'il a faite à ses enfants, dont M. Daniel Gaujour, suivant acte reçu par le notaire soussigné le. . .,

2° Et au droit de retour qu'il s'est réservé aux termes du même acte, sur les biens composant le lot de M. Daniel Gaujour pour le cas où celui-ci décéderait avant lui, sans postérité,

Voulant que ledit M. Daniel Gaujour ait la pleine et libre disposition des biens à lui atttribués, sans réserve.

Mention des présentes est consentie partout où besoin sera.

Dont acte (*présence réelle des témoins ou du notaire en second*).

61. *Renonciation à action révocatoire au profit de tous les donataires.*

Pardevant Me. . ., en présence des témoins ci-après nommés,

Ont comparu :

M. X. . . (donateur),

D'une part.

Et MM. . . (donataires),

D'autre part.

Lesquels ont, préalablement à l'acte faisant l'objet des présentes, exposé ce qui suit :

Exposé. — Suivant acte reçu par Me. . ., le. . ., M. X. . . a fait donation entre vifs à titre de partage anticipé à MM. . ., comparants de seconde part, ses enfants et seuls présomptifs héritiers, de divers biens comprenant. . ., que les donataires se sont partagés aux termes du même acte.

M. X. . . s'est réservé le droit de retour sur les biens donnés entrés dans le lot de chacun des donataires pour le cas de prédécès dudit donataire et de sa postérité.

Il a été en outre stipulé que les donataires ne pourraient aliéner les biens à eux donnés pendant la vie du donateur à peine de nullité des aliénations et de révocation de la donation à l'égard de celui qui contreviendrait à cette interdiction.

Une expédition de cet acte a été, en ce qui concerne la donation, transcrite au bureau des hypothèques de. . ., le. . ., volume. . ., n°. . .

Renonciation. — Ces faits exposés, M. X. . . père déclare renoncer purement et simplement au profit de MM. . ., comparants de seconde part, qui acceptent, tant à l'interdiction d'aliéner et au droit de retour stipulés dans l'acte de partage anticipé susénoncé qu'à l'action révocatoire lui profitant en vertu de cet acte.

Voulant que les donataires puissent disposer en pleine propriété, à titre gratuit ou à titre onéreux, comme bon leur semblera, de tout ou partie des biens donnés.

Il est, en outre, formellement entendu que les donataires n'auront, en aucun cas, à faire le rapport en nature des biens entrés dans le lot de chacun d'eux, mais seulement le rapport en espèces de la valeur desdits biens, s'il y avait lieu.

Mention des présentes est consentie partout où besoin sera.

Les frais et honoraires des présentes seront supportés par MM. . ., qui s'y obligent.

Dont acte (*en la présence réelle de deux témoins, ou d'un second notaire*).

62. *Révocation de partage non accepté.*

Pardevant Me. . ., en présence des témoins ci-après nommés,

A comparu :

M. Henri Grivot, propriétaire, demeurant à. . .

Lequel a dit :

Que suivant acte reçu par Me. . ., notaire soussigné, le. . ., il a fait donation entre vifs à titre de partage anticipé de divers biens au profit de M. Grivot, courtier en grains, demeurant à . . ., et M. Martial Grivot, négociant, demeurant à. . ., ses deux fils et seuls présomptifs héritiers,

Mais que cet acte n'a été accepté que par M. Martial Grivot et par suite ne vaut que comme projet.

Révocation. — Ces faits exposés, le comparant a, par ces présentes, déclaré révoquer purement et simplement la donation précitée par lui faite au profit de ses enfants,

Voulant qu'elle soit désormais considérée comme nulle et ne produise aucun effet.

Mention des présentes est consentie partout où besoin sera.

Dont acte (*présence réelle des témoins ou du second notaire*).

63. *Vente par le donateur et le donataire, en cas de donation avec réserve d'usufruit.*

Pardevant Me. . .

Ont comparu :

M. X. . . (père),

Et M. X. . . (fils),

Lesquels ont par ces présentes vendu, en s'obligeant solidairement aux garanties ordinaires et de droit,

A M. . ., etc.

(Comme en matière de vente ordinaire pour : désignation, origine de propriété, jouissance, conditions, prix).

Engagement de M. X. . . père. — M. X. . . père déclare qu'il agit aux présentes, savoir :

1° Comme vendeur de l'usufruit qu'il s'était réservé sur les immeubles susdésignés et qui portera désormais sur leur prix ci-dessus stipulé, lequel prix sera en conséquence employé en rente. . . qui sera immatriculée au nom de M. X. . . père pour l'usufruit et au nom de M. X. . . fils pour la nue propriété;

2° Comme renonçant expressément au profit de l'acquéreur et à l'égard des mêmes immeubles, tant à l'interdiction d'aliéner et au droit de retour stipulés dans l'acte de donation à titre de partage anticipé du. . . qu'au droit de demander la résolution en nature de ladite donation-partage en cas d'inexécution des conditions, cette résolution ne devant alors avoir pour effet que de rendre le donateur seul propriétaire du prix de la présente vente;

3° Et comme se portant garant envers l'acquéreur de tous troubles et préjudices qui résulteraient pour ce dernier de la résolution des droits de M. X. . . fils pour l'une des causes prévues par la loi;

Transcription, Purge, etc. . .

TABLE ALPHABÉTIQUE DES FORMULES

(*Le premier chiffre, mis entre parenthèses, est celui de la formule ; le second indique la page*).

I. — *Préambules et clôtures.*

Pages

Acte reçu en présence d'un second notaire (1) 111
Acte reçu en présence de deux témoins (2) 111
Donateur atteint de surdité (3) 111
Donateur ne sachant pas signer (4) 111
Donateur représenté par mandataire (23) 124
Donateur sourd-muet sachant lire et écrire (35) 143
Donateur sourd-muet ne sachant ni lire, ni écrire (34) 143

II. — *Acceptations.*

Donataires tous présents (3) 112
Donataires dont un est représenté par mandataire (6) 112
Donataires dont un est institué contractuel (7) 112
Donataires dont un n'est ni présent, ni représenté (32) 142
Enfant adoptif (8) 112
Enfant interdit. Tuteur *ad hoc* (9), (29) 112, 137
Enfant mineur. Acceptation par les donateurs (10), (25) 112, 127
Enfant mineur. Acceptation par tuteur (11), (29) 113, 137
Enfant mineur émancipé acceptant lui-même (12) 113
Enfants naturel et légitimes (13) 113
Enfants et petits-enfants (14), (29) 113, 137
Enfant pourvu d'un conseil judiciaire (15 114
Femme mariée autorisée de son mari (17), (27) 114, 128
Femme mariée autorisée de justice (18) 114
Femme mariée encore mineure (19) 114
Porte fort (33) 142
Sourd-muet ne sachant pas écrire (16) 114

III. — *Donations-partages.*

Donation par père et mère avec réserve d'usufruit réversible (20) 115
Donation par père et mère avec rente viagère réversible (21) 118
Donation par père et mère d'immeuble impartageable. Réserve d'usufruit partiel (22) 123
Donation par mandataire de père et mère. Réserve d'usufruit. Rente viagère au profit du survivant. Indivision (23) 124
Donation à titre d'égalisation de dot (24) 126
Donation de biens dotaux (25) 127
Donation à des enfants de plusieurs lits (26) 128
Donation par parent survivant. Rente viagère. Soulte (27) 131
Donation par parent survivant. Réserve d'usufruit partiel (28) 133
Donation par parent survivant à incapables à condition de partage des biens du prédécédé (29) 137
Donation par parent survivant à charge de le nourrir et soigner (30) 138
Donation par parent survivant à fille grevée de dotalité et à fils grevé de restitution (31) 140
Donation par parent sourd-muet sachant lire et écrire (35) 143
Donation par parent sourd-muet ne sachant ni lire, ni écrire (34) 143

IV. — *Clauses diverses.*

Pages

Donation non acceptée par tous les donataires. Condition suspensive (32) 142
Donation non acceptée par tous les donataires Imputation par préciput (33) 142
Affectation hypothécaire pour sûreté des charges (27), (40) 131, 145
Attribution à un seul donataire (22), (37) 123, 144
Autorisation d'aliéner (36) 144
Biens impartageables. Attribution à un seul donataire (22), (37) 123, 144
Charge de conserver et de rendre (31) 140
Charge de soigner et nourrir (30) 138
Condition suspensive (32) 142
Convention d'indivision (23) 124
Désistement d'hypothèque légale de la femme du donateur (20), (26) 115, 128
Donation d'excédent de lots (20) 115
Donation préciputaire pour le cas de révocation (39) 145
Donation préciputaire pour le cas de non-acceptation (33) 142
Dotalisation partielle (31) 140
Droit de retour (21). (24) 118, 126
Emploi des biens soumis à usufruit (20), (28) 115, 133
Exclusion de communauté (43) 146
Imputation des biens donnés sur succession du prémourant (41) 145
Imputation préciputaire en cas de donation non acceptée (33) 142
Imputation de somme donnée. Règlement au décès du donateur (24) 126
Interdiction d'aliéner (20) 115
Interdiction de demander compte (20), (28), (30), (31) 115, 133, 138, 140
Limitation du privilège de copartageant (38) 144
Préciput (42) 146
Renonciation à action révocatoire limitée à certains biens (28) 133
Renonciation à action révocatoire avec stipulation de solidarité ou affectation hypothécaire (40) 145
Rente viagère avec stipulation de reprise d'usufruit (21) 118
Règlement au décès des donateurs (20) 115
Réquisition de certificat de propriété (21), (27) 118, 131
Réserve de droit de retour (20), (21), (24) 115, 118, 126
Stipulation d'emploi des biens soumis à usufruit (20), (28) 115, 133
Stipulation de soulte (20), (27) 115, 131
Stipulation de soulte avec limitation du privilège (38) 144
Stipulation d'indivision (23) 124
Stipulation de solidarité en cas de renonciation à action révocatoire (40) 145
Sur le passif du donateur (20), (21), (27) 115, 118, 131
Subrogation en cas de donation de créances (21), (27) 118, 131
Substitution (31) 140

V. — *Actes divers.*

Acceptation par acte séparé avec dispense de notification (45) 146
Autorisation maritale pour accepter une donation (44) 146
Certificat de propriété (46) 147
Cession de part indivise par un donataire (47) 148
Confirmation de partage après le décès du donateur (48) 149
Confirmation de partage par testament par femme dotale devenue veuve (49) 149
Confirmation de partage par testament par femme dotale (50) 150
Confirmation de partage pour inégale répartition des biens (51) 150
Confirmation de partage sujet à rescision pour lésion (52) 151
Dispense de notification dans l'acte d'acceptation (54) 153
Dispense de notification par acte séparé (45) 146
Inscription d'hypothèque pour sûreté d'une rente (56) 153
Inscription du privilège de copartageant (55) 153
Licitation entre donataires (47) 148

Pages

Partage non accepté. Révocation (62) 157
Procuration pour consentir un partage (58) 154
Procuration pour accepter un partage (59) 155
Ratification de partage portant atteinte à la réserve (53) 152
Renonciation à action révocatoire avec dispense de rapport en nature (61) 156
Renonciation à action révocatoire et à retour conventionnel au profit d'un donataire (60) 156
Révocation d'un partage non accepté (62) 157
Vente par donateur et donataire en cas de donation avec réserve d'usufruit (63) 157

TABLE ALPHABÉTIQUE DES MATIÈRES

(Les chiffres renvoient aux numéros)

A

Absent. — Acceptation pour lui, 141. — Autorisation de sa femme pour donner, 105; pour recevoir, 147. — Possibilité de l'omettre, 122.

Acceptation. — Absent, 141. — Acte séparé, 134, 164. — Administrateur *ad hoc*, 156. — Aliéné, 142. — Ascendant, 136, 138, 146, 153, 158. — Ascendante mariée, 153. — Attribution (V. *ce mot*). — Charges, 156. — Conditions. 136 et s. — Confirmation, 139. — Conseil judiciaire, 143. — Créance, 65. — Curateur au ventre, 144. — Défaut d'acceptation, 166, 167. — Dispositions étrangères, 169. — Donateur vivant et capable, 136, 138. — Donataire vivant, 136. — Donation conjointe, 155. — Effets, 166. — Enfant conçu, 144; mineur, 151 et s.; naturel, 145. — Enregistrement, 527, 580 — Failli, 146. — Femme mariée, 147 et s. — Forme, 65, 131, 134. — Héritiers des donataires, 139. — Interdit, 124, 150. - Lots, 200. — Mandataire, 160. Mineur émancipé, 151. — Mineur non émancipé, 155 et s. — Moment, 135. — Nécessité, 130. — Notification, 65, 164. — Nullité, 167, 168. — Porte-fort, 162. — Refus d'un enfant, 171. — Sourd-muet, 159. — Transcription, 71, 134. — Tuteur, 152, 156, 158. — Tuteur *ad hoc*, 157. — Vice de forme, 167.

Acquéreur des biens donnés, 365 et s., 408, 411, 510.

Acte.— Acte à la suite, 516, 517; notarié, 22; passé à l'étranger, 63; séparé, 134; sous seing privé, 23.—Libellé, 35. — Publicité, 64. — Ressort du notaire, 25, 26.— Signature, 39. — Timbre, 514 et s.

Acte nul ou annulable. — Confirmation, 305, 463. 485, 492, 512, 611. — Décharge s. s. p., 513. — Enregistrement, 549. — Honoraires, 610.— Responsabilité, 508, 512.

Actions possibles. — Actions en nullité pour réversion d'usufruit, 228 et s. — Actions ordinaires, 396; paulienne, 397 et s.; spéciales, 401 et s. — Créanciers du donateur, 398.

Action en nullité pour omission d'enfant. — Dispositions étrangères, 448. — Effets, 446, 449.— Exercice, 443. — Prescription, 450. — Principe, 440.

Action en nullité pour inégale répartition des biens. — Effets, 493. — Exercice, 489. — Fruits, 494. — Ouverture, 490, 491. — Prescription, 490, 491. — Principe, 488. — Ratification, 492.

Action en réduction pour atteinte à la réserve. — Calcul, 487. — Conditions d'application, 478. — Confirmation, 486. — Effet, 480 et s. — Frais, 487. — Nature, 480. — Ouverture, 484. Prescription, 484, 485.

Action en rescision pour lésion.— Confirmation, 463. — Effets, 471 et s. — Estimation des biens, 470. — Evaluation de la lésion, 467. — Frais, 475. — Fruits, 474.—Ouverture, 454.— Partage cumulatif, 453. — Possibilité d'arrêter l'action, 462. — Préciput, 469. — Prescription, 456 et s., 466. — Principe, 451. — Renonciation, 463. — Transaction, 586.

Action révocatoire pour inexécution des charges. — Action paulienne, 397 et s.— Arrêt de son exercice, 411. — Charges réversibles, 417. —Conseils pratiques, 423. — Demande, 403, 409. — Effets pendant la vie du donateur, 414 et s.; après son décès, 420 et s.— Exercice, 407 et s. — Fruits, 415. — Impenses, 416. — Mise en demeure, 412. — Prescription, 422. — Renonciation, 404 et s. — Stipulation de reprise, 418.

Action révocatoire pour ingratitude. — Attentat à la vie, 429. — Cas, 428. — Décision judiciaire, 433. — Délit, sévices, injures, 431. — Effets, 439. — Exercices, 434. — Extinction, 436.

Affirmations légales, 58, 502.

Aliénation, des biens donnés. — Clause préventive, 377, 508, 513. — Combinaisons proposées, 366 et s.—Confirmation du partage, 512. — Concours des donataires, 372. — Conseils, 377 et s., 512. — Donateur, 339, 369, 370. — Précarité, 365, 447, 512. — Responsabilité, 377, 513.— Vente sous condition, 371.

Aliéné. — Acceptation pour lui, 142. — Incapacité de donner, 89, 90.

Annexe. — Etat de meubles, 43. — Procuration du donateur, 115; du donataire, 160.

Ascendant. — Acceptation, 153, 154. — Donateur, 84, 341 et s. — Renonciation à action révocatoire, 404. — Répartition des biens, 194. — Usufruitier, 219.

Attribution. — Acceptation, 200. — Clause pénale, 282. — Excédent de lots, 313, 469. — Par le donateur, 193, 194. — Par les donataires, 208 et s. — Partage cumulatif, 198.

Autorisation judiciaire de la femme. — Pour donner, 105. — Pour recevoir, 147.

Autorisation maritale. — Par acte séparé, 108. — Pour donner, 104 et s. — Pour recevoir, 147 et s.

Aveugle, 92.

B

Bail des biens donnés, 344, 384, 385.

Biens dotaux. — Aliénation, 322. — Confirmation, 112. 395. -- Donation, 109, 198. — Exclusion de dotalité, 335. — Interdiction de demander compte, 332. — Soulte, 358.

Biens impartageables. — Appréciation des juges, 205. — Honoraires, 603. — Licitation, 578. — Principe, 202. — Soulte, 571.

Biens pouvant être donnés. — Biens dotaux, 109, 198; présents, 173; indivis, 176; à venir, 175; du conjoint prédécédé, 177 et s.; de commu-

nauté, 181, 183. — Don manuel, 187. 539. — Fermages, 538. — Institution contractuelle, 189. — Promesse d'égalité, 191. — Principe, 172, 198. — Rapports, 186. — Reprises, 185. — Usufruit, 540 et s.
Brevet. — Procuration du donateur, 115; du donataire, 160.

C

Capacité pour donner. — Aliéné, 90, 91. — Ascendants. 84. — Aveugle. 92. — Condamné, 93. — Conseil judiciaire, 96. — Époux remariés. 97. — Étranger, 101. — Failli, 102. — Femme divorcée. 103; dotale, 109; mariée, 104; remariée, 97; séparée de corps. 97: — Fils unique. 85. — Interdit, 89, 113. — Ivresse, 184. — Mari, 116 — Mineur, 117. — Principe, 83. — Santé d'esprit, 87. — Sourd, sourd-muet, 118. — Vieillard, 119.
Capacité pour recevoir. — Absent, 122. — Acceptation (V. *ce mot*). — Condamné. 123. — Descendant, 120. — Enfant adultérin. 125; adoptif, 126; conçu, 128; naturel, 127; unique, 85. — Époque, 136 et s. — Failli, 129.
Certificat de propriété. — Enregistrement, 588 — Honoraires. 614. — Transfert, 68.
Charges et conditions. — Absence de privilège, 341. — Caractère, 215. — Charge de donner des soins. 253 et s. — Clause d'insaisissabilité, 279; d'inaliénabilité (V. *Interdiction d'aliéner.* — Donation d'excédent de lots, 313. — Droit de préférence, 278. — Enregistrement 551 et s. — Exclusion de communauté, 334; de dotalité, 335. — Garantie, 424. — Honoraires, 604. — Inéxécution, 403 et s. — Interdiction d'aliéner (V. *ce mot*). — Interdiction de demander compte, 319 et s. — Modalités, 213. — Payement des dettes, 256, 360 et s. — Remploi, 277. — Rente viagère, 239 et s. — Répartition inégale, 567. — Réserve d'usufruit (V. *Usufruit*). — Stipulation de solidarité, 425. — Substitution, (V. *ce mot*). — Terminologie, 212.
Clause de réversibilité. — Combinaisons proposées, 233 et s., 245. — Conseils pratiques. 238, 250. — Demande en nullité. 229 et s. — Enregistrement, 555. — Honoraires. 609. — Illogisme de sa prohibition. 226. — Principes admis, 228. — Responsabilité. 500. — Stipulation, 223, 238, 250. — Variations de la jurisprudence, 224 et s., 244.
Clause pénale. — Appréciation des tribunaux, 287. — But, 282. — Défense d'attaquer le partage, 282 et s. — Donation des biens du conjoint, 177. — Effets, 291 et s. — Exercice. 293. — Inégale répartition des biens, 207, 289. — Pluralité de dispositions, 286. — Valeur, 283 et s.
Clause préventive, 238, 377, 408, 513.
Communauté. — Biens communs donnés par les époux, 181; par des époux remariés, 97; par le mari, 116, 181.
Composition des lots. — Acceptation, 200. — Clause pénale, 207, 289. — Œuvre du donateur, 194; par les donataires 209, 240 — Homogénéité. (V. *ce mot*). — Partage cumulatif, 198. — Ratification, 201, 492.
Condamné. — Incapacité de donner 93, 95; d'être témoin, 29; de recevoir, 123. — Mari d'ascendante, 105. — Mari de donataire 147.
Conditions illicites, 214.
Confirmation du partage. — Après le décès du donateur, 23, 201, 395, 463 et s., 486, 492, 512. — Enregistrement, 585. — Honoraires, 611. — Par femme dotale, 112, 195.
Conjoint survivant. — Action en rescision, 459. — Action en révocation, 418. — Donation des biens du prédécédé. 177. — Droit de retour, 349. — Partage cumulatif, 198. 349, 391.
Conseil de famille. — Ascendant, 153. — Femme mineure, 149. — Interdit 150. — Mineur. 156. — Tuteur, 152, 156.
Conseil judiciaire. — Acceptation, 143. — Donateur, 96. — Donataire, 143. — Mari d'ascendante, 105.
Contumace, 94. 124.
Conversion d'usufruit en rente, 584.
Cours de bourse. 525.
Créance. — Indication. 47. — Signification, 65. — Subrogation, 47, 67.
Créanciers — Actions. 397 et s. — Défaut de transcription. 80. — Dettes, 256 et s., 360. — Effets du partage, 359 et s. — Failli, 146. — Insaisissabilité. 272. 273, 279. — Paiement des créanciers. 256. — Rente viagère. 243.
Critique. — Action révocatoire, 423. — Calcul de la quotité disponible, 387. — Clause de réversion, 226, 227. — Charge de conserver et de rendre, 332. — Inconvénients du partage, 15. — Inégale répartition des biens, 196, 206. — Laconisme de la loi, 19. — Lésion. 467. — Mode d'estimation des biens. 15.
Curateur *Ad hoc*. — Donation par curateur, 151. — Mari et femme mineurs, 149. — Responsabilité, 74. — Sourd-muet, 159. — Transcription, 74.
Curateur à émancipation, 74, 151.

D

Date de l'acte. — Indication, 35, 39. — Pluralité. 33.
Décès du donateur. — Acceptation, 136. — Actions en nullité, 378, 420, 439, 454, 484. 490. — Ratification, 23, 201, 395, 463 et s., 486. 492, 512.
Décharge de responsabilité, 238, 377, 508, 513.
Défaut de transcription. — Conséquences, 77. 367. 368 — Personnes pouvant l'invoquer, 79, 367, 368. — Responsabilité, 78, 506, 507.
Délai. — Action en nullité pour inégale répartition, 490. en réduction, 484, en rescision, 454, en révocation, 435. — Délai de grâce. 409. — Expertise fiscale. 572. — Inscription de privilège, 82, 355. — Transcription, 75, 76.
Dépôt de partage s. s. p. 23.
Descendant. — Capacité, 120. — Omis, 440 et s. — Prédécédé, 345. — Unique, 85.
Désignation des biens — Créances, 47. — Immeubles, 52. — Immeubles par destination, 53. — Fonds de commerce, 51. — Meubles, 43. — Titres étrangers, 49, 50. — Valeurs de bourse, 48 et s.
Désignation des parties, 35 et s.
Dettes. — Absence de convention, 360. — Charges, 256. — Dettes futures, 258. — État détaillé, 362. — Étendue de l'obligation de paiement, 362, 364. — Fraude, 361, 397. — Reconnaissance. 579. — Répartition inégale. 566. — Stipulation, 257, 361, 566. — Tiers. 363.
Dispense de notification, 65, 164, 581.
Dispositions étrangères. — Effets, 169, 316, 448. — Révocation, 448. — Stipulation, 317. — Validité, 120, 169 316.
Dispositions préciputaires. (V. *Préciput*).
Dissimulations. — Affirmations légales, 58. — Expertise, 572. — Fiction de somme, 537. — Lec-

ture de la loi, 58. — Pénalités. 58, 574. — Preuve, 574.

Division des biens. — Acceptation des donataires, 200. — Biens impartageables, 202 et s. — Clause pénale (V. *ce mot*). — Conseil pratique. 196. — Enregistrement (V. *ce mot*). — Forme. 208 et s. — Non exigé par le fisc. 193. — Œuvre des donataires, 200. — Partage cumulatif, 198. — Principe, 193. — Ratification, 201. 492. — Répartition égale (V. *Homogénéité*). — Rôle de l'ascendant, 194. — Soulte. 202, 545 et s. — Tirage au sort. 211.

Divorce (V. *Femme divorcée*).

Domicile. — Parties, 35. 37. — Témoins, 28, 35, 37.

Donateur. — Absence de privilège. 341. — Actions du donateur. 401 et s. — Aliénation des biens donnés. 339 367 et s. — Capacité (V. *ce mot*). — Désignation, 35, 38. — Division des biens (V. *ce mot*). — Etranger, 101. — Femme divorcée, 103; dotale, 109, 198; mariée, 104. — Garantie. 340. Interdit, 113. — Mineur. 117. — Ratification (V. *Confirmation*). — Réserve d'usufruit. 218 et s., de rente. 240 et s. — Retour (V. *Droit de retour*). — Révocation, 403 et s., 428 et s. — Sourd-muet, 118. — Vieillard 119.

Donataire. — Absent, 122. 141. — Acceptation, 130 et s., 200, 379 et s. — Capacité, 120, 136. — Condamné, 123. — Désignation. 35. 38. — Descendants, 120. — Enfant adoptif. 126: adultérin. 125: conçu. 127. 144: mineur, 151: naturel, 125, 154: omis. 440: unique. 85. — Enfants communs. 111, 116: de plusieurs lits, 97. 533. — Failli, 129. 146. — Garantie. 340. 351. 382. — Ingratitude, 428. — Préciput (V. *ce mot*). — Pourvu d'un conseil, 143. — Privilège, 355. — Renonciation à succession. 381.

Donation. — Acceptation (V. *ce mot*). — Biens communs, 55, 181. 183: du conjoint prédécédé, 177: dotaux, 109, 198: indivis, 173; présents, 173: à venir. 175: propres, 55. — Dénomination, 40. — Disposition étrangère (V. *ce mot*). — Donation conjointe (V. *ce mot*). — Donation postérieure, 392. 394. — Enregistrement (V. *ce mot*). — Excédent de lots. 313. 469. — Estimation des biens. 390. — Forme, 22 et s., 208 et s. — Imputation. 41, 387 et s. — Transmission des biens. 64. 359.

Donation conjointe. — Acceptation. 155. — Calcul des reprises, 393. — Clause de réversion d'usufruit, 223: de rente. 244. Droit de retour, 348. — Interdiction d'aliéner. 276. — Rescision pour lésion, 458. — Revocation, 417. — Validité, 183.

Don manuel, 188, 539. 563.

Dotalité. — Confirmation du partage. 112, 195. — Exclusion, 335. — Obstacle à partage, 109 et s. — Partage cumulatif, 198. — Soulte, 358.

Droit de retour conventionnel. — Bénéficiaires, 296. — But. 294. — Conseil pratiques, 312. — Effets, 301. — Etendue, 297. — Fruits, 306. — Prescription, 307. — Renonciation, 308 et s. — Stipulation, 281, 295. 300, 312. — Utilité, 281, 294.

Droit de retour légal. — Exercice, 346. — Partage conjonctif, 348, 349.

E

Effets du partage pendant la vie du donateur. — Absence de privilège pour le donateur, 341. — Aliénation des biens (V. *ce mot*). — Droit de retour légal, 346 et s. — Garantie, 340, 351. — Hypothèque légale de la femme. 342. — Payement des dettes, 360 et s. — Principe 338 et s. — Privilège entre donataires, 355. — Prédécès d'un donataire, 345. — Rapports avec les tiers. 359 et s.: entre les parties 338 et s.; entre les donataires. 350 et s. — Stipulation de non-garantie, 351. — Soulte, 357, 358. — Transmission des biens, 359. — Usufruit réservé. 344, 383.

Effets du partage après le décès du donateur. — Acceptation bénéficiaire. 380. — Baux, 383 — Calcul de la quotité disponible. 386 et s. — Calcul des reprises, 393. — Confirmation. 395, 463 et s., 486, 492. — Donation conjointe. 393. — Estimation des biens. 390. — Garantie entre donataires, 382. — Libéralités postérieures. 394. — Principe. 378 et s. — Renonciation à succession. 381.

Enfant. — Adoptif, 127. — Adultérin. 125. — Communs, 111. 116. — Conçu. 127. 144. — De plusieurs lits. 97, 533. — Mineur (V. *ce mot*). — Naturel 128, 145, 154. — Pourvu d'un conseil, 143.

Enregistrement. — Acceptation, 527, 580. — Acte annulable. 549. — Base de perception, 520. — Certificat de propriété. 588. — Cession d'un lot. 571. — Charges. 551 et s. — Clause d'imputation. 544. — Conditions d'application du tarif. 527 et s. — Conversion d'usufruit en rente, 584. — Dispense de notification. 581. — Dissimulation. 574. — Donation de nue-propriété, 521 et s., d'usufruit 540. — Don manuel. 539. — Droits divers, 575 et s. — Enfants de plusieurs lits. 533. — Légalisation de libéralité, 512. — Evaluation des biens, 525. 526. — Indivision, 547. — Insuffisance, 572. — Licitation. 578. — Notoriété, 587. — Partage anticipé, 519, 521. — Partage ordinaire. 575. — Partage partiel, 548. — Quittance 582. — Quotité disponible. 585. — Ratification, 585. — Rapports, 543. — Reconnaissance de dettes, 579. — Répartition inégale des charges, 567; des dettes, 566. — Reprises, 524. — Réserve d'usufruit d'autres biens, 553. — Sommes partageables à terme, 537. — Soulte. 545, 556 et s. — Tarif de la donation-partage, 519, du partage ordinaire. 575 et s. — Transaction, 586. — Usufruit, 540 et s.. 553.

Epoque de la capacité. — pour donner, 136; pour recevoir, 136. — Acceptation, 135. — Condamné, 29, 93, 95. 123. — Contumace. 94, 124.

Estimation. — Meubles donnés. 43, 525. — Pour le calcul de la quotité disponible, 390, 391. — Pour l'évaluation de la lésion, 470. — Pour la perception des droits, 525.

Etablissement des enfants. — Donation des biens communs, 116. 183, des biens dotaux: 109.

Etat. — Dettes, 362. — Frais taxés, 622. — Meubles, 43.

Etranger. 63. 101, 161.

Eviction. — Donataires. 351, 382. — Locataire, 383, 384. — Recours contre le donateur, 340. — Tiers acquéreur, 365.

Excédent de lots, 313, 314. 469.

Exclusion de communauté. 334; de dotalité, 335.

Expédition. Extrait. — Honoraires, 615. — Mutation cadastrale V. *ce mot*). — Timbre, 518.

Expertise fiscale, 572.

F

Failli. — Acceptation, 146. · Capacité d'être témoin. 30. de recevoir, 129. — Incapacité de donner, 102. — Responsabilité du notaire, 146.

Femme divorcée, 103.

Femme dotale. — Capacité de donner, 109, 198. — Confirmation du partage, 112, 395. — Exclusion de dotalité, 335. — Partage cumulatif, 198. — Soulte, 358.

Femme mariée. — Autorisation pour accepter, 122, 147, 149. — Autorisation de justice, 111, 147. — Capacité de donner, 104 et s., 111. — Curateur *ad hoc*, 149. — Désistement d'hypothèque légale, 342. — Enfants communs, 111. — Transcription, 73, 78. — Soulte, 357.

Femme séparée de corps, 103.

Formalités hypothécaires. — Honoraires, 618. — Inscription, 82, 590. — Radiation, 592. — Responsabilité, 506, 507. — Salaire du conservateur, 595. — Subrogation, 47, 67, 592. — Transcription, 589.

Forme. — Acceptation, 132, 134. — Clause pénale, 288. — Donation-partage, 22, 63, 108, 208, 549. — Partage de biens indivis, 209, 210. — Partage judiciaire, 203, 211. — Procuration pour donner, 24, 115. — Procuration pour accepter, 160.

Frais. — Actions contre le partage, 475, 487. — Expertise fiscale, 572. — Frais frustratoires, 500. — Notaire, 569 et s., 623 ; — Enregistrement (V. *ce mot*). — Recouvrement, 623. — Taxes (V. *ce mot*).

Fraude. — Créanciers de l'ascendant, 363, 397 et s. ; du descendant, 146, 399. — Somme fictive pour éviter une soulte, 337.

Fruits restituables. — Nullité pour inégale répartition, 494. — Rescision pour lésion, 474. — Retour conventionnel, 306. — Révocation pour inexécution des charges, 415.

G

Garantie. — Entre donataires, 351, 382. — Par le donateur, 340. — Stipulation, 353, 354.

Grevé de substitution, 330 et s.

Grosse. — Honoraires, 615. — Rôles, 615. — Timbre, 518.

H

Historique, 3 et s.

Homogénéité des lots. — Acceptation des enfants, 200. — Action en nullité, 488 et s. — Appréciation des juges, 205. — Biens dotaux, 198. — Biens impartageables, 202. — Clause pénale, 207, 289. — Combinaisons proposées, 206. — Conseil pratique, 207. — Droit de retour, 198, 348. — Exceptions au principe, 202 et s. — Ouverture de l'action, 490 et s. — Partage cumulatif, 198. — Principe, 199. Ratification, 201, 492.

Honoraires. — Acte confirmatif, 611. — Acte nul, 610. — Attribution à un seul enfant, 603. — Base de calcul, 601. — Certificat de propriété, 614. — Charges, 604. — Donation-partage, 599. — Etat de frais, 622. — Expédition, extrait, grosse, 615 et s. — Formalités hypothécaires, 618. — Inscription, 612. — Notaire en second, 619, 624. — Ouverture d'usufruit réversible, 609. — Partage séparé, 605 et s. — Partage des biens du conjoint prédécédé, 607. — Perception, 600. — Recouvrement, 623, 624. — Réserve d'usufruit, 602. — Taxes, 624.

Huissier. — Notification d'acceptation, 164. — Signification de donation, 65.

Hypothèque. — Grevé de substitution, 330. — Partage annulé, 414, 437, 446, 447, 472, 481. — Partage rescindé, 472. — Prohibition par ascendant, 270. — Renonciation par la femme, 342. — Rente viagère, 251. — Retour conventionnel, 302.

I

Immeubles. — Désignation, 52 et s. — Donnés par le mari, 116, 342. — Impartageables, 202 et s. — Répartition (V. *Division des biens*). — Servitudes, 53. — Sis à l'étranger, 573.

Impenses, 416.

Imputation. — Biens donnés, 41. — Calcul de la quotité disponible, 387. — Enregistrement, 524. — Partage cumulatif, 391. — Soulte, 559.

Indivision, 197, 547.

Inexécution des conditions. — Action en nullité, 403, 407. — Délai de grâce, 409. — Demande en justice, 409. — Effets, 413 et s. — Mise en demeure, 412.

Ingratitude. — Cas, 428. — Délai, 436. — Demande en révocation, 433. — Effets, 437 et s.

Insaisissabilité, 272 et s., 279.

Inscription. — Délai, 82. — Dispense, 506, 507. — Honoraires, 612. — Mention, 67. — Salaire du conservateur, 595, 598. — Subrogation, 47, 67. — Taxe, 590.

Institution contractuelle, 189, 190.

Insuffisance d'estimation, 572.

Interdiction d'aliéner et d'hypothéquer. — Action en nullité, 274. — Conseil pratique, 281. — Effets, 267, 271. — Etendue, 267. — Partage conjonctif, 276. — Principe, 259. — Renonciation, 275. — Stipulation, 259, 270.

Interdiction de demande de compte. — Biens dotaux aliénés, 322. — Compte d'administration, 321. — Compte de la tutelle, 320. — Pacte sur succession future, 319.

Interdit. — Acceptation, 124, 150. — Incapacité de donner, 89. — Mari de donatrice, 104 ; de la donataire, 147.

Ivresse, 88, 114.

L

Lecture de l'acte. — Moment, 56. — Notaire présent, 56. — Sourd, sourd-muet, 57, 118. — Témoins, 32.

Lésion (V. *Action en rescision*).

Licitation, 571, 578.

Lots. — Attribués à incapable, 208. — Composés par donateur, 194. — Homogénéité (V. *ce mot*). — Tirés au sort, 211.

M

Mandataire. — Acceptation séparée, 160, 161. — Annexe, 160. — Donateur, 24, 115.

Mari. — Autorisation, 104 et s., 147. — Condamné, 105. — Curateur *ad hoc*, 148. — Donateur, 116. — Donation de biens communs, 181. — Défaut de transcription, 78. — Enfants communs, 116. — Purge, 116. — Transcription, 73.

Mère. — Acceptation, 145, 153, 158.

Meubles. — Enregistrement, 525. — Etat, 43.

Mineur. — Acceptation, 151 et s. — Donateur, 117. — Donataire, 151. — Donation avec charges, 156, 158. — Donation conjointe, 155, 158. — Incapacité de donner, 117. — Tirage au sort ajourné, 197. — Transcription, 73.

Mineur émancipé. — Acceptation, 151. — Curateur, 74, 151.

Muet. V. *Sourd-muet*.

Mutations cadastrales. — Extrait, 518. — Honoraires, 617.

N

Notaire. — Compétence. 25, 26. — Frais frustratoires, 500. — Honoraires (V. *ce mot*). Intérêt personnel, 25. 501. — Lecture de l'acte. 56. — Parenté. 25. — Responsabilité, 49. 496 et s. — Ressort. 25. 26. — Taxe. 624.

Notaire en second. — Capacité. 25. — Honoraires. 599. 619. — Présence réelle. 32. 34. — Pluralité de dates. 33. — Responsabilité. 509. — Ressort différent. 620. 621. — Taxe. 624.

Notification. 164. 165, 581.

Nue propriété. — Donation, 218. 553. — Enregistrement. 521 et s. — Honoraires. 602.

Nullité.— Acceptation irrégulière. 167. 168.— Acte. s. s. p. 23. — Aliénation prohibée. 271. — Donation de biens à venir, 175 : de biens dotaux. 190 et s. : des biens du conjoint prédécédé. 177. — Défaut d'acceptation. 166. — Défaut de description du mobilier. 46. — Hypothèque interdite. 274. — Incapacité de donner. 83 et s. ; d'accepter, 168. — Incapacité d'un témoin. 31.— Inégale répartition des biens, 198, 488 et s. — Intérêt à l'acte du notaire. 25. 501. — Lésion. 471.— Omission d'enfant, 120, 441 et s. — Partage cumulatif, 198. — Porte-fort, 162. — Responsabilité (V. *ce mot*). —Réversion d'usufruit, 228 : de rente, 244. — Survenance d'enfant, 441, — Vente interdite, 274. — Vice de forme, 22, 35, 167. — Vice de fond. 31, 46, 83 et s., 120, 162. 168, 175, 190, 198, 228, 488 et s.

O

Objets mobiliers.—Description et estimation. 43, 46. — Etat. 43, 45. — Nullité. 46.

Omission d'enfant. 120, 440 et s.

Ouverture d'action en nullité, 230, 274. 395. 440 ; en réduction. 378 ; en rescision, 378, 454.

P

Pacte sur succession future, 200, 319, 372.

Partage d'ascendant. — Acceptation (V. *ce mot*).— Acte à l'étranger, 63.— Acte s. s. p., 23. — Affirmation, 58. — Avantages, 9 et s. — Biens pouvant être donnés (V. *ce mot*).—Capacité (V. *ce mot*).— Défaut d'acceptation, 166. — Définition, 1. 40.— Dénomination, 40. — Désignation des biens, 42 et s., des parties, 35 et s. — Fils unique, 85.—Forme, 22. 63, 180. 208 et s. — Frais, 514 et s.— Homogénéité des lots (V. *ce mot*).— Honoraires, 599 et s. — Historique, 2 et s. — Inconvénients, 15. — Indivision, 197. — Lecture, 56, 118. — Libellé, 35. —Notaire compétent, 25 et s. — Partage partiel, 41, 192, 548. —Pluralité de dates, 33. — Prohibition d'aliéner (V. *Interdiction*). —Publicité, 64 et s. — Rédaction, 35. — Répartition des biens (V. *Division*). — Signature, 59. —Signification, 65. —Solennité, 22. — Soulte, 556.— Témoins, 27, 35. — Transcription, 69, 589, 596. — Transfert de valeurs, 68.

Partage cumulatif par père et mère. — Acceptation, 155. — Calcul de la quotité disponible, 391. — Charges réversibles, 417, 419. — Droit de retour, 348. — Interdiction d'aliéner, 276. — Ouverture de l'action en nullité pour inégale répartition, 490 ; en réduction, 484 ; en rescision, 458.— Répartition des biens, 198. — Révocation, 417. — Validité, 183.

Partage cumulatif par époux survivant. — Calcul de la quotité disponible, 391. — Clause pénale, 177, 180. — Droit de retour. 349. — Forme. 179, 190, 210. — Ouverture de l'action en rescision. 459. — Purge. 116. — Répartition des biens, 198. — Reprise en cas de révocation, 418.

Partage partiel. 41. 192. 548.

Porte-fort. 162, 163, 500.

Préciput. — Don, 169. 316. — Excédents de lots. 169. — Pour réparer lésion. 469.

Prédécès du donataire. 294. 345, 346.

Prescription. — Action en nullité pour omission d'enfant. 450 ; pour inégale répartition des biens. 490. 491. — Action en réduction, 484, 485 ; en rescision pour lésion. 456 et s., 466 : en révocation. 422. — Droit de retour. 307. — Partage conjonctif, 356.

Prétérition d'enfant. 120. 440 et s.

Privilège. 82, 341, 355. 356.

Procuration pour donner. 24, 115 ; pour accepter. 160. — Donnée en pays étranger, 161. — Annexe, 115, 160.

Promesses d'égalité, 191.

Publicité, 64 et s.

Q

Quittance, 582.

Quotité disponible. — Calcul. 386 et s., 484. — Critique. 392. — Enregistrement, 531, 532. — Estimation des biens, 310. — Partage cumulatif, 391. — Reprises, 393.

R

Rapport, 186, 390, 562.

Ratification, V. *Confirmation*.

Refus d'accepter, 171.

Remploi, 277.

Renonciation. — Action en nullité pour inégale répartition, 492 : pour vice de forme, 23. — Action en réduction, 486 ; en rescision, 463. — Action révocatoire, 404, 405, 500. — Demande de compte, 321. — Donation entre époux, 235, 236. — Hypothèque légale de la femme, 342. 343. — Retour conventionnel, 308 et s.

Rente viagère. — Affectation hypothécaire, 251. — Changement de débiteur, 252. — Clause de réversibilité (V. *ce mot*). — Défaut de payement, 403 et s., 426. — Insaisissabilité, 243. — Nature, 239. — Stipulation, 240, 426.

Répartition des biens (V. *Division*).

Reprises, 185, 524, 564.

Rescision. — Acte aléatoire, 461. — Estimation des biens, 470. — Evaluation, 467. — Frais, 475, 476. — Fruits, 474. — Lésion de plus du quart, 451. — Nature de l'action, 452.— Offre du défendeur, 462. — Ouverture de l'action, 454. — Partage cumulatif, 458. — Prescription, 455, 456. — Renonciation, 463.

Responsabilité du mari, 78 ; du tuteur, 78.

Responsabilité du notaire. — Clause de réversibilité. 238. 500. — Clause préventive, 508, 513. — Décharge s. s. p., 238, 377, 513. — Disposition annulable, 508. — Dissimulation, 58. — Enonciations prescrites, 22, 34, 35, 49, 56 et s., 502, 503. — Failli, 146. — Formalités, 506 et s. — Hypothèque, 511. — Incapacité des témoins, 504. — Intérêt à l'acte. 501. — Notaire en second, 506 et s. — Nullité de droit, 498. — Nullité de forme, 496. — Stipulation de réversion d'usufruit ou de rente, 238, 500. — Vente des immeubles donnés, 377, 510, 513.

Retour (V. *Droit de retour*).

Révocation. — Conseils pratiques, 423. — Demande judiciaire, 433. — Effets, 413 et s.; 437 et s. — Inexécution des conditions, 403 et s. — Ingratitude, 428. — Renonciation, 404. — Reprise des biens, 414, 437.

S

Salaires du conservateur, 595 et s.
Séparation de corps (V. *Capacité*).
Signature, 39, 59 et s.
Signification. — Acceptation de donation, 164. — Créance, 65. — Forme, 66.
Solennité. — Acceptation 134, 164. — Autorisation maritale, 108. — Partage, 22. — Procuration, 24, 115, 160.
Sommes payables à terme, 173, 537.
Soulte. — Cession de lot, 571. — Charges, 567. — Don manuel, 563. — Enregistrement, 545, 558. — Femme dotale, 358; commune, 357. — Honoraires, 603. — Immeubles étrangers, 573. — Imputation, 559. — Insuffisance, 572. — Principe, 556. — Rapports, 562. — Répartition inégale du passif, 566. — Reprises, 564. — Soultes réciproques, 561. — Tarif, 558 et s.
Sourd-muet. — Capacité de donner, 118; de recevoir, 159. — Curateur *ad hoc*, 159. — Lecture, 57, 118. — Transcription, 74.
Subrogation (V. *Formalités hypothécaires*).
Substitution. — Cas, 324. — Conseil pratique, 332. — Définition, 323. — Droits du grevé, 330. — Publicité, 329. — Stipulation, 326. — Substitution nulle, 328. — Tuteur, 328.

T

Tarif. — Conservateur des hypothèques, 595 et s. — Droits d'enregistrement (V. *Enregistrement*). — Honoraires des notaires, 599 et s. — Taxes hypothécaires, (V. *ce mot*).
Taxe des frais, 624.
Taxes hypothécaires. — Inscription, 590. — Radiation, 592. — Subrogation, 593. — Transcription, 589.
Témoins. — Capacité, 27, 29. — Dénomination, 36. — Nombre, 22. — Présence, 32, 34. — Pluralité de dates, 33. — Qualités, 27. — Responsabilité, 504.
Tiers acquéreur, 411.
Timbre. — Acte à la suite, 516, 517. — Copie pour les hypothèques, 518. — Expédition, grosse, 518. — Minute, 51 et s.
Tirage au sort. — Ajourné, 197. — Evité, 211. — Incapable, 211.
Transcription. — Acceptation, 71. — Cas, 70. — Délai, 75. — Défaut, 77 et s. — Extrait, 70. — Faillite, 76. — Forme, 69. — Partage, 72 et s. — Salaire du conservateur, 596. — Taxe, 589.
Transfert, 68.
Tuteur. — Acceptation, 152, 156. — Conseil de famille, 152, 156. — Défaut de transcription, 78. — Pluralité de mineurs, 152. — Responsabilité, 78. — Transcription, 73.
Tuteur *ad hoc*, 157.
Tuteur à substitution, 327.

U

Usufruit. — Bail 220, 344, 383 et s. — Conversion en rente, 554, 583. — Droits et obligations, 219, 344, 383 et s. — Enregistrement, 553. — Honoraires, 602. — Réserve, 218, 222, 553. — Réversion (V. *Clause de réversibilité*).

V

Valeurs de bourse, 48 et s., 68, 588, 614.
Vente des biens donnés (V. *Aliénation*).
Vice. — De forme, 22, 35; de fond, 31, 46, 83, et s., 120, 162, 175, 190, 228, 488 et s. — Action en nullité, 396 et s.
Vieillard, 119.

BIBLIOTHÈQUE NATIONALE RF IMPRIMÉS

SOCIÉTÉ GÉNÉRALE D'IMPRIMERIE ET D'ÉDITION, 1, RUE DE LA BERTAUCHE, SENS. — 12-25.

www.ingramcontent.com/pod-product-compliance
Ingram Content Group UK Ltd.
Pitfield, Milton Keynes, MK11 3LW, UK
UKHW021146260726
13994UKWH00001B/322

9 782329 200453